中國刑法學

肖紅超、尹亞萍 主編

前 言

進入21世紀以來，中國刑事立法以及司法解釋發生了較大的變化，2002—2015年，先后審議並通過了刑法修正案（四）至修正案（九），這其中最重要的當屬第十一屆全國人民代表大會常務委員會於2011年2月25日通過的《中華人民共和國刑法修正案（八）》對刑法所進行的補充和修改，以及全國人民代表大會常務委員會所做出的相關立法解釋和最高人民法院、最高人民檢察院所制定的司法解釋。與此相應，刑法學研究和刑事司法實踐也在不斷發展。在此背景下，在西南財經大學繼續（網路）教育學院的大力支持下，我們精心編寫了這本教材。

《中華人民共和國刑法》、刑法修正案、刑法立法解釋以及相關司法解釋等構成了中國刑法的基本框架。本教材以這些基本內容為基礎，介紹最基本的刑事法律、法規知識。這主要包括：刑法基本原則、刑法效力範圍、犯罪客體、犯罪客觀方面、犯罪主體、犯罪主觀方面、共同犯罪、正當防衛與緊急避險、刑罰執行制度、危害國家安全罪、危害公共安全罪、侵犯公民人身權利和民主權利罪、侵犯財產罪和貪污賄賂罪等內容。本書注重理論與實踐相結合，法律規定與司法實務相結合，綜合論述了刑事法律相關問題，力求做到科學性、實用性和相對穩定性的統一。

本書內容全面、簡潔、系統，既可供本科生、專科生、自學者以及成人教育使用，也可以作為法律從業人員日常工作必備的法律實務手冊。

本教材由肖紅超（西南財經大學教師、法學碩士）、尹亞萍（雲南省政法幹部學校教師、法律碩士）擔任主編，其他參與編寫的人員有：包昌浩（武警警官學院教師）、滕騰（四川省委黨校教師、法學博士）、蔡文婷（綿陽師範學院教師、法學碩士）。具體分工如下：包昌浩編寫第一章至第五章、第二十八章；肖紅超編寫第六章至第十章，滕騰編寫第十一章至第十五章；蔡文婷編寫第十六章至第二十一章；尹亞萍編寫第二十二章至第二十七章。

編寫本教材時，我們參考了大量的同類教材和專著，特此向有關作者表示誠摯的

謝意。本教材的出版得到了西南財經大學出版社的鼎力支持，有關工作人員付出了辛勤的勞動，在此謹致衷心的謝忱。由於時間倉促，加之作者水平有限，雖盡力工作，但教材中的不足與謬誤之處在所難免，誠望廣大讀者批評指正。

肖紅超　尹亞萍

目 錄

緒言 …………………………………………………………………… (1)

第一章　刑法概述 ………………………………………………… (3)
　　第一節　刑法的概念和性質 ………………………………… (3)
　　第二節　刑法的根據、任務和功能 ………………………… (4)
　　第三節　刑法的體系和解釋 ………………………………… (6)

第二章　刑法的基本原則 ………………………………………… (9)
　　第一節　刑法的基本原則概述 ……………………………… (9)
　　第二節　罪刑法定原則 ……………………………………… (10)
　　第三節　刑法面前人人平等原則 …………………………… (12)
　　第四節　罪責刑相適應原則 ………………………………… (14)

第三章　刑法的效力範圍 ………………………………………… (17)
　　第一節　刑法的空間效力 …………………………………… (17)
　　第二節　刑法的時間效力 …………………………………… (20)

第四章　犯罪與犯罪構成 ………………………………………… (22)
　　第一節　犯罪的概念 ………………………………………… (22)
　　第二節　犯罪的構成 ………………………………………… (24)

第五章　犯罪客體 ………………………………………………… (28)
　　第一節　犯罪客體概述 ……………………………………… (28)
　　第二節　犯罪客體的種類 …………………………………… (29)
　　第三節　犯罪客體與犯罪對象 ……………………………… (31)

第六章　犯罪客觀方面 …………………………………………… (33)
　　第一節　犯罪客觀方面概述 ………………………………… (33)

第二節　危害行為 ·· (34)
 第三節　危害結果 ·· (36)
 第四節　危害行為與危害結果之間的因果關係 ······························· (38)

第七章　犯罪主體 ··· (42)
 第一節　犯罪主體的概念與分類 ·· (42)
 第二節　刑事責任能力 ·· (43)
 第三節　決定和影響刑事責任能力的因素 ······································· (44)
 第四節　犯罪主體的特殊身分 ·· (46)
 第五節　單位犯罪 ·· (47)

第八章　犯罪主觀方面 ·· (49)
 第一節　犯罪主觀方面概述 ··· (49)
 第二節　犯罪的故意 ·· (50)
 第三節　犯罪的過失 ·· (52)
 第四節　意外事件 ·· (53)
 第五節　犯罪目的與犯罪動機 ·· (53)
 第六節　認識錯誤 ·· (55)

第九章　故意犯罪停止形態 ·· (57)
 第一節　故意犯罪停止形態概述 ·· (57)
 第二節　犯罪既遂 ·· (58)
 第三節　犯罪預備 ·· (59)
 第四節　犯罪未遂 ·· (61)
 第五節　犯罪中止 ·· (62)

第十章　共同犯罪 ··· (65)
 第一節　共同犯罪概述 ·· (65)
 第二節　共同犯罪的形式 ··· (66)
 第三節　共同犯罪人的刑事責任 ·· (68)

第十一章　罪數 ·· (70)
　　第一節　罪數判斷標準 ·· (70)
　　第二節　一罪的類型 ··· (71)
　　第三節　數罪的類型 ··· (76)

第十二章　正當防衛和緊急避險 ·· (77)
　　第一節　正當防衛 ·· (77)
　　第二節　緊急避險 ·· (81)

第十三章　刑事責任 ·· (85)
　　第一節　刑事責任概述 ·· (85)
　　第二節　刑事責任的根據和實現 ·· (86)

第十四章　刑罰概述 ·· (88)
　　第一節　刑罰的概念和目的 ·· (88)
　　第二節　刑罰的體系和種類 ·· (90)

第十五章　刑罰裁量與刑罰裁量制度 ······································ (98)
　　第一節　刑罰裁量概述 ·· (98)
　　第二節　累犯 ·· (99)
　　第三節　自首和立功 ··· (100)
　　第四節　數罪並罰 ·· (102)
　　第五節　緩刑 ·· (104)

第十六章　刑罰執行制度 ·· (106)
　　第一節　刑罰執行概述 ·· (106)
　　第二節　減刑 ·· (108)
　　第三節　假釋 ·· (110)

第十七章　刑罰消滅制度 ……………………………………（113）
　　第一節　刑罰消滅概述 …………………………………（113）
　　第二節　時效 ……………………………………………（114）
　　第三節　赦免 ……………………………………………（115）

第十八章　刑法各論概述 ……………………………………（117）
　　第一節　刑法各論與刑法總論的關係 …………………（117）
　　第二節　刑法分則的體系 ………………………………（118）
　　第三節　刑法分則條文的結構 …………………………（119）

第十九章　危害國家安全罪 …………………………………（123）
　　第一節　危害國家安全罪概述 …………………………（123）
　　第二節　重點罪名論述 …………………………………（124）

第二十章　危害公共安全罪 …………………………………（127）
　　第一節　危害公共安全罪概述 …………………………（127）
　　第二節　重點罪名論述 …………………………………（128）

第二十一章　破壞社會主義市場經濟秩序罪 ………………（134）
　　第一節　破壞社會主義市場經濟秩序罪概述 …………（134）
　　第二節　重點罪名論述 …………………………………（135）

第二十二章　侵犯公民人身權利、民主權利罪 ……………（148）
　　第一節　侵犯公民人身權利、民主權利罪概述 ………（148）
　　第二節　重點罪名論述 …………………………………（149）

第二十三章　侵犯財產罪 ……………………………………（159）
　　第一節　侵犯財產罪概述 ………………………………（159）
　　第二節　重點罪名論述 …………………………………（160）

第二十四章　妨害社會管理秩序罪 ……………………………………（167）
　　第一節　妨害社會管理秩序罪概述 ……………………………（167）
　　第二節　重點罪名論述 …………………………………………（168）

第二十五章　危害國防利益罪 ……………………………………（174）
　　第一節　危害國防利益罪概述 …………………………………（174）
　　第二節　重點罪名論述 …………………………………………（175）

第二十六章　貪污賄賂罪 …………………………………………（178）
　　第一節　貪污賄賂罪概述 ………………………………………（178）
　　第二節　重點罪名論述 …………………………………………（179）

第二十七章　瀆職罪 ………………………………………………（184）
　　第一節　瀆職罪概述 ……………………………………………（184）
　　第二節　重點罪名論述 …………………………………………（185）

第二十八章　軍人違反職責罪 ……………………………………（191）
　　第一節　軍人違反職責罪概述 …………………………………（191）
　　第二節　重點罪名論述 …………………………………………（192）

緒言

一、刑法學的研究對象

最初人們所說的刑法學，是研究有關犯罪及其法律后果（主要是刑罰）的一切問題的學科，其研究對象包括實體的刑法規範、犯罪原因與對策、刑事訴訟程序、刑罰的執行等內容。但隨著立法的發展、法學的發達，許多內容，如犯罪學、監獄法學、刑事訴訟法學、刑事執行法學等都逐漸演變為獨立的學科，且與刑法學並列，它們的研究對象，也各有不同。比如，犯罪學以犯罪原因與對策為研究對象，而刑法學一般不直接研究犯罪原因，只研究以刑罰、保安處分為手段的犯罪對策。刑事訴訟法學是從程序角度研究如何偵查、起訴、審理犯罪的刑事訴訟程序運作的學科，而刑法學屬於實體法學。刑事執行法學則是研究如何執行刑罰的科學。按照中國刑法學界通說，「刑罰學即研究刑法及其所規定的犯罪、刑事責任和刑罰的科學」[①]。因此，本書所稱刑法學，其研究對象就是刑法及其所規定的犯罪、刑事責任和刑罰，具體來說應當包括：①刑法本身，如刑法的概念、性質、地位、目的、原則、適用範圍等；②刑法規範與規定，即刑法對於犯罪及其法律后果的一般規定與具體規定；③對刑法規範的立法解釋；④對刑法規範的司法解釋，主要是指最高人民法院、最高人民檢察院關於具體適用刑法的司法解釋。

二、刑法學的理論體系

刑法學的理論體系，是指依據一定原則、原理所構成的刑法理論的有機統一體。刑法學分為總論與分論（罪刑各論），前者研究刑法總則的規定，後者研究刑法分則的規定。就刑法學分論而言，其體系一般按分則規定的體系排列，使刑法學分論的體系與刑法分則的體系相一致。但是刑法學總論的體系與刑法總則的體系雖然密切聯繫，卻並不完全相同。因此，關於刑法學體系的爭論，從形式上說主要是刑法學總論體系的爭論。

關於刑法學總論，中國存在如下幾種體系：一是犯罪論-刑罰論體系；二是犯罪論-刑事責任論體系；三是犯罪論-刑事責任論-刑罰論體系；四是刑事責任論-犯罪論-刑罰論體系。作為一本教材，本書仍然採用最通行的犯罪論-刑事責任論-刑罰論體系。

---

① 高銘暄，馬克昌．刑法學 [M]．北京：中國法制出版社，1999：2．

三、刑法學的研究方法

研究刑法學，應以辯證唯物主義與歷史唯物主義為根本方法。[①] 要從研究對象出發，按照辯證發展的觀點，既回顧立法沿革、展望理論前景，又堅持立足於現行立法規定，理論聯繫實際。具體來說，刑法學研究方法，主要包括歷史研究法、比較研究法、社會學研究法和案例研究法。

歷史研究法，是指對刑法條文進行歷史的分析與未來的展望，弄清刑法的來龍去脈，瞭解刑法的發展動向的方法。

刑法雖有鮮明的時代性，同時又有明顯的繼承性，因此，研究以往刑法對同一問題的規定，瞭解制定刑法的背景，有助於理解現行刑法的精神。特別是古中國立法指導思想有「重刑輕民」的傳統，刑事立法思想和立法文獻都非常豐富，我們應當堅持古為今用的方針，總結前人經驗，取其精華，去其糟粕，才能更好地完善當今立法。並且，由於刑法具有相對的穩定性，一經制定就要在相當長的時期內實施，因此，我們在研究刑法時，還必須分析國家未來的形勢與發展需要，這有利於使刑法的含義適用於現在與未來。

比較研究法，是指對不同國家的刑法進行比較研究的方法。不同國家的刑法，雖然性質與內容不同或不完全相同，但在許多規定上卻有相同或相似之處，對它們進行比較研究，找出可供中國借鑑的法律文化成果，有利於中國刑法理論的發展。但是要注意，在學習其他國家的法律成果時，我們必須正確理解、客觀評價，必須立足於本國的現實，既不妄自尊大、盲目排外，也不可脫離實際、簡單拿來了事。

社會學研究法，是指對刑法與社會現象的關係、刑法的社會作用與效果進行考察，使刑法理論與社會發展相協調的方法。刑法不是孤立存在的，而是與其他社會現象並存的，因此，必須在各種社會現象中研究刑法學。我們制定刑法，是為了改革與維護社會關係，因此，研究刑法學離不開對社會現狀的把握，我們必須明確需要改革哪些制度、需要維護哪些法益，這樣，刑法理論與社會發展才會協調，才能促進社會的發展。

案例研究法，是指運用典型刑事案例研究刑法理論的方法。刑法學的實踐性相當強，運用案例研究法，是理論聯繫實際的良好途徑。運用典型案例研究刑法學，既可以更加牢固地掌握刑法理論，又可以通過疑難案例去發展刑法理論，指導刑事司法，完善刑事立法。

---

① 斯坦因·U.拉爾森.社會科學理論與方法 [M].任曉，等，譯.上海：上海人民出版社，2002：304.

第一章　刑法概述

第一節　刑法的概念和性質

一、刑法的概念

刑法是規定犯罪及其法律后果（主要是刑罰）的法律規範。具體來說，刑法就是掌握政權的階級即統治階級，為了維護本階級政治上的統治和經濟上的利益，根據自己的意志，規定哪些行為是犯罪和應負刑事責任，並給犯罪人處以何種刑罰處罰的法律。因此，中國刑法是指為了維護國家與人民的利益，根據工人階級和廣大人民群眾的意志，以國家名義頒布的，規定犯罪、刑事責任及刑罰的法律規範的總和。

根據刑法規定範圍的大小，可將刑法分為廣義刑法和狹義刑法。

廣義刑法，是指一切規定犯罪、刑事責任和刑罰的法律規範的總和，包括刑法典、單行刑法以及非刑事法律中的刑事責任條款（又稱附屬刑罰規範）等。1981年6月至1995年10月，全國人大常委會曾經頒布了23個單行刑法，后來這些單行刑法的內容基本上都已納入現行刑法典。全國人大常委會於1998年12月29日頒布的《關於懲治騙購外匯、逃匯和非法買賣外匯犯罪的決定》是現行有效的單行刑法。

狹義刑法，僅指系統規定犯罪與刑罰的一般原則和各種具體犯罪及其刑罰的規範的刑法典。中國現行刑法是指1979年五屆全國人民代表大會通過以及1997年經過修訂頒布生效的《中華人民共和國刑法》。

根據刑法適用範圍的大小，可將刑法分為普通刑法和特別刑法。刑法典屬於普通刑法，而單行刑法和附屬刑法屬於特別刑法。當一個行為同時觸犯普通刑法和特別刑法時，適用特別刑法優於普通刑法的原則。

二、刑法的性質

首先，刑法是統治階級意志的反映，維護統治階級的利益，因而具有階級性。其次，刑法是關於犯罪、刑事責任和刑罰的法律規範的總和，它還具有法律性。

（一）刑法的階級性質

刑法是一個歷史的範疇，和其他法律一樣，不是自古以來就有的，也不會永遠存在。在原始社會末期，隨著私有制和階級的出現，刑法才作為階級矛盾不可調和的產物應運而生。刑法規定的基本內容是犯罪、刑事責任和刑罰，也就是通過對犯罪人追究刑事責任和適用刑罰來為統治階級服務。刑法的階級本質是由國家的階級本質決定

的。中國刑法是社會主義類型的刑法，反映工人階級和廣大人民群眾的意志。

(二) 刑法的法律性質

從法律性質看，刑法與其他部門法如民法、行政法、經濟法等比較起來，有四個顯著的特點：

第一，法益保護的廣泛性。一般部門法都只是調整和保護某一方面的社會關係。如民法僅調整和保護平等主體之間的財產關係與人身關係；行政法調整行政關係以及在此基礎上產生的監督行政關係。刑法則保護人身、經濟、財產、婚姻家庭、社會公共秩序等許多方面的法益。可以認為，一般部門法所保護的法益，刑法都要予以保護。

第二，制裁手段的嚴厲性。一般部門法對一般違法行為也適用強制方法，如賠償損失、警告、行政拘留等。而刑法規定的法律後果主要是刑罰，刑罰是國家最嚴厲的強制方法，它不僅可以剝奪犯罪分子的財產，限制或剝奪犯罪分子的人身自由，剝奪犯罪分子的政治權利，而且在最嚴重的情況下還可以剝奪犯罪分子的生命。

第三，其他法律的保障性。由於其他法律在不能充分保護法益時需要刑法保護，刑法的制裁方法又最為嚴厲，這就使得刑法實際上成為其他法律的保障。即其他法律調整的社會關係和保護的法益，也都借助於刑法的調整和保護。例如，如果刑法沒有規定拒不執行判決、裁定罪，其他法律的實施就沒有保障。這一點既是刑法與其他法律的聯繫所在，也是刑法與其他法律的區別之一。

第四，適用上的謙抑性。由於刑法的嚴厲性，因此一般認為，刑法只是在必要的範圍內適用，即刑法的適用必須慎重、謙虛，應當是在其他社會規範調整無效之後。

第二節　刑法的根據、任務和功能

一、刑法的根據

中國刑法第一條規定，為了懲罰犯罪，保護人民，根據憲法，結合中國同犯罪作鬥爭的具體經驗及實際情況，制定本法。這一規定說明，制定刑法的既有法律根據又有實踐根據。

(一) 法律根據

憲法為國家的根本法，具有最高的法律效力，任何機關、政黨、團體、組織和個人，都必須以憲法為根本的活動準則。所以，立法機關在制定刑法時，必須以憲法為根本的立法準則；刑法不能與憲法相抵觸，否則就沒有效力。憲法不僅是制定刑法的法律依據，而且是解釋刑法的法律根據，對刑法的解釋也必須與憲法相協調。總之，憲法是刑法的母法，刑法是憲法的子法。子法必須貫徹母法的基本要求，並為保障母法的實施服務。

(二) 實踐根據

中國同犯罪作鬥爭的具體經驗及實際情況，是刑法制定和修訂的實踐根據。調查

研究、實事求是、一切從實際出發，是中國刑事立法的根本指導原則。刑法應大膽吸收和借鑑人類社會創造的一切文明成果，包括中國優秀的法律文化遺產和國外有益的立法經驗；但這種吸收與借鑑不能脫離中國的基本國情，換言之，應當在立足於中國同犯罪作鬥爭的具體經驗及實際情況的基礎上進行吸收與借鑑。當然，立足於實際不等於死板保守，刑法還要具有適當的超前性，從動態上把握客觀實際。

二、刑法的任務

中國刑法第二條規定，中華人民共和國刑法的任務，是用刑罰同一切犯罪行為作鬥爭，以保衛國家安全，保衛人民民主專政的政權和社會主義制度，保護國有財產和勞動群眾集體所有的財產，保護公民私人所有的財產，保護公民的人身權利、民主權利和其他權利，維護社會秩序、經濟秩序，保障社會主義建設事業的順利進行。根據這一規定，刑法的任務可以從以下兩個方面加以說明：懲罰犯罪與保護人民的統一。懲罰與保護密切聯繫：不使用懲罰手段抑止犯罪行為，就不可能保護法益；為了保護法益，必須有效地懲罰各種犯罪；懲罰是手段，保護是根本目的。所以司法人員在適用刑法時，應當以保護法益為目的，絕不能為懲罰而懲罰。具體而言，刑法的任務，表現在以下幾個方面：

（1）懲罰實施了犯罪行為的人，與犯罪行為作鬥爭。

（2）保衛國家安全，保衛人民民主專政的政權和社會主義制度。這是中國刑法的首要任務。

（3）保護社會主義的經濟基礎。中國社會主義的經濟基礎直接決定了政權和制度的鞏固及社會生活的正常與繁榮，因此，保護社會主義的經濟基礎是中國刑法的重要任務。

（4）保護公民的人身權利、民主權利、財產權利和其他權利。保護人民的合法權益是中國刑法的根本任務，也是中國刑法任務的重要內容之一。中國刑法堅決保護公民所享有的人權。

（5）維護社會秩序。刑法是維護社會秩序、穩定社會環境的強有力的法律武器。維護社會秩序、淨化社會環境，是社會主義現代化建設事業順利進行的保障。

三、刑法的功能

刑法的功能包括三個方面，即行為規制功能、社會保護功能和人權保障功能。

（一）行為規制功能

行為規制功能是通過對犯罪行為的規範評價，對公民的行為進行規範、制約的功能。刑法將某種行為規定為犯罪並宣布給予刑罰，表明該種行為在刑法上是無價值的，並命令人們不要做出實施該種行為的意思決定，從而達到規制人們行為的功能。該功能是與刑法規範既是評價規範又是意思決定規範相對應的，它是刑法最基本的功能。

（二）社會保護功能

社會保護功能又稱為刑法的秩序維持功能，簡稱為保護功能。即通過對犯罪行為

的制裁保護法益，維持正常的社會秩序。首先，刑法的法益保護功能表現為對法益的保護。其次，刑法保護法益的功能表現為對犯罪的制止和預防。對法益的保護和對秩序的維持是通過對犯罪的制止和預防實現的。

(三) 人權保障功能

人權保障功能又稱為刑法的自由保障功能，簡稱為保障功能。刑法在實現法益保護功能時，必須考慮使刑法不致侵犯公民的個人自由，不致侵犯公民的人權。這就是刑法的自由保障功能。保障功能包括兩方面的含義：①刑法保障善良公民不受國家的隨意侵害；②司法機關不得違反刑法的規定對犯罪人科處刑罰，犯罪人有不受刑法規定以外的制裁的權利。

保障功能和保護功能雖然是由刑法的規制功能派生出的功能，但卻具有十分重要的意義。保護功能涉及整體利益，保障功能涉及個體利益，整體與個體之間應當達到平衡、協調。所以，保護功能和保障功能，整體利益和個體利益，正義和秩序，兩者之間互相聯繫又互相矛盾，好的刑法制度總是力求在兩者之間達到一種恰當的平衡。

第三節　刑法的體系和解釋

一、刑法的體系

刑法的體系，即是指刑法的組成和結構。中國修訂後的刑法典分為總則、分則和附則三部分，其中，總則、分則各為一編，編下設章、節、條、款、項等層次。

刑法總則，是關於犯罪、刑事責任和刑罰的一般原理原則的規範體系，是認定犯罪、確定刑事責任和適用刑罰所必須遵循的共同規則。總則共五章，分別為刑法的任務、基本原則和適用範圍、犯罪、刑罰、刑罰的具體運用。

刑法分則，是關於具體犯罪和具體法定刑的規範體系，是解決具體行為定罪量刑的標準。分則共十章，分別規定了十類犯罪。刑法總則與刑法分則的關係是一般與特殊、抽象與具體的關係。總則指導分則，分則是總則所確定的原理原則的具體體現，二者相輔相成。只有把刑法總則和分則緊密地結合起來加以研究，才能正確地認定犯罪、確定責任和適用刑罰。

章下為節，但只是總則的第二、三、四章以及分則的第三、六章之下設立節，總則的第一、五章及分則的其他章之下沒有設立節。節（章）下是條，條是表達刑法規範的基本單位，也是刑法典的基本組成單位。刑法典的全部條文用統一的順序號碼進行編排，從第一條至第四百五十二條統一編號，不受編、章、節劃分的影響。條下為款。款是條的組成單位，沒有編號，其標誌是另起一段。如引用某條的第二段，則稱為「第××條第二款」。但許多條文只設立了一款，在這種情況下便只稱作「第××條」，而不稱為「第××條第一款」。款（條）下是項。項是某些條或款之下設立的單位，其標誌是另起一段且用括號內的基數號碼編寫。如刑法第三十四條第一款下設有3項。

刑法為成文法，故其表達理應符合語法。當同一條款的后段要對前段內容做出相

反、例外、限制或補充規定時，往往使用「但是」一詞予以表示，我們把「但是」以後的這段文字稱為「但書」（但書前的內容稱為「本文」）。但書主要有以下情況：①對前段表示了相反關係，如刑法第十三條的但書；②對前段表示了例外關係，如刑法第八條的但書；③對前段表示了限制關係，如刑法第七十三條第一、二款的但書；④對前段表示了補充關係，如刑法第三十七條的但書。由此看來，但書對準確表達立法意圖起著重要作用，解釋和適用刑法時不可忽視。

二、刑法的解釋

刑法的解釋，是指對刑法規範含義的闡明。

刑法的解釋，可以從不同方面進行分類，主要有以下兩種分類：

（一）按照解釋的效力，刑法的解釋可以分為立法解釋、司法解釋和學理解釋

1. 立法解釋

立法解釋，就是由最高立法機關對刑法的含義所做的解釋。

刑法的立法解釋對於彌補刑法規範中的漏洞，使刑法規範適應複雜多變的客觀情況，維護刑法的穩定性，具有重要作用。

刑法的立法解釋包括三種情況：

（1）在刑法中用條文對有關刑法術語所做的解釋。

（2）由國家立法機關在法律的起草說明或修訂說明中所做的解釋。

（3）刑法在施行中如發生歧義，由全國人大常委會進行解釋。

2. 司法解釋

司法解釋，就是由最高司法機關對刑法的含義所做的解釋。凡屬於法院審判工作中具體應用法律、法令的問題，由最高人民法院進行解釋。凡屬於檢察院監察工作中具體應用法律、法令的問題，由最高人民檢察院進行解釋。兩高的解釋如果有原則性的分歧，報請全國人大常委會解釋或決定。

3. 學理解釋

學理解釋，就是由國家宣傳機構、社會組織、教學科研單位，或者專家學者從學理上對刑法含義所做的解釋。

立法解釋和司法解釋屬於正式解釋，具有法律約束力；學理解釋屬於非正式解釋，不具有法律約束力。

（二）按照解釋的方法，刑法的解釋可以分為文理解釋和論理解釋

1. 文理解釋

文理解釋，是對法律條文的字義，包括字詞、概念、術語，在文理上所做的解釋。

其主要特點是嚴格按照刑法條文字面上的含義進行解釋，既不擴大，也不縮小。如對「公共財產」的解釋。第九十一條　本法所稱公共財產，是指下列財產：（一）國有財產；（二）勞動群眾集體所有的財產；（三）用於扶貧和其他公益事業的社會捐助或者專項基金的財產。在國家機關、國有公司、企業、集體企業和人民團體管理、使用或者運輸中的私人財產，以公共財產論。

2. 論理解釋

論理解釋，是按照立法精神，聯繫有關情況，從邏輯上所做的解釋。

其主要特點是，從條文的內部結構關係與條文之間的相互聯繫上，探求立法的意圖，闡明立法的主要精神。

論理解釋又分為當然解釋、擴張解釋和限制解釋。

（1）當然解釋，是指刑法規定雖未明示某一事項，但依規範目的、事物屬性和形式邏輯，將該事項當然包括在該規範適用範圍內的解釋。

（2）擴張解釋，是根據立法原意，對刑法條文作超過字面意思的解釋。

（3）限制解釋，是根據立法原意，對刑法條文作狹於字面意思的解釋。

第二章　刑法的基本原則

第一節　刑法的基本原則概述

一、刑法基本原則的概念

　　刑法的基本原則，是指刑法本身所具有的，貫穿於刑法始終，具有指導和制約全部刑事立法和刑事司法的意義，並體現中國刑事法治的基本精神的準則。刑法的基本原則是法治的基本原則在刑法中的具體表現，是各個部門法都必須遵循的共同準則在刑法中的特殊體現。但刑法的基本原則與法治的基本原則、共同準則又有明顯區別。

　　首先，刑法基本原則應是刑法所特有的原則，而不是各個部門法所共有的原則。在國家的法律體系中，既有各個法律自己特有的原則，又有所有法律的共同原則，它們之間是個性與共性、特殊與一般的關係。既然是「刑法的基本原則」，理當是有別於其他法律原則的原則，也是有別於所有法律共同準則的原則。

　　其次，刑法的基本原則必須是貫穿全部刑法規範，具有指導和制約全部刑事立法和刑事司法的意義。刑法中存在許多原則，但並非其中的任何原則都是刑法的基本原則。如刑法規定的對未成年人與老年人犯罪從寬處罰的原則、累犯從重處罰的原則、數罪並罰的原則等，只是刑法的局部原則，而不是貫穿於全部刑法規範之中的全局性、根本性準則，因而不是刑法的基本原則。

　　再次，刑法的基本原則必須是刑法的制定、解釋與適用都必須遵循的準則。既然是「刑法的基本原則」，就必須是得到普遍遵循的準則，即不管是刑法的制定還是刑法的解釋與適用都必須遵循的準則。

　　最後，刑法的基本原則必須體現中國刑事法治的基本精神。刑事法治的內涵是：健全刑事法制、堅持司法公正、堅持司法平等、反對特權、反對徇私舞弊。刑法的基本原則必須體現這一精神。

　　中國現行刑法明文規定了罪刑法定、平等適用刑法、罪刑相適應原則。

二、刑法基本原則的意義

　　刑法基本原則具有強大的威力，既有利於積極懲治犯罪，又有利於切實保障公民的合法權益；既有利於推進法治化進程，又有利於維護法律的公正性；既有利於實現刑法的目的，又有利於達到刑罰的最佳效果。

第二節　罪刑法定原則

一、罪刑法定原則的歷史溯源

在中世紀沒有罪刑法定原則的存在，當時刑法領域的情況是：神權政治，君主專制，罪刑擅斷，司法專橫，刑罰權的發動沒有或缺乏客觀的標準，人民的人身、財產的安全完全依賴於君主和司法官的意志，人權沒有保障。

資產階級革命前夕，一些啓蒙思想家對罪刑法定原則作了系統的闡述。如洛克、盧梭、孟德斯鳩、貝卡利亞等，特別是費爾巴哈明確地格言式地表述了罪刑法定原則，即「法無明文規定不為罪，法無明文規定不處罰」。經過啓蒙思想家們的大聲疾呼，罪刑法定原則逐漸深入人心。從法律規定上看，罪刑法定原則的最先來源是1215年英王約翰簽署的大憲章第三十九條的規定，即「對於任何自由人，不依同一身分的適當的裁判或國家的法律，不得逮捕、監禁、剝奪領地、剝奪法的保護或放逐出境，不得採取任何方法使之破產，不得施加暴力，不得使其入獄」。這一規定奠定了「適當的法律程序」的思想基礎。而現代意義上的罪刑法定原則的法律淵源是法國1789年的《人權宣言》以及在其思想指導下制定的1810年的《法國刑法典》。《人權宣言》第八條規定：「在絕對必要的刑罰之外不能制定法律，不依據犯罪行為前制定且頒布並付諸實施的法律，不得處罰任何人。」1810年的《法國刑法典》第四條進一步規定：「沒有在犯罪行為時以明文規定刑罰的法律，對任何人不得處以違警罪、輕罪和重罪。」這是最早在刑法典中規定罪刑法定原則的條文，它的歷史進步意義在於使罪刑法定原則從憲法中的宣言式規定轉變為刑法中的實體性規定。隨著資產階級革命在世界各國的勝利和《拿破侖刑法典》的巨大影響，罪刑法定原則也傳播到世界各國。目前，這一原則已深深植根於各國法律指導思想中，成為當今世界各國刑法中最基本、最重要的一項準則。

中國古代沒有罪刑法定原則的存在。清末修律時，該原則被引入中國。《欽定憲法大綱》和《大清新刑律草案》中均有規定。此后至1949年9月30日的幾部刑法也都規定了該原則。現行臺灣、澳門相關地方性法規也都對其作了規定。1979年刑法中沒有規定罪刑法定原則，1997刑法第三條對該原則做出了明確規定。

二、罪刑法定原則的基本內容及要求

罪刑法定原則，是指定罪判刑必須以現實法律明文規定為準，對於現行法律沒有明文加以規定的行為，不得定罪處罰。中國刑法第三條明確規定：「法律明文規定為犯罪行為的，依照法律定罪處刑；法律沒有明文規定為犯罪行為的，不得定罪處刑。」概括起來說，就是「法無明文規定不為罪，法無明文規定不處罰」。

(一) 基本內容

在形式層面罪刑法定原則基本內容包括：

(1) 法律主義，排斥習慣法；

（2）重法不溯及既往；
（3）否定類推解釋；
（4）禁止絕對不定期刑。
在實質層面罪刑法定原則基本內容包括：
（1）明確性；
（2）禁止處罰不當罰行為；
（3）禁止不均衡殘虐刑罰。

排斥習慣法，實際就是「無成文法不為罪」原則。習慣曾經是法的主要淵源，早期的成文法也是對習慣的承認與固定，是習慣的法律記載。但是在當代法律制度中，習慣僅存在於民商法和國際貿易等有限的範疇內。罪行法定主義強調刑法必須具有成文法的法典形式，一切習慣法都必須予以廢除。

重法不溯及既往，實際是「無事前法不為罪」原則。使用事後立法的方法來規範事前的行為即所謂溯及既往的制度。刑法溯及既往就是採用事後立法的方法來制裁事前的行為，而相對於事前立法而言，被制裁的行為事前並無明確的違法性。相對於事前的行為，事後立法尚未發生法律效力，兩者之間本質上並不發生法律適用的關係。因此，允許刑法溯及既往，就等於擴大了刑法的適用範圍。但是，當代罪刑法定主義的重要特徵之一是維護被告人的利益，強調對人權的保障，故凡是有利於被告的溯及既往仍然為罪行法定主義所許可。

否定類推解釋，實際就是「無嚴格法不為罪」原則。

類推曾是一項長期存在於司法實踐中的法律制度，它實際是一種發生在司法領域內的變相的立法。適用類推不僅侵犯刑法的尊嚴，破壞法律的穩定，而且往往危及公民的基本人權。

禁止絕對不定期刑，即「無對應法不處罰」原則。所謂絕對不定期刑是對於特定的犯罪，法律並不明確規定其適用刑罰的基本範圍，而將刑罰的裁量完全委任於裁判的法律制度。其根本特徵是刑法與裁判之間無法確立相互的對應關係，這雖然能靈活地適應犯罪的多變性，但對裁判缺乏必要的制約力，應用不當就有可能導致刑罰權嚴重失控等弊端。而罪刑法定主義不僅要求刑法明確規定犯罪的構成要件，同時還要求法律對每一種犯罪及其裁量等級都規定明確可以適用的刑罰和具體的量刑範圍。因此，無明確界限的或可以採取多種形式實施的刑罰方法、無明確執行內容的刑罰、無確定期限的自由刑及無確切數額的財產刑等所謂絕對不定期刑都應當予以廢除。

（二）基本要求

（1）法定化，即犯罪與刑罰必須事先由法律做出明文規定，不允許法官自由擅斷。

（2）實定化，即對於什麼行為是犯罪和犯罪產生的具體法律後果都必須做出實體性的法律規定。

（3）明確化，即刑法條文必須文字清晰，意思確切，不得含糊其詞或模棱兩可。

三、罪刑法定原則的立法體現

中國1979刑法沒有明文規定罪刑法定原則，而1997年刑法典則全面、系統地體現

了這一原則。

（1）總的方面：①刑法第三條明文規定了罪刑法定原則；②重申了刑法溯及力問題上的從舊兼從輕原則；③廢除了類推制度。

（2）罪之法定：①明確規定了犯罪的概念，即刑法第十三條的規定；②在總則中規定了犯罪構成的各種要件及正當行為、犯罪形態等問題；③制定了詳細完備的分則罪名，罪名個數由130個上升為413個；④在個罪的構成要件及法定刑的規定上增強了可操作性，在罪狀表述上一般採用敘明罪狀的方式，而較少採用簡單罪狀。

（3）刑之法定：①明確規定了刑罰體系；②明確規定以犯罪事實為依據、以法律為準繩進行量刑，明確規定各種犯罪的法定刑種與刑度；③分則中以相對確定的法定刑的方式明確規定了各種犯罪的法定刑，並且規定了適用不同幅度法定刑的具體情節。

四、罪刑法定原則的司法適用

刑法規定的罪刑法定原則要付諸實踐，離不開司法機關的司法活動。要切實貫徹執行罪刑法定原則，必須注意以下幾個問題：

第一，正確認定犯罪和判處刑罰。

對於刑法明文規定的各種犯罪，司法機關必須以事實為根據，以法律為準繩，認真把握犯罪的本質特徵和犯罪構成的具體要件，嚴格區分罪與非罪，此罪與彼罪的界限，做到定性準確，不枉不縱，於法有據，名副其實。對各種犯罪的量刑，亦必須嚴格以法定刑及法定情節為依據。

第二，正確進行司法解釋。

對於刑法規定不夠具體的犯罪，最高司法機關通過進行司法解釋，指導具體的定罪量刑活動，這對於彌補立法的不足，統一規範和指導司法實務，具有重要意義。但是，進行司法解釋不能超越其應有的權限，無論是擴張解釋，還是限制解釋，都不能違反法律規定的真實意圖，更不能以司法解釋代替刑事立法，否則就會背離和違背罪刑法定原則。

第三節　刑法面前人人平等原則

一、刑法面前人人平等原則的歷史溯源

適用刑法平等思想，早在中國古代就已提出。比如，「王子犯法，與庶民同罪」。此外，公元前407年，魏國李悝制定的《法經》也有類似規定，如其在雜律部分明文規定：「太子搏戲則笞，笞不止則特笞，不止則更立。」就是說，太子犯了錯，也要被施以笞刑，一次沒有改過，第二次要加重懲罰，還不改過，就要廢掉太子另立他人了。

而現代法律中法律面前人人平等的口號，起源於資產階級的人權意識，以空想共產主義為其重要的思想基礎。早在啟蒙運動時期，法國和英國的啟蒙思想家就提出了

天賦人權思想，強調人生而平等，反對封建特權。作為啓蒙運動的思想結晶，1789年法國《人權宣言》全面確認了法律面前人人平等的原則：「法律對於所有的人，無論是施行保護或處罰都是一樣的。在法律面前，所有公民都是平等的。」法律面前人人平等思想的核心在於司法，尤其是刑事司法，所以，就刑事司法而言，強調適用刑法人人平等原則。至此，許多國家的憲法和其他法律都有關於平等原則的規定，而作為一項刑法原則，其主要強調適用刑法上的平等。

二、刑法面前人人平等原則的基本含義與要求

中國刑法第四條明文規定：「對任何人犯罪，在適用刑法上一律平等。不允許任何人有超越法律的特權。」這就是刑法面前人人平等原則。

(一) 基本含義

①任何人犯罪，都應當受到法律的追究；同樣情節的犯罪人，在定罪處罰時應當平等。②任何人受到犯罪的侵害，都應當依法受到保護，而且被害人同樣的權益應當受到刑法同樣的保護。③任何人不得享有超越法律規定的特權，不得因犯罪人或者受害人的特殊身分、地位，或者不同出身、民族、宗教信仰等而對犯罪人予以不同的刑罰適用。

(二) 基本要求

要實現刑法面前人人平等，總體要求任何人在適用刑法時均處於相同的法律地位，在刑法所確定的效力範圍內不存在任何超越法律管轄的特權。具體來說必須做到定罪平等、量刑平等、行刑平等。

一是定罪平等。任何人實施危害社會的行為，只要該行為符合犯罪構成的全部條件和刑法規定的其他條件，都應當被認定為犯罪。

二是量刑平等。

(1) 任何人只要其行為被認定為犯罪，在不具備法定的免除或者減輕刑事責任的條件下，行為人都必須接受刑罰的制裁。

(2) 刑罰的裁量以刑事責任的大小為依據，在罪名、犯罪情節和刑事責任相同的條件下，應當嚴格貫徹同罪同罰的原則。

(3) 刑罰處罰的力度取決於行為的屬性、所造成的社會危害性以及矯正的必要性，刑罰不因為行為人的社會地位、財產擁有量的差異而發生刑種或者刑期的變化。

三是行刑平等。刑罰的執行方法和執行制度取決於制裁犯罪的必要和教育改造罪犯的需要，刑罰的執行不因為被執行人的社會地位、財產擁有量的差異而有所不同。

三、刑法面前人人平等原則的立法體現

刑法面前人人平等原則首先體現在總則。除了第四條明文規定人人平等原則外，這一精神還體現在很多地方。比如，只要精神狀態正常，凡年齡已滿16周歲的人犯罪，就應當負刑事責任，而不論他的身分地位、職業狀況、財產數額如何。

其次刑法分則的規定也體現了刑法面前人人平等原則。刑法分則共十章，每一章中的每一種犯罪都是刑法面前人人平等原則的具體化表現。此外，刑法所增設罪名亦體現了刑法面前人人平等原則的基本精神。例如，中國刑法第二百七十六條規定的破壞生產經營罪是對 1979 年刑法典第一百二十六條破壞集體生產罪修改而成。該罪名的創設，體現了刑法平等地保護社會主義市場經濟體制下各種經濟成分的合法權益的精神。

四、刑法面前人人平等原則的司法適用

立法上的平等是刑法適用平等的前提，而如果沒有適用上的平等，立法上的平等便形同虛設。而適用上刑法面前人人平等原則著重應當解決兩個問題：一是司法公正，具體指前文所說的定罪平等、量刑平等、行刑平等；二是反對特權。

第四節　罪責刑相適應原則

一、罪責刑相適應原則的歷史溯源

罪責刑相適應，又稱罪刑均衡，其基本觀念最早可以追溯到原始社會的同態復仇和奴隸社會的等量報應。古巴比倫《漢謨拉比法典》、古羅馬《十二銅表法》都對「以眼還眼」「以血還血」做了較為相似的規定。這些規定強調了罪與刑之間絕對等量報應的觀念，成為罪刑均衡思想最原始也是最粗俗的表現形式。近代意義上的罪刑均衡，確立於資產階級啟蒙運動時期，是西方人權思想發展的產物。在資產階級啟蒙思想家們的大力倡導下，罪刑均衡原則在西方國家的刑事立法中逐步得以確立。1789 年法國《人權宣言》第八條在確立了罪刑法定原則之後，又在 1793 年法國憲法所附的《人權宣言》第十五條中規定：「刑罰應與犯法行為相適應，並應有益於社會。」該法典關於罪刑均衡原則的規定後來為許多歐陸國家所效仿，成為一項世界性的刑法原則。中國在 1997 年刑法第五條中明確規定罪責刑相適應原則，這一規定也成為中國刑法正在努力向著現代化邁進的有力明證。

二、罪責刑相適應原則的基本含義和要求

（一）基本含義

中國 97 刑法典第五條規定：「刑罰的輕重，應當與犯罪分子所犯罪行和承擔的刑事責任相適應。」

罪責刑相適應原則，是犯多大的罪，就應承擔多大的刑事責任，法院也應判處其相應輕重的刑罰，做到重罪重罰，輕罪輕罰，罰當其罪，罪刑相稱；在分析罪重罪輕和刑事責任大小時，不僅要看犯罪的客觀社會危害性，而且要結合考慮行為人的主觀惡性和人身危險性，把握罪行和罪犯各方面因素綜合體現的社會危害性程度，從而確

定其刑事責任程度，適用相應輕重的刑罰。
（二）基本要求
（1）刑事立法對具體犯罪處罰的原則性規定，對刑罰裁量、執行制度及個罪法定刑的設置，不僅要考慮犯罪的社會危害性，而且要考慮行為人的人身危險性。
（2）司法實踐中刑罰裁量，堅持以客觀行為的侵害性與主觀意識的罪過性相結合的犯罪社會危害程度，以及犯罪主體本身對於社會的潛在威脅和再次犯罪的危害程度，作為量刑的尺度。不僅要考慮犯罪行為及其危害結果，而且應結合分析整個犯罪實施和犯罪分子個體的各方面因素，力求刑罰個別化。

三、罪責刑相適應原則的立法體現

中國刑法除明文規定罪責刑相適應原則外，在其他立法內容上也始終貫穿著罪責刑相適應原則的精神。這一原則在刑法中的具體表現是：

第一，確立了科學的刑罰梯度體系。中國刑法總則設計了一套主次分明、輕重有別、各具特色的刑罰體系。從性質上區分，包括生命刑、自由刑、財產刑、資格刑；從程度上劃定，有重刑也有輕刑；從種類上分，有主刑和附加刑。這是實現罪刑相當的前提。

第二，規定了區別對待的處罰原則。中國刑法總則根據各種行為的社會危害性和人身危害性的大小，規定了輕重有別的處罰原則。此外，刑法總則還側重於刑罰個別化的要求，規定了一系列刑罰裁量與執行制度，例如累犯制度、自首制度等。

第三，設立了輕重不同的法定刑幅度。分則部分是罪刑相當的主要體現。這首先體現在立法者根據法益的重大程度與行為類型來劃分犯罪種類；其次是具體罪與具體法定刑幅度相互對應；再次是法定刑採用相對確定法定刑，既限制刑罰幅度，又為各種具體犯罪規定了可以分割、能夠伸縮、幅度較大的法定刑，保障了法官的自由裁量權。

四、罪責刑相適應原則的司法適用

罪責刑相適應原則，既是立法應遵循的原則，也是刑事司法應遵循的原則。立法者面對的是抽象的犯罪，設置刑罰應當與某些犯罪人承擔的刑事責任（主要表現為客觀危害性和初犯可能）適應，司法者面對的是具體的犯罪，確定刑罰時應當與已然犯罪人的刑事責任（主要表現為主觀惡性和再犯可能）適應，做到罪責重，刑罰量就大，罪責輕，刑罰量就小。

司法機關在貫徹這一原則時，應當著重解決以下問題：

第一，糾正重定罪輕量刑的錯誤傾向，把量刑與定罪置於同等重要的地位。

中國審判機關在刑事審判活動中，一貫重視對案件的定性，而對量刑工作的重要性，部分法官重視不夠，在處理一些上訴案件時，就形成了一個不成文的規則，即不確定屬性錯誤或量刑畸輕畸重的才予改判，而對於量刑偏輕或偏重的則維持原判。針對這種錯誤傾向，為了切實貫徹罪責刑相適應原則，必須提高審判機關和法官對量刑工作重要性的認識，把定性準確和量刑適當作為衡量刑事審判工作質量好壞的不可分

割的統一標準，以此來檢驗每一個具體刑事案件的處理結果。

第二，糾正重刑主義的錯誤思想，強化量刑公正的執法觀念。

我們必須清醒地認識重刑主義的危害，促使每一個法官都樹立起量刑公正的思想，切實做到罪責刑相適應，既不輕縱犯罪分子，也不能無端地加重犯罪人的刑罰。

第三，糾正不同法院量刑輕重懸殊的現象，實現執法中的平衡和協調統一。

繼續及時完善刑事立法外，還需要進一步加強刑事司法解釋工作，加強刑事判例的編撰工作，以便為量刑工作提供更加具體明確的標準；同時提高刑事審判工作人員的素質，不斷改進量刑方法，從而逐步實現量刑的規範化、科學化和現代化。

第三章　刑法的效力範圍

第一節　刑法的空間效力

一、刑法空間效力概述

刑法的空間效力，是指刑法對地和對人的效力，它實際上要解決的是刑事管轄權的範圍問題。

從各國刑法規定和理論主張來看，主要存在以下幾種原則：

（1）屬地原則。即以地域為標準，凡是在本國領域內犯罪，無論是本國人還是外國人，都適用本國刑法；反之，在本國領域外犯罪，都不適用本國刑法。這一原則是建立在國家主權原則的基礎上的。

（2）屬人原則。即以犯罪人的國籍為標準，凡是本國人犯罪，都適用本國刑法而不論犯罪是發生在本國領域內還是在本國領域外；反之，外國人犯罪，即使發生在本國領域內，亦不適用本國刑法。這一原則是建立在本國公民應保證對本國法律的忠誠和服從的基礎上的。

（3）保護原則。以保護本國利益為標準，凡侵害本國家或國民利益的，不論犯罪人是否是本國人，也不論犯罪地在本國領域內還是在本國領域外，都適用本國刑法。保護原則的實質是國家運用刑法手段使本國家和公民的利益免受外來侵害。

（4）普遍原則。即以保護國際社會的共同利益為標準，凡發生國際條約所規定的侵害國際社會共同利益的犯罪，不論犯罪人是本國人還是外國人，也不論犯罪地是在本國領域內還是本國領域外，都適用本國刑法。

現代世界各國刑法多以屬地原則為主，兼採其他原則。中國刑法也是如此。

二、中國刑事管轄權的立法規定

（一）屬地管轄權

中國刑法第六條第一款規定：「凡在中華人民共和國領域內犯罪的，除法律有特別規定的以外，都適用本法。」

1.「中華人民共和國領域內」的含義

這裡的「領域」，是指中國國境以內的全部區域，包括領陸、領水和領空。

領陸：大陸及其沿海島嶼實質性領域。

領水：內水、領海及其地下層。

領空：領陸、領水、領海之上的空間。

這裡的「領域」還包括中國的船舶或者航空器虛擬性領域以及中國駐外使領館〔根據1961年《維也納外交關係公約》（1975年加入）規定，各國駐外大使館、領事館不受駐在國的司法管轄而只接受本國的司法管轄〕。

2.「法律有特別規定」的含義

（1）第十一條：「享有外交特權與豁免權的外國人的刑事責任問題，通過外交途徑解決。」

（2）第九十條：「民族自治地方不能全部適用本法規定的，可以由自治區或者省的人民代表大會根據當地民族的政治、經濟、文化特點和本法規定的基本原則，制定變通或者補充的規定，報請全國人大常委會批准施行。」

（3）刑法典不能適用於港澳地區。根據港澳基本法的有關規定，中國刑法對港澳無適用效力。

（4）刑法典頒布後國家立法機關制定修正案、特別刑法，出現法條競合時，根據新法優於舊法、特別法優於普通法的原則，不適用刑法典。

3. 對犯罪地的確定

關於以什麼因素為標準確定犯罪發生在本國領域內有幾種觀點與立法例。

一是行為地說。認為犯罪是一種行為，故行為發生在本國領域內才認為是在本國領域內犯罪。

二是結果地說。犯罪的實質是侵害或威脅法益，故該種結果發生在本國領域內才認為是在本國領域內犯罪。

三是中間地說。認為行為的中間影響地或中間結果地為犯罪地。

四是遍在說。認為行為實施地與結果發生地都是犯罪地，行為或結果有一項發生在本國領域內，就適用本國刑法。根據遍在說，在未遂犯場合，行為地與行為人希望結果發生之地、可能發生結果之地，都是犯罪地。在共同犯罪場合，共同犯罪行為有一部分發生在本國領域內或共同犯罪結果有一部分發生在本國領域內，就認為是在本國領域內犯罪。

中國刑法第三條第三款規定：「犯罪的行為或者結果有一項發生在中華人民共和國領域內的，就認為是在中華人民共和國領域犯罪。」可見中國對於「犯罪地標準」的規定採用「遍在說」，即不論是行為地、結果地均在中國領域內，還是行為地在中國領域外、結果地在中國領域內，或是行為地在中國領域內、結果地在中國領域外，都屬於在中國領域內犯罪，應適用中國刑法。

屬地原則對國內犯罪是最理想的原則，但對國外犯罪則不能起到很好的管轄作用，如外國人實施危害本國利益或本國國民權益的犯罪，本國公民在國外實施的犯罪等都難以使用屬地管轄原則。因此，針對這幾種情況，涉外管轄原則中還採取了其他原則，如屬人原則、保護原則等。

（二）屬人管轄權

屬人管轄權，又稱國籍原則，是指國家對其國民具有管轄的權力，不論其國民在

國內或國外犯罪或成為受害人，本國均有權予以管轄。中國1997年刑法第七條規定：「中華人民共和國公民在中華人民共和國領域外犯本法規定之罪的，適用本法，但按本法規定的最高刑為3年以下有期徒刑的，可以不予追究。中華人民共和國國家工作人員和軍人在中華人民共和國領域外犯本法規定之罪的，適用本法。」根據上述規定，中國公民在域外犯罪的，原則上適用中國刑法，但需注意以下幾點：

（1）中國公民在中國領域外犯中國刑法規定之罪的，不論按照當地法律是否認為是犯罪，也不論其所犯罪行侵犯的是何國或者何國公民的利益，原則上都適用中國刑法。只是按照中國刑法的規定，該公民所犯之罪法定最高刑為3年以下有期徒刑的，可以不予追究。

（2）中國的國家工作人員和軍人在域外犯罪，則不論其所犯之罪的法定最高刑是否為3年以下有期徒刑，一律適用中國刑法追究其刑事責任。

（3）對於中國刑法在域外的屬人管轄權，刑法第十條進一步規定，在中國領域外犯罪，依照刑法應當負刑事責任的，即使經過外國審判，仍然可以依照中國刑法處理。這表明中國法律的獨立性和國家主權的不受干預性，外國的審判對中國沒有約束力。但從實際合理與國際合作角度出發，為使被告人免受過重的雙重處罰，該條又規定在外國已經受過刑罰處罰的，可以免除或者減輕處罰。這樣，既維護了國家主權，又從人道主義出發對被告人的具體情況作了實事求是的考慮，是非常科學的。

（三）保護管轄權

保護管轄權，又稱保護原則，是指不論本國人或外國人，在國外實施危害本國的國家利益或本國國民的利益，本國有權進行管轄。保護原則是屬地原則和屬人原則的補充，保護原則的確立是國家自衛權在涉外刑事法律領域的體現，每個國家都有權維護本國國家和國民的利益不受侵犯。這一原則最早是歐洲大陸民法法系國家於19世紀提出的，現已為世界各國普遍採用。

中國刑法也採用了保護原則，但對適用範圍作了限制，第八條規定：「外國人在中華人民共和國領域外對中華人民共和國國家犯罪，而按本法規定的最低刑為3年以上有期徒刑的，可以適用本法，但是按犯罪地法律不受處罰的除外。」適用這條規定，要明確下列限制：

（1）外國人所犯之罪必須侵犯中國國家或公民利益。

（2）外國人所犯之罪按照中國刑法規定最低須為3年以上有期徒刑（對低於3年有期徒刑的輕罪則不適用）。

（3）外國人所犯之罪按照犯罪地法律也應受刑罰處罰（對按犯罪地的法律不受處罰的則不適用）。

（四）普遍管轄權

普遍管轄權，也稱世界性原則，是現代國際社會有效懲治與防範國際犯罪的重要法律措施。凡是中國締結或者參加的國際條約中規定的罪行，不論罪犯國籍如何，也不論其罪行發生在哪個國家，也不論其具體侵犯的是哪一個國家或者公民的利益，只要犯罪分子在中國境內被發現，在中國所承擔條約義務的範圍內，就應當行使刑事管

轄權。

根據中國刑法的規定，按照普遍管轄原則適用中國刑法，必須具備如下條件：

第一，追訴的犯罪是中國締結或者參加的國際條約所規定的國際犯罪。

第二，追訴的犯罪是中國在所承擔條約義務的範圍之內。

第三，追訴的犯罪系發生在中國領域之外。如果是發生在中國領域之內，則應依據屬地原則適用中國刑法，而不需要依據普遍管轄原則。

第四，犯罪人必須是外國人，包括無國籍人。如果犯罪人是中國公民，應當依照屬人原則適用中國刑法，也不需要適用普遍管轄原則。

第五，對追訴的犯罪，中國刑法有明文規定。

第六，犯罪人是在中國領域內居住或者進入中國領域。因為只有這樣中國才能對犯罪人行使刑事管轄權。否則，就沒有行使普遍管轄權的義務，也沒有依據普遍管轄原則適用中國刑法的可能。

第二節　刑法的時間效力

刑法的時間效力，是指刑法的生效時間、失效時間以及對刑法生效前所發生的行為是否具有溯及力的問題。

一、刑法的生效時間

刑法生效時間，通常有兩種規定方式：一是從公布之日起即生效；二是公布之後經過一段時間再施行。中國現行刑法的生效時間是后者。中國刑法典於1997年3月14日修訂通過，於1997年10月1日起生效。這樣做是考慮到人們對新法比較生疏，通過一段時間的宣傳、學習和研究，便於廣大人民群眾和司法工作人員做好實施新法的心理、組織及業務準備。

二、刑法的失效時間

刑法的失效時間，即刑事法律規範的效力終止的時間，由國家立法機關規定。中國刑法的失效有兩種方式：一是由國家立法機關明確宣布某些法律失效，如2007年9月26日最高人民檢察院頒布的《檢察人員執法過錯責任追究條例》第二十六條規定，該條例施行后，1998年6月26日頒布施行的《人民檢察院錯案責任追究條例（試行）》同時廢止；二是自然失效，即新法施行后代替了同類內容的舊法，或者由於原來特殊的立法條件已經消失，舊法自行廢止。如1994年6月17日最高人民檢察院和國家科學技術委員會聯合發布的《關於辦理科技活動中經濟犯罪案件的意見》，1997年刑法修訂之后，該解釋的內容與刑法有關貪污賄賂犯罪等規定相抵觸而不再適用。

三、刑法的溯及力

刑法的溯及力，是指刑法生效后，對於其生效以前未經審判或者判決尚未確定的

行為是否適用的問題。如果適用，則有溯及力；如果不適用，則沒有溯及力。對於刑法的溯及力，各國採取不同的原則，概括起來大致有以下幾種：

（1）從舊原則，即新法對其生效前的行為一律沒有溯及力。

（2）從新原則，即新法對於其生效前未經審判或判決尚未確定的行為一律適用，具有溯及力。

（3）從新兼從輕原則，即新法原則上具有溯及力，但舊法（行為時法）不認為是犯罪或者處刑較輕時，依照舊法處理。

（4）從舊兼從輕原則，即新法原則上不具有溯及力，但新法不認為是犯罪或者處刑較輕的，則依新法處理。

上述諸種原則，從舊兼從輕原則既符合罪刑法定的要求，又適應實際的需要，為絕大多數國家刑法所採，中國刑法亦採取此原則。中國刑法第十二條第一款規定：「中華人民共和國成立以后本法施行以前的行為，如果當時法律不認為是犯罪的，適用當時的法律；如果當時法律認為是犯罪的，依照本法總則第四章第八節的規定應當追溯的，按照當時的法律追究刑事責任，但是如果本法不認為是犯罪或者處刑較輕的，適用本法。」第二款規定：「本法施行以前，依照當時的法律已經做出的生效判決，繼續有效。」根據這一規定，對於新中國成立後到1997年9月30日之前發生的行為，應按如下不同情況分別處理：

（1）行為時的法律不認為是犯罪，而現行刑法認為是犯罪的，適用行為時的法律，即不以犯罪論處，現行刑法沒有溯及力。

（2）行為時的法律認為是犯罪，而現行刑法不認為是犯罪的，適用現行刑法，即不以犯罪論處，刑法具有溯及力。

（3）行為時的法律與現行刑法都認為是犯罪，並且按現行刑法總則第四章第八節的規定應當追訴的，按照行為時的法律處理，即刑法沒有溯及力（刑法關於追訴時效的規定具有溯及力）；但是，如果現行刑法處刑較輕，則應適用現行刑法，即現行刑法具有溯及力。所謂處刑較輕，是指法定刑，因而只需要進行法定刑的判斷，而不能進行個案的判斷。

（4）現行刑法施行以前，依照當時的法律已經做出的生效判決，繼續有效。

第四章　犯罪與犯罪構成

第一節　犯罪的概念

一、犯罪概念的歷史沿革

犯罪概念，是對犯罪各種內在、外在特徵的高度、準確概括，是對犯罪的內涵和外延確切的、簡要的說明。犯罪概念在刑法學的研究中居於重要的地位。這是因為，犯罪、刑事責任與刑罰是刑法的三個最基本的範疇。犯罪是刑事責任的前提，而刑罰則是刑事責任的最主要的承擔方式。刑法以犯罪、刑事責任、刑罰為研究對象，自然要以犯罪概念的研究為邏輯起點。

原始社會不存在犯罪概念，奴隸制國家法律上同樣沒有關於犯罪概念的一般規定，其犯罪概念的基本點就是著重強調犯罪是對神意的違反。封建制法律對犯罪的一般概念未做出規定，人們對犯罪概念的認識還停留在具體行為描述的水平上。而在西方，犯罪概念的歷史發展與中國不同。早在羅馬法時代，羅馬第一部成文法《十二銅表法》就賦予了犯罪的一般社會意義，分類規定了「私犯、公罪」。經過多年的發展，從總體上看，各國刑法關於犯罪的定義，歸納起來可分為三種類型：

（一）形式概念

所謂形式的犯罪概念，是指僅僅從犯罪的法律特徵上給犯罪下定義，而不說明把該行為規定為犯罪的依據所在。例如，1810年法國刑法典第一條規定：「法律以違警刑所處罰之犯罪，稱違警罪；法律以懲治刑所處罰之犯罪，稱輕罪；法律以身體刑或者名譽刑所處罰之犯罪，稱重罪。」這種從法律層面界定犯罪的方式即為形式的犯罪概念。形式的犯罪概念注重行為的規範違反性，以刑事違法性界定犯罪的概念，明確了國家刑罰權的界限，在一定程度上防止了刑罰權發動的恣意。但是，犯罪的形式概念沒有說明犯罪的危害性何在，國家為什麼對這些違法行為要處以刑罰，亦即沒有揭示犯罪的本質特徵。

（二）實質概念

實質的犯罪概念，是指從為什麼認為該行為構成犯罪方面給犯罪下定義，而不涉及犯罪的法律形式上的特徵。如1922年的《蘇俄刑法典》第六條規定：「威脅蘇維埃制度基礎及工農政權在向共產主義過渡時期所建立的法律秩序的一切危害社會的作為或不作為，都被認為是犯罪。」這種定義強調犯罪的實質特徵，說明了法律將某種行為

規定為犯罪的根據和理由，但沒有揭示犯罪的法律特徵，沒有限定犯罪的法律界限，與罪刑法定原則的精神存在抵觸，在實踐中缺乏操作性。

(三) 實質與形式相統一的概念

形式的犯罪概念或實質的犯罪概念都具有一定的片面性，前者表明了法律的要求，後者表現了法律處罰的根據，因此，隨之就出現了綜合的犯罪概念，就是既從犯罪的實質上，又從犯罪的法律特徵上給犯罪下定義。如 1958 年的《蘇聯和各加盟共和國刑事立法綱要》第七條規定：「凡是刑事法律規定的危害蘇維埃社會制度或國家制度，破壞社會主義經濟體系和侵犯社會主義所有制，侵犯公民的人身、政治權利、勞動權利、財產權利和其他權利的危害社會的行為（作為或不作為），以及刑事法律規定的違反社會主義法律秩序的其他危害社會的行為，都是犯罪。」這種概念至少從方法論上看克服了犯罪的形式概念和犯罪的實質概念所存在的片面性。受其影響，中國刑法第十三條規定也是此種概念形式。

二、中國刑法中的犯罪概念

中國刑法第十三條規定：「一切危害國家主權、領土完整和安全，分裂國家、顛覆人民民主專政的政權和推翻社會主義制度，破壞社會秩序和經濟秩序，侵犯國有財產或者勞動群眾集體所有的財產，侵犯公民私人所有的財產，侵犯公民的人身權利、民主權利和其他權利，以及其他危害社會的行為，依照法律應當受刑罰處罰的，都是犯罪，但是情節顯著輕微危害不大的，不認為是犯罪。」這一定義不僅較為詳細地揭示了中國現階段犯罪的本質特徵，而且揭示了犯罪的法律特徵，同時將犯罪行為與普通違法行為區別開來，是較為完備、科學的定義。根據這一規定，中國刑法中的犯罪具有以下三個基本特徵。

(一) 嚴重社會危害性，即犯罪是嚴重危害社會的行為

社會危害性，是指行為對合法權益的侵犯性。它是犯罪最本質、最基本的特徵。嚴重的社會危害性，是指行為對刑法所保護的社會關係（法益）造成損害或可能造成損害的特性。

嚴重的社會危害性可以通過第十三條所列舉的犯罪侵害客體來體現。具體可以通過刑法分則 10 章規定的犯罪侵害的客體來體現。決定社會危害性大小的因素，主要有：

第一，行為侵犯的客體；

第二，行為的手段、后果以及時間、地點；

第三，行為人的情況及其主觀因素。

因此，考察有無社會危害性及其大小，應運用歷史的全面的觀點看問題，透過現象抓住事物的本質。

(二) 刑事違法性，即犯罪是觸犯刑法的行為，是犯罪的法律特徵

犯罪是一種違法行為，但不是一般意義上的違法行為，而是刑事違法行為。違法並不都是犯罪，只有違反刑法的才構成犯罪。

（三）應受刑罰懲罰性，即犯罪是應受刑罰處罰的行為

不應受刑罰不等同於不需要刑罰。前者是指行為人的行為不構成犯罪；后者是指行為構成犯罪，只是不給予刑罰處罰。以上三個基本特徵是相互聯繫、緊密結合的。

嚴重的社會危害性是刑事違法性和應受刑罰懲罰性的基礎，它是犯罪的最基本屬性。刑事違法性是社會危害性在刑法上的表現，是確定嚴重社會危害性的準繩。它與應受刑罰懲罰性一起構成社會危害性的度量。行為的社會危害性未達到違反刑法、應受刑罰懲罰的程度，則不構成犯罪。應受刑罰懲罰性是前兩者的最終歸宿。

因此，這三個基本特徵都是任何犯罪所不可或缺的，是區分罪與非罪的根本標準。

第二節　犯罪的構成

一、兩種犯罪構成體系簡介

（一）大陸法系犯罪構成理論

以德法為主的大陸法系國家的犯罪構成模式，由構成要件的符合性（該當性）、違法性和有責性三個要件組成。

符合性是指行為人的行為已經符合法律對某一具體犯罪規定的客觀外部的要素要求；違法性是指行為違反刑法要求禁止實施的規定；有責性是指行為人在具有責任能力的前提下在主觀上具有故意或過失的罪過時應當承擔的責任。

（二）蘇聯的犯罪構成理論

十月革命后，蘇維埃刑法學者引入歷史唯物主義和辯證唯物主義的觀點，通過批判、借鑑、吸收的方法對資產階級的犯罪構成理論進行了改造。

特拉伊寧認為：「犯罪構成乃是蘇維埃法律認為決定具體的、危害社會主義國家的作為（或不作為）為犯罪的一切客觀要件和主觀要件（因素）的總和。」特拉伊寧是將犯罪構成作為理論概念、理論體系加以提出的，並在蘇維埃刑法已有各種具體規定的基礎上加以研究的。

中國現行傳統的犯罪構成理論是從蘇聯移植引進的。1958年中國翻譯出版了特拉伊寧的《犯罪構成的一般學說》，該書對中國的犯罪構成理論的建立和發展產生了深遠的影響。自此，犯罪構成便成了中國刑法理論體系的核心問題。中國傳統的犯罪構成理論摒棄了以行為或行為人為中心的主客觀相脫離的犯罪構成體系的弊端，把犯罪構成視為主客觀的統一體，因而具有一定的進步性。在某種意義上起到定罪的規格和定罪的模式的作用。

二、犯罪構成的概念和特徵

犯罪構成與犯罪概念是兩個既有密切聯繫又有區別的概念。犯罪概念是犯罪構成的基礎，犯罪構成是犯罪概念的具體化。兩者的聯繫在於：首先，作為犯罪概念基本

特徵的行為的社會危害性與刑事違法性，也是犯罪構成的基本特徵；其次，犯罪構成又是犯罪概念及其基本特徵的具體化，它通過主客觀要件具體明確體現犯罪的社會危害性，同時使犯罪概念的法律特徵得以具體化。兩者的區別在於回答問題的角度不同。犯罪概念從宏觀上回答的是什麼是犯罪、犯罪有哪些基本屬性的問題，從總體上劃清罪與非罪的界限，是確定犯罪的總標準，是對犯罪基本特徵的高度概括。犯罪構成則是進一步回答犯罪是怎樣成立的、其成立需要具備哪些法定要件，其所要解決的是犯罪成立的具體標準、規格問題，是劃清罪與非罪、此罪與彼罪的具體標準。

犯罪構成，是指依照中國刑法的規定，決定某一具體行為的社會危害性及其程度而為該行為構成犯罪所必需的一切客觀和主觀要件的有機統一。

犯罪構成具有以下特徵：

（1）構成要件具有法定性。構成要件由刑法明文規定，中國刑法分則條文通常比較明確、具體地規定了各種犯罪的構成要件；有些犯罪由於眾所周知，刑法便沒有詳細描述其構成要件，但我們可以從刑法對簡明罪狀的規定中把握其構成要件。由於構成要件具有法定性，故必須嚴格依照刑法的規定確定其具體內容。所應注意的是，認定具體犯罪時，我們應當以刑法總則的規定為指導，根據刑法分則逐一認定，以便得出正確的結論。

（2）犯罪構成是一系列主客觀要件的有機統一，這是主客觀相統一的原則在犯罪構成中的體現。比如，依照中國刑法第一百一十四條的規定，放火罪的構成要件是：①犯罪客體是公共安全；②客觀上表現為用引起犯罪對象燃燒的方法，危害公共安全的行為；③犯罪主體是一般主體，即達到刑事責任年齡，具備刑事責任能力的人；④犯罪主觀方面是故意。中國刑法中的400餘種個罪，其犯罪構成都是一系列主客觀要件的統一。

（3）犯罪構成的要件是對該行為成為犯罪所必需的，且對該行為社會危害性及其程度有決定意義的事實特徵。任何一種犯罪都可以由許多事實特徵來說明，比如犯罪時間、地點和對象，但這些事實特徵都不是犯罪構成的要件，因為他們對犯罪的社會危害性不具有決定性的意義。比如故意殺人罪，只要犯罪行為侵害的客體是生命權，就構成此罪。至於這個犯罪行為發生在何時何地，侵害的是誰的生命權，均不影響此罪的構成。

三、犯罪構成的分類

（一）基本犯罪構成與修正的犯罪構成

這是依照犯罪構成類型所依賴的犯罪形態是否典型所做的劃分。其中基本犯罪構成是刑法條文就某一犯罪的單獨犯的既遂狀態所規定的犯罪構成，往往由刑法分則直接加以規定。

而修正的犯罪構成是以基本的犯罪構成為前提，適應犯罪行為的各種不同犯罪形態，而對基本的犯罪構成加以某些修改變更的犯罪構成，往往是在刑法總則中以通則的形式加以規定。

(二) 普通犯罪構成與派生的犯罪構成

這是按照犯罪行為危害程度的大小所做的劃分。其中，普通的犯罪構成，又稱獨立的犯罪構成，是刑法條文對具有通常社會危害程度的行為所規定的犯罪構成。

而派生的犯罪構成是以獨立的犯罪構成為基礎，具有較重或較輕社會危害程度而從獨立的犯罪構成中衍生出來的犯罪構成，包括加重的犯罪構成和減輕的犯罪構成。

(三) 完結的犯罪構成與開放的犯罪構成

這是以犯罪構成要件是否被刑法條文完整地規定下來為標準所做的劃分。完結的犯罪構成，也稱封閉的犯罪構成，是刑法條文非常完整地對構成要件做了規定的犯罪構成。

開放的犯罪構成，又稱為待補充的犯罪構成或空白的犯罪構成，是刑法條文僅對部分構成要件做了明確規定或僅對犯罪行為做了一般特徵的描述，要件需要法官在適用刑法條文時做出某些必要的判斷、補充才能最後確定的犯罪構成。

四、犯罪構成的共同要件

中國刑法分則總共規定了四百餘種犯罪，它們的具體犯罪構成都不一樣，但歸納各種犯罪的構成，每種犯罪都具有四個共同的構成要件：犯罪客體、犯罪客觀方面、犯罪主體、犯罪主觀方面。

需要指出的是，上述犯罪構成要件的排序，是傳統排序。1948年，蘇聯刑法學者孟金沙教授主編的刑法教科書《蘇聯刑法總論》將犯罪構成的四個要件依次排列為犯罪客體—犯罪客觀方面—犯罪主體—犯罪主觀方面。此排列順序不僅為特拉依寧教授等其他蘇聯刑法學者所接受，亦為中國諸多刑法教材的摹本。在《犯罪主體》一書中，中國著名刑法學家趙秉志教授認為，犯罪構成其他三個方面的要件都是建立在犯罪主體要件基礎之上的，犯罪主體要件不存在，也就沒有其他三要件，乃至犯罪構成整體的不存在。為此，犯罪構成四要件的實際邏輯順序為「犯罪主體—犯罪主觀方面—犯罪客觀方面—犯罪客體」。此說法自有其邏輯根據，但與人們認識犯罪的規律不符。我們在認定犯罪時，首先考慮的肯定是其侵犯的客體，其次是犯罪行為，然后才會需要查明行為人是否符合犯罪主體要件，最后認定行為人是否具有罪過心理。因此，本書仍然採用傳統的犯罪客體—犯罪客觀方面—犯罪主體—犯罪主觀方面排序。

五、研究犯罪構成的意義

研究犯罪構成的意義具體體現在以下幾方面：

(1) 為追究犯罪人的刑事責任提供根據。一個人之所以要對自己的行為負刑事責任，其基本依據就是行為人的行為具備犯罪構成。行為是否具備犯罪構成，決定了刑事責任的有無；具備什麼樣的犯罪構成，決定了刑事責任的程度（應當指出，行為是否具備犯罪構成是決定刑事責任有無的唯一的依據，但決定刑事責任輕重的因素除了犯罪構成要件事實外，還包括一些非構成要件的事實，如犯罪前后的表現等）。因此，是否追究某人的刑事責任，首先要查明某人的行為是否構成犯罪，行為只有符合了犯

罪構成，才能認定為犯罪，進而被追究刑事責任。

（2）為劃分罪與非罪、此罪與彼罪的界限提供標準。首先，它是具體行為罪與非罪的界限，行為只有具備了犯罪構成，才能構成犯罪。其次，犯罪構成也是區分此罪與彼罪的法律標準。各種不同犯罪的獨特的特點，反映在每一個具體的犯罪構成要件中。因此，認真研究每一罪的具體構成要件，是準確定性、區分此罪與彼罪的關鍵。

（3）為無罪的人不受非法追究提供法律保障。犯罪概念的規定是宏觀的，如果用其來決定罪與非罪，必然導致法官的自由裁量權過大。而犯罪構成通過一系列主客觀要件具體而明確地體現出犯罪的社會危害，使犯罪概念的法律特徵具體化，這是實現罪刑法定的前提。所以，明確的犯罪構成可以保障不應當受刑事制裁的人免受刑事處罰。

第五章 犯罪客體

第一節 犯罪客體概述

一、犯罪客體的概念

犯罪客體，是指中國刑法所保護的為犯罪行為所危害的社會關係。

按照此種解釋，犯罪客體，首先必須是中國社會主義社會關係。社會關係就是人們在生產和共同生活活動過程中所形成的人與人之間的相互關係。社會關係有物質的社會關係和思想的社會關係之分，它們都有可能受到犯罪行為的侵犯而成為犯罪客體。刑法學界對犯罪客體的這個定義最初沿用了蘇聯的社會主義社會關係說。如蘇聯著名刑法學家特拉伊寧在他的《犯罪構成的一般理論》中所言，任何一種侵犯行為的客體，都是為了統治階級的利益所建立起的社會關係。社會主義的社會關係是社會主義刑法體系中的犯罪的客體。但是隨著社會經濟的發展，非社會主義社會關係也是社會關係的重要組成部分，尤其是在推動著社會生產力的發展方面也做出了自己的貢獻，所以這部分社會關係也應該包括進去，也應該是為刑法所保護的社會關係。

其次必須是為犯罪行為所侵害的社會主義社會關係。隨著對「侵害」一詞理解的深入，目前認為犯罪客體不僅指犯罪「侵害」的社會關係，而且包括犯罪所直接威脅的社會關係。

所以，根據「社會關係說」可知，犯罪客體是指中國刑法所保護的，而被犯罪行為所侵害或者威脅的社會關係。需要指出的是，社會關係涉及社會生活的方方面面，為犯罪所侵害的、受中國刑法保護的社會關係僅僅是其中最重要的一部分，如國家安全、公共安全、社會主義經濟基礎、公民的人身、財產權利等，而其他一些社會關係如上下級關係、民事經濟關係、行政關係，則由其他法律、道德和其他規範調整。

二、研究犯罪客體的意義

近年來，刑法學界有一些學者對犯罪客體在犯罪構成體系當中的地位以及存在的必要性產生懷疑並加以批判。不少學者認為犯罪客體對於認定犯罪來說沒有任何意義，其在犯罪構成當中的存在是源於特定時期政治鬥爭的需要，是百廢待興時期照搬蘇聯刑法理論並無原則繼承的結果（很多犯罪的客體較難精準界定，立法對其也曾搖擺不定，比如受賄罪，刑法分則曾先後把它歸入不同類型的犯罪之中）。張明楷教授曾在其著作《犯罪論原理》中提出了犯罪客體不是犯罪構成要件的主張，並在其個人的其他

論著中重申了這一觀點。

但是從實踐出發，我們認為研究犯罪構成的要件，仍然有著重大意義。首先，傳統犯罪構成理論並無明顯的不妥之處；從實踐的角度來看，司法工作者對傳統的犯罪構成的應用也並無明顯不適；從犯罪認定之準確性的角度來衡量，傳統的犯罪構成的實效更經得起檢驗，所以無論從哪方面衡量，都沒有十足的必要去建立一套新的犯罪構成體系，當然也就沒有探討犯罪客體要件是否還應作為犯罪構成要件之一的必要。並且，我們認為，以一個犯罪行為斷定整個事件屬於刑事案件之性質的關鍵，就在於大致衡量了行為是否侵害到了法益及法益受到侵害的程度，而要做到這一點離不開對犯罪客體的考量。具體來說研究犯罪客體具有以下重要意義：

（1）有助於認識犯罪的本質，揭示犯罪的階級屬性；
（2）有助於劃分犯罪的類型，建立刑法分則的科學體系；
（3）有助於確定犯罪的性質，分清此罪與彼罪的界限；
（4）有助於評估犯罪行為的社會危害程度，正確地裁量刑罰。

第二節　犯罪客體的種類

刑法理論按照犯罪行為所侵害的社會關係的範圍，對犯罪客體做不同層次的概括，從而把犯罪客體劃分為三類或者三個層次：犯罪的一般客體；犯罪的同類客體；犯罪的直接客體。

對犯罪客體進行分類具有重要的意義。首先，通過分類可以進一步揭示各類犯罪客體的屬性，正確認識犯罪客體在刑事司法中的作用，解決刑事司法中諸如定罪量刑中的各種難題。其次，通過分類，可以揭示犯罪的共性和個性特徵，從更深的層次上認識犯罪，總結其規律性，制定正確的刑事政策。

犯罪的上述三類客體是三個不同的層次，它們之間是一般與特殊、共性與個性、整體與部分的關係。

（一）犯罪的一般客體

犯罪的一般客體，又稱犯罪的共同客體，是指一切犯罪行為所共同侵犯的客體，或一切犯罪所侵犯的合法權益的整體。刑法第二條、第十三條概括了犯罪一般客體的主要內容。一般客體反映了一切犯罪客體的共性，它是刑法所保護客體的最高層次。據此，可以把犯罪視為一個整體，提出犯罪的共同本質，闡明犯罪的社會危害性以及中國刑法同犯罪作鬥爭的社會政治意義。

（二）犯罪的同類客體

犯罪的同類客體，是指某一類犯罪行為所共同侵犯的客體，即中國刑法所保護的社會主義社會關係的某一部分或某一方面。例如，危害國家安全罪的同類客體是國家主權、領土完整和安全等；侵犯財產罪的同類客體是公、私財產關係；破壞社會主義市場經濟秩序罪的同類客體是社會主義市場的經濟秩序等。中國刑法正是按照犯罪的

同類客體把社會上形形色色的犯罪分為十大類。尤其值得注意的是，刑法鑒於某些類型的犯罪罪名較多，因而對刑法分則採取章下設節的體例。例如刑法分則第三章破壞社會主義市場經濟秩序罪又劃分為生產、銷售偽劣商品罪等八小類，刑法分則第六章妨害社會管理秩序罪又分為擾亂公共秩序罪等九小類。在這種情況下，同類客體實際上又存在兩個層次的社會關係，我們分別稱為同類章客體和同類節客體，簡稱章客體和節客體。總之，只有依據同類客體才能對犯罪做科學的分類，建立嚴謹的、科學的刑法分則體系，便於我們對犯罪進行研究。這無論對司法實踐還是對科學研究，都具有重要意義。

(三) 犯罪的直接客體

犯罪的直接客體，是指某一犯罪行為所直接侵害而為中國刑法所保護的社會關係，即中國刑法所保護的某種具體的社會關係。例如，殺人罪的直接客體是他人的生命權利；傷害罪的直接客體是他人的健康權利；等等。直接客體是每一個具體犯罪的構成的必要要件，是決定具體犯罪性質的重要因素。它對於立法上建立每個具體犯罪構成從而規定相應的量刑幅度，對於司法工作正確定罪量刑，都具有十分重要的意義。

1. 簡單客體和複雜客體

根據犯罪行為所直接侵犯的具體社會關係的複雜程度，將犯罪直接客體劃分為簡單客體和複雜客體。

簡單客體，是指一種犯罪行為只直接侵犯一種具體的社會關係。如盜竊罪、殺人罪。

複雜客體，是指犯罪行為直接侵犯兩種以上的具體社會關係。如搶劫罪，不僅侵犯公、私財產關係，而且直接侵犯他人的人身權利。

2. 主要客體、次要客體和隨機客體

在複雜客體中，各種客體在案件中有主次之分，不能等量齊觀。立法者根據主要客體把它列入有關的某一類犯罪中，如把搶劫罪列入侵犯財產罪中。根據直接客體在犯罪中受危害的程度，機遇以及受刑法保護的狀況，可對複雜客體進行再分類，包括主要客體、次要客體和隨機客體。

主要客體，是指某一具體犯罪所侵害的複雜客體中程度較嚴重的，刑法予以重點保護的社會關係。

次要客體，是指某一具體犯罪所侵害的複雜客體中程度較輕的，刑法予以一般保護的社會關係，也稱輔助客體。

隨機客體，是指在某一具體犯罪所侵害的複雜客體中可能由於某種機遇而出現的客體，也稱隨機客體、選擇客體。

3. 物質性客體和非物質性客體

根據具體犯罪侵害的社會關係是否具有物質性危害，可以將直接客體分為物質性犯罪客體和非物質性犯罪客體。

對物質性犯罪客體侵害的標誌是產生物質性的損害或威脅，可能成為物質性犯罪客體的社會關係，可能成為物質性犯罪客體的法益，有財產、生命與健康等。對於非

物質性犯罪客體侵害的標誌是不具有直接的物質損害的形式，可能成為非物質性犯罪客體的社會關係有政治制度、社會秩序、人格、名譽等。

第三節　犯罪客體與犯罪對象

一、犯罪對象的概念

犯罪客體是抽象的，其總是通過一定的載體表現出來，這一載體就是犯罪對象。犯罪對象，指刑法分則條文規定的犯罪行為所作用的客觀存在的具體的人和物，包括以下含義：

1. 犯罪對象是具體的人和物
2. 犯罪對象是犯罪行為直接作用的人和物

作為犯罪對象的具體的人或物，具有客觀實在性，但在其未受到犯罪行為侵害時，僅是可能的犯罪對象。只有犯罪行為直接作用於某人或某物時，才能成為現實的犯罪對象。據此，可以將犯罪對象與犯罪所得之物、犯罪所用之物區分開來。犯罪所得之物，指犯罪人通過犯罪所獲得的財產或物品，犯罪所用之物，指犯罪人進行犯罪活動所使用的工具或物品，這些都不能認定為犯罪對象。

3. 犯罪對象是刑法規定的人和物

刑法分則條文大多數並不明確規定犯罪客體，而往往通過規定犯罪對象的方式來表明犯罪客體的存在。因此刑法條文或者規定作為犯罪對象的人，或者規定作為犯罪對象的物，用以表明犯罪客體。

犯罪對象可以從不同角度做不同的分類：

從物質表現形式上，犯罪對象包括物體和人體兩種。

從犯罪對象有無特殊限制來看，存在普遍犯罪對象與特定犯罪對象。前者泛指人或物而不加任何限制，如故意殺人罪中的「人」；后者則指某種人或物，明確限制其範圍，如盜竊、搶奪槍支、彈藥、爆炸物罪，犯罪對象是槍支、彈藥、爆炸物。

二、犯罪對象與犯罪客體的區別

犯罪客體與犯罪對象是兩個既有聯繫又有區別的概念。

1. 犯罪客體與犯罪對象的聯繫

作為犯罪對象的具體物是作為犯罪客體的具體社會關係的物質表現；作為犯罪對象的具體人是作為犯罪客體的具體社會關係的承擔者。通常來說，犯罪客體總是通過一定的犯罪對象表現它的存在，也即犯罪分子的行為就是通過犯罪對象即具體物或者具體人來侵害一定的社會關係的。

2. 犯罪客體與犯罪對象的區別

（1）犯罪客體決定犯罪性質，犯罪對象則未必。犯罪對象本身不是社會關係，而是具體物或者具體人。犯罪對象只有通過其所體現的犯罪客體才能確定某種行為構成

什麼罪。比如，同樣是盜竊枕木，某甲盜竊的是備用的枕木，某乙盜竊的是正在使用中的枕木，那麼前者只構成盜竊罪，后者則構成破壞交通設備罪，兩者的區別就在於犯罪對象所體現的社會關係不同。

（2）犯罪客體是任何犯罪構成的要件，犯罪對象則不一定是任何犯罪都不可缺少的，它僅僅是某些犯罪的必要要件。比如，偽造證件罪，必須有偽造出來的證件，否則就不可能構成此罪。但是，像偷越國（邊）境罪，就沒有犯罪對象可言；參加黑社會性質組織罪，也沒有對象可言。

（3）任何犯罪都會使犯罪客體受到危害，而犯罪對象卻不一定受到損害。例如，某家電視機被盜，所侵犯的是主人對電視機的所有權關係，而電視機本身則未必受到損害。相反，盜竊犯總是要把電視機保護好，才能銷贓或者自用。

（4）犯罪客體是犯罪分類的基礎，犯罪對象則不是。刑法分則規定的十類犯罪是根據犯罪客體來劃分的，如果按犯罪對象則無法分類。犯罪客體是犯罪的必要構成要件，其性質和範圍是確定的，因而它可以成為犯罪分類的基礎；犯罪對象並非犯罪的必要構成要件，它在不同的犯罪中可以是相同的，在同一犯罪中也可以是不同的，少數犯罪甚至沒有犯罪對象，所以犯罪對象不是犯罪分類的標準。例如，同是公共財產，盜竊、詐騙的，屬於侵犯財產罪；如果貪污、受賄的，屬於貪污、受賄罪。因為它不僅侵犯了公共財產所有權，而且侵犯了國家工作人員職務行為的廉潔性。由此可見，犯罪對象不能成為犯罪分類的根據與標準。當然，在同一類犯罪中，犯罪對象有時可以起到劃分各種犯罪之間界限的作用。例如，在危害公共安全罪中，就是因為對象不同而劃分出不同的罪。例如，破壞交通工具罪和破壞交通設施罪的區別，就在於對象不同。前者破壞的是飛機、火車、船舶等；后者破壞的是橋樑、隧道、鐵軌之類。

第六章　犯罪客觀方面

第一節　犯罪客觀方面概述

一、犯罪客觀方面的概念與特徵

犯罪客觀方面，又稱犯罪客觀要素，是指刑法所規定的構成犯罪的客觀外在表現。犯罪客觀方面是構成犯罪所必須具備的要件。犯罪客觀方面具有如下幾個特徵：

（一）法定性

所謂犯罪客觀方面的法定性，是指構成犯罪的各種客觀要件必須是刑法條文明確規定的。中國刑法總則對於犯罪客觀方面未做專門的規定，在刑法分則條文中，犯罪客觀方面作為犯罪的主要構成要件表現出來，規定比較明確、具體。

（二）客觀性

所謂客觀性，是指犯罪活動是人的犯罪活動的外在表現形式，能被人們直接感知。人的犯罪行為作為人的一種活動，可以分為主觀和客觀兩個方面的事實，只有在主觀罪過外化成為不以人們意志而存在的客觀範疇時，才能對其定罪量刑。

（三）多樣性

多樣性是指犯罪客觀方面的內容以及包含的要件複雜、多樣。犯罪客觀方面既可能是危害行為的方式、危害結果的表現形式，也可能是危害行為與危害結果的因果關係形式，甚至還可能是犯罪發生的時間和地點等。

（四）具體性

中國刑法規定的犯罪客觀方面要件，是具體的而不是抽象的，旨在表明行為對刑法所保護的社會關係造成損害的客觀事實特徵。

二、犯罪客觀方面的意義

研究犯罪客觀方面，對正確定罪量刑具有重要意義。

（一）有助於區分罪與非罪的界限

如果不具備犯罪客觀方面的要件，就失去了構成犯罪和承擔刑事責任的客觀基礎，這樣就談不到犯罪。對於一切犯罪來說，危害行為的有無是區分罪與非罪的重要標誌。例如，故意傷害罪必須具有非法傷害他人身體的行為。

(二) 有助於區分此罪與彼罪的界限

中國刑法中的許多犯罪在客觀要件和主體要件上是相同的，在主觀方面也是相同或者基本相同的，法律之所以把它們規定為不同的犯罪，主要就是基於犯罪客觀方面的要件不同。例如，中國刑法分則第五章規定的盜竊罪、詐騙罪和搶奪罪就是按此區分的。

(三) 有助於正確分析和認定犯罪的主觀要件

研究犯罪的客觀要件，可以為正確地判定犯罪主觀要件中的罪過、動機、目的等內容提供可靠的客觀基礎。犯罪主觀方面支配犯罪客觀方面，犯罪客觀方面是犯罪主觀方面的外在表現，犯罪意圖只有通過犯罪行為才能實現。

(四) 有助於正確量刑

就不同的犯罪而言，之所以區分不同的犯罪類別，規定輕重不同的刑罰，主要是由於其客觀方面的要件不同並進而影響到它們的社會危害性程度不同，如搶劫罪和搶奪罪、故意殺人罪和故意傷害罪就是如此。

第二節　危害行為

馬克思曾經指出，「我」只是由於表現自己，只是由於踏入現實的領域，才進入受立法者支配的範圍。[①]「我」的行為就是「我」同法律打交道的唯一領域，因為行為就是「我」為之要求生存權利、要求現實權利的唯一要求，因此「我」才受到現行法的支配。馬克思之所以強調行為在法律上的重要性，是因為法律從其性質和功能上講，就是調整特定社會關係的行為規範。中國刑法所懲處的犯罪，必須是危害社會的行為，而且是特定的危害社會的行為，是中國刑法中犯罪客觀方面首要的因素，在犯罪構成中居於核心地位。

一、危害行為的概念和特徵

危害行為是刑法學中一個非常重要的概念，它不同於犯罪行為，也不同於合法行為。在中國刑法中的危害行為，是指犯罪構成客觀方面的行為，即是由行為人的意識、意志支配的危害社會的身體動靜。

危害行為的概念說明，作為犯罪客觀要件的危害行為具有以下三個基本特徵：

1. 主體特定性

危害行為在客觀上是人的身體動靜，是自然人或者單位實施的行為。中國刑法排除了動植物、物品或者自然現象作為犯罪主體的可能性。

2. 有意性

危害行為在主觀上是由行為人的意志支配下的身體動靜。支配身體的意志或意識

[①] 黃京平. 刑法學 [M]. 北京：中國人民大學出版社，2015：45.

活動，是危害行為的內在特徵，只有這樣的人體外部動靜才是危害行為，才可能由刑法來調整並達到刑法調整所預期的目的。

3. 有害性

危害行為在法律上是對社會有危害的身體動靜。中國刑法懲罰的行為，只是危害社會的行為。身體動靜的社會危害性，是危害行為的價值評價特徵，也稱為危害社會的社會性特徵。

二、危害行為的表現形式

中國刑法所規定的危害社會行為，其表現形式多種多樣。刑法理論上將形形色色的危害社會行為歸納為兩種基本表現形式，即作為與不作為。

(一) 作為

1. 作為的概念

作為，是指行為人以身體活動實施刑法所禁止的危害行為，即「不當為而為之」。在中國刑法中大多數犯罪以作為的方式構成，如搶劫罪、詐騙罪、貪污罪、逃脫罪、強奸罪。作為是危害行為的基本形式，它自然具有危害行為的三個基本特徵，此外，還具有以下特殊性：其一，作為的外在表現是人的身體的積極動作，如持刀砍傷他人。其二，作為通常由人的一系列積極舉動組成，而不是僅指個別的動作。例如扒竊行為，由靠近被害人，將手伸入被害人衣袋或提包，竊取錢物等動作組成。其三，作為是違反刑法禁止規範的危害行為。如果行為人違反刑法禁止性規範，即違反「不應當的義務」而實施某種行為的，就成為危害行為中的作為。

2. 作為的實施方式

作為的實施方式主要包括以下五種情況：

(1) 利用行為人自己的身體實施的作為。這是作為最常見的實施方式。如以拳腳傷人，以口頭誹謗、侮辱、誣告他人，都是以身體實施的行為。

(2) 利用物質性工具實施的作為。如利用刀、槍、毒藥去殺人、傷人，利用偽造的證件詐騙他人錢財等。

(3) 利用他人實施的作為。這是指行為人利用無責任能力的人（包括未成年人、精神病人）實施的行為，如教唆不滿14周歲的人放火、搶劫。在這種情況下，無責任能力人的行為，實際上成為犯罪分子實施犯罪的工具。

(4) 利用動物實施的行為。如利用患有狂犬病的狗去傷害、殺害他人。

(5) 利用自然力實施的作為。如故意將一不知情的人騙到閃電即將出現的野外，致其被雷電擊死，即是利用自然力實施的作為。

(二) 不作為

不作為，是指行為人負有某種行為的特定義務，能夠履行而不履行的危害行為，即「當為而不為」。不作為是與作為相對應的危害行為的另一種表現形式。構成刑法中的不作為，必須具備下列條件：

(1) 行為人負有實施某種積極行為的特定義務，這是成立不作為的前提條件。行

為人負有的這種特定義務是法律上的義務，不只是普通的道德義務。如果行為人沒有這種特定義務，則不構成刑法中的不作為。關於特定義務的根據或來源，通常認為有以下幾種：

①法律明文規定的義務。這裡的法律是指由國家制定或認可並由國家強制力保證其實施的一切行為規範的總稱。但是需要注意的是，並不是法律規定的任何一種義務，都可以成為刑法中不作為的根據；只有其他法律所規定的義務成為刑法規範所要求履行的義務時，才是不作為的法律義務的根據。

②行為人的職務上或業務上要求履行的義務。如值班醫生有為病人治病的義務，消防隊員有救火的義務等。它是以該行為人擔任某種職務、從事某種業務並正在執行為前提，否則就不發生履行該義務的問題。

③先行行為引起的義務。這種義務是指由於行為人的行為而使刑法所保護的社會關係處於危險狀態時，行為人負有採取有效措施排除危險或防止結果發生的特定義務。如果行為人不履行這種義務，就是以不作為的形式實施危害行為。如汽車司機在交通肇事後，有及時救助傷員的義務。

（2）行為人有履行特定義務的可能性或履行能力。行為人雖然具有實施某種積極行為的義務，但是由於某種客觀原因存在，根本不可能履行或不具備履行該項義務的能力，則不能成立刑法中的不作為。

（3）行為人由於不履行特定義務，已經造成或可能造成危害結果的發生。這是區分作為與不作為的外在標誌。

第三節　危害結果

一、危害結果的概念與特徵

（一）危害結果的概念

中國刑法理論界對危害結果的理解有廣義和狹義之分。廣義的危害結果，是指由被告人的危害行為引起的一切對社會的損害事實，它包括危害行為的直接結果與間接結果；狹義的危害結果，是指作為犯罪客觀方面構成要件的結果，通常是對直接客體造成的損害。中國刑法學界通常從狹義的角度去理解危害結果。① 所以我們可以定義危害結果為犯罪行為發生后所導致的事實性的客觀損害以及主觀的社會危害。

（二）危害結果的特徵

危害結果具有如下幾個特徵：

1. 危害結果的客觀性

刑法中的危害結果相對於哲學範疇的結果，屬於特殊結果，它具有結果的一切特徵，是一種事實，一種客觀存在的現實。

---

① 黃京平. 刑法學 [M]. 北京：中國人民大學出版社，2015：49.

2. 危害結果的因果性

危害結果的因果性，要求危害結果在內容上是一種現實的、客觀存在的事實，而這種事實必須是危害行為引起的事實。

3. 危害結果的侵害性

危害結果由危害行為引起，作為一種事實，它表明刑法所保護的社會關係即犯罪客體受到侵害。

4. 危害結果的多樣性

危害結果作為危害行為對刑法所保護的社會關係侵害的一種事實，必然具有多樣性。該多樣性的形式，只要是事實，而且是危害行為侵犯刑法所保護的社會關係形成的事實，都可以成為危害結果。

二、危害結果的種類

由於危害結果具有多樣性，故有必要從不同角度對其進行分類，以便深入理解危害結果的內涵與意義。

(一) 屬於構成要件要素的危害結果與不屬於構成要件要素的危害結果

這是以危害結果是否屬於具體犯罪構成要件要素為標準所做的分類。前者是指成立某一具體犯罪所必須具備的危害結果，如果行為沒有造成這種結果，就不可能成立犯罪。例如，根據中國刑法第三百九十七條的規定，國家機關工作人員的濫用職權或者玩忽職守行為，只有造成了公共財產、國家與人民利益的重大損失，才構成「濫用職權罪」或者「玩忽職守罪」。這裡的「重大損失」屬於構成要件要素的危害結果。后者是指不是成立犯罪所必需的、構成要件之外的危害結果。這種危害結果是否發生及其輕重如何，並不影響犯罪的成立；只是在行為構成犯罪的基礎上，對反映社會危害性程度起一定的作用，因而影響法定刑是否升格以及同一法定刑內的量刑輕重。例如，搶劫罪的成立並不要求發生致人重傷、死亡的結果。

(二) 物質性危害結果與非物質性危害結果

這是根據危害結果的現象形態所做的分類。前者是指形態表現為物質性變化的危害結果，它往往是有形的，可以具體認定和測量的，如致人傷害、毀損財物等，都是物質性結果。后者是指形態表現為非物質性變化的危害結果，它往往是無形的，不能或者難以具體認定和測量，如對人格的損害、名譽的毀損等，屬於非物質性危害結果。

(三) 直接危害結果與間接危害結果

這是根據危害結果與危害行為的聯繫形式所做的分類。前者是危害行為直接造成的侵害事實，它與危害行為之間具有直接因果關係，即二者之間沒有獨立的另一現象作為聯繫的仲介。后者是指危害行為間接造成的侵害事實，在危害行為與間接危害結果之間，存在獨立的另一現象作為聯繫的仲介。

第四節　危害行為與危害結果之間的因果關係

因果關係是哲學上的一個重要範疇，它是指一種現象在一定的條件下引起另一種現象，引起其他現象的現象是原因，被引起的現象是結果。不過，因果關係的本身並不包括原因和結果，而只包含二者之間的引起與被引起的關係。

刑法上研究的因果關係，是指人的危害行為同危害結果之間的因果關係。研究刑法上的因果關係具有重要意義，因為罪責自負是中國刑法的基本原則，一個人對某種危害結果有無罪責，決定條件之一就是他的行為與該結果之間有無因果關係。因此，當危害結果發生時，要使某人對該結果負責任，就必須查明他所實施的行為與該結果之間具有因果關係。換言之，查明某人的行為同危害結果有無因果關係，是正確認定犯罪、判定刑事責任的必要條件。

在實踐中，對於危害行為與危害結果之間的因果關係，通常並不難確定。但是，犯罪情況複雜多樣，某種危害結果的發生既有其內部原因，也有外部原因；有主要原因，也有次要原因；有直接原因，也有間接原因。比如，行為人意圖殺害被害人，致其重傷，在送醫院過程中遇交通堵塞致被害人無法得到及時救治而身亡，或在搶救過程中遇醫生玩忽職守而不治而亡，或在住院期間遇火災被燒死。在這些情況下，行為人的行為與被害人死亡之間是否有刑法上的因果關係就不是那麼一目了然了，需要我們科學分析和論證。研究刑法上的因果關係，應當注意以下一些基本觀點和基本問題：

一、因果關係的客觀性

因果關係作為客觀現象間引起與被引起的關係，是不依人的意志為轉移而客觀存在的。因果關係的有無只能根據現象之間的客觀聯繫進行判斷，不能以行為人沒有認識到自己的行為會導致某種危害結果而否定它的存在，也不能因為其假設存在而存在。比如，行為人輕傷被害人，但碰巧被害人為血友病患者，致使其流血不止而死亡。在這種情況下，就不能以行為人不知被害人是血友病患者，認為其行為不會導致被害人死亡而否定輕傷行為與死亡結果的因果關係的存在。

二、因果關係的相對性

辯證唯物主義科學地說明，世界上的一切事物都是普遍聯繫和相互制約的「鎖鏈」，A現象是B現象的結果，其本身又可以是C現象的原因，「為了瞭解單個的現象，我們就必須把它們從普遍的聯繫中抽出來，孤立地考察它們，而且在這裡不斷更替的運動就顯現出來，一個為原因，另一個為結果。」[1] 換言之，原因和結果的區別在於現象在普遍聯繫的整個鏈條中只是相對的，而不是絕對的。因此，要確定哪個是原因哪個是結果，必須把其中的一對現象從普遍聯繫中抽出來，孤立地考察它們，也就是說，

---

[1] 李秀林. 辯證唯物主義新探 [M]. 北京：中國人民大學出版社，1998：218.

只有抓住整個鏈條中的某一特定環節，才能具體地考察這一對現象之間的因果聯繫，即誰為原因，誰為結果。刑法中研究因果關係的目的，是要解決行為人對所發生的危害結果應否負刑事責任的問題，所以本書所討論的因果關係，是人的危害行為與危害結果之間的因果聯繫。

三、因果關係的時間序列性

因果關係的時間序列性，是指從發生的時間上看，原因在前，結果在後，結果不可能在原因之前存在。因此，作為原因的危害行為的實施，必定先於作為結果的危害結果的出現。這告訴我們，只能在危害結果發生之前的危害行為中去找原因。如果某人的行為是在危害結果發生之後實施的，該行為與危害結果之間顯然沒有因果關係。比如，甲在睡眠中突發心臟病死在床上，行為人意圖殺甲，看到甲躺在床上，以為其在熟睡，用槍向其射擊。在這種情況下，由於行為人的殺害行為是在甲的死亡結果發生之後實施的，因而二者之間不可能有因果關係。當然，這並不意味著凡是先於危害結果發生的行為，都是引起該結果的原因；在結果之前的行為只有引起和決定該結果的發生，才是該結果發生的原因。比如，行為人向被害人實施敲詐勒索行為，但行為人並不是出於畏懼心理，而是基於憐憫之心提供財物，則敲詐勒索行為與被害人提供財物之間不具有刑法上的因果關係。

四、因果關係的條件性和具體性

人的行為不可能超時空而孤立存在和發展；人的行為引起某種危害結果，總是同當時的具體時間、地點以及其他各種條件相結合、相互作用的過程。一種行為在一般情況下可能不會造成某種危害結果，但在具體的環境中、特定的條件下，就可能造成某種危害結果。

因此，考察某人的行為同某種危害結果的因果關係，絕不可脫離案件的各種具體條件孤立地看其行為本身，而應全面考慮危害行為實施的時間、地點、條件等具體情況；否則，難以正確判明因果關係。例如行為人與被害人發生爭執，向被害人胸部打了一拳，致使被害人的心臟病發作，在送往醫院的途中遇交通堵塞而不治身亡。在這一案例中，在一般情況下一拳是不會致人死亡的，但恰巧被害人有心臟病，而且又沒能及時送往醫院，否則被害人是可以得救的。但並不能因此否定行為人的擊拳行為與被害人死亡之間的因果關係。原因是引起結果諸因素中的決定性因素，而條件雖然對結果的發生起著一定的作用，但它只是圍繞原因對結果起加速或延緩的作用，而非決定性的作用。因此，不能把原因與結果同等看待，否則，將會擴大刑事責任的客觀依據。

五、因果關係的複雜性、多樣性

刑法上的因果關係與哲學上的因果關係一樣都具有複雜性與多樣性。這種複雜性和多樣性主要表現為一因多果和多因一果。一因多果，是指一個危害行為同時引起多種結果的情況。比如，行為人破壞公共汽車，致其傾覆，導致多人傷亡。又如，行為

人搶劫被害人,並致其死亡。在一行為引起多種結果的情況下,要分析主要結果與次要結果、直接結果與間接結果,以便正確定罪量刑。多因一果,是指多個原因導致某一危害結果發生的情況。比如,在共同犯罪中,每個共同犯罪人的行為都是造成危害結果的原因。又如,在責任事故類的過失犯罪中,事故的發生通常涉及許多人的過失,而且還是主客觀原因交織在一起。在多行為導致某一危害結果發生的情況下,應該區別原因的程度,分清什麼是主要原因,什麼是次要原因。這是因為這些原因在導致危害結果發生中所起的作用不同;相應地,危害程度也有差別。通過分清主次原因,使各行為人承擔各自的刑事責任。

六、因果關係的必然聯繫和偶然聯繫問題

在中國傳統刑法理論中,主要存在必然因果關係說與偶然因果關係說的爭論。[①] 在現實中,因果關係一般表現為一對現象之間存在著內在的、必然的、合乎規律的引起與被引起的關係。這種聯繫稱為必然因果關係,它是因果關係基本的和主要的表現形式。但是自然和社會現象十分複雜,因果關係的表現也不例外。另外還存在單一的和偶然的聯繫(又稱為偶然因果聯繫),它是某種行為本身並不包含產生某種危害結果的必然性,但在其發展過程中,偶然又有其他原因加入其中,即偶然地同另一原因的展開過程相交錯,由后來介入的這一原因合乎規律地引起了這種危害結果的情況。偶然因果關係通常對量刑具有一定的意義。例如行為人搶劫被害人,被害人逃跑,在橫穿馬路時,被害人由於慌亂被正常行駛的汽車軋死。在這個案例中,行為人的行為與被害人的死亡結果之間存在著偶然的因果關係,因此行為人不僅對搶劫承擔刑事責任,而且對被害人的死亡也須負責任。

偶然因果關係有時對定罪與否也有一定的影響。比如,行為人以限制自由的方法強迫被害人在其作坊中勞動。被害人在很短的時間內尋機逃出作坊,行為人發現后在持棍棒追趕,被害人慌不擇路,失足落入路邊溝裡,頭碰石頭,造成重傷。本案中如果行為人僅有強迫他人勞動的行為,由於尚未達到情節嚴重的程度,因此只是一般違法行為。但是,現在發生了被害人重傷的結果,而且行為人的強迫勞動行為與此結果之間具有偶然的因果關係,據此可以認定行為人的強迫勞動的行為已達到情節嚴重的程度,按照刑法的有關規定,構成強迫職工勞動罪。

七、不作為犯罪的因果關係

不作為與危害結果之間的因果關係,在刑法理論上存在不同的觀點。有觀點認為,不作為沒有行為,從物理上說是無,無不能生有,因而不作為的危害行為與危害結果之間在客觀事實上並不存在因果關係,而只是法律上擬制的因果關係。我們認為,解決不作為犯罪的因果關係,必須堅持因果關係的唯物辯證法的觀點,應當用社會的觀點來解釋為什麼不作為具有原因力。不作為行為與危害結果之間的因果關係是客觀存在的,而不是法律擬制的。不作為與作為是行為的兩種表現方式,都是處在客觀事物

---

① 張明楷. 刑法學 [M]. 北京:法律出版社,2007:

的普遍聯繫之中。因此，不論是作為或是不作為，都既是其他現象產生的結果，又是產生另一現象的原因。在不作為的情況下，行為人具有實施某種行為以防止或阻止危害結果的發生的特定義務，但卻沒有實施該種行為，以致危害結果發生；如果行為人履行特定的義務，危害結果便不會發生。因此，行為人的不作為是危害結果發生的原因。比如，行為人是鐵路扳道工，負有按時扳道的職責，但行為人能履行這一職責卻未履行，以致火車出軌，造成人員傷亡。在這一案例中，負有按時扳道義務的行為人的不作為行為，在客觀上引起了火車出軌、人員傷亡的危害結果。

八、因果關係與刑事責任

研究危害行為與危害結果有無因果關係，對於解決行為人應否負刑事責任問題具有重要意義。但中國刑法中的犯罪構成是主客觀諸要件的統一，行為符合犯罪構成才能追究行為人的刑事責任。刑法上的因果關係是為瞭解決已經發生的危害行為是由誰的行為造成這一問題，因此只是確立了行為人對特定危害結果負刑事責任的客觀基礎，並不等於解決了其刑事責任問題。要使行為人對危害結果負刑事責任，還必須具備主觀上的故意或過失。否則，即使行為與危害結果之間具有因果關係，仍不能構成犯罪和使其負刑事責任。

第七章　犯罪主體

第一節　犯罪主體的概念與分類

一、犯罪主體的概念

犯罪主體，是指實施危害社會的行為、依法應當負刑事責任的自然人和單位。自然人犯罪主體是指達到刑事責任年齡，具有刑事責任能力的自然人；單位犯罪主體是指可以獨立承擔刑事責任能力的企事業單位、國家機關、社會團體等。

二、犯罪主體的分類

(一) 自然人主體和單位主體

從主體的法律性質上分，犯罪主體包括自然人犯罪主體和單位犯罪主體。自然人犯罪主體是中國刑法中最基本的、具有普遍意義的犯罪主體。單位主體在中國刑法中不具有普遍意義。中國刑法第三十條規定，單位成為犯罪主體應以中國刑法分則有明文規定者為限。自然人主體是指達到刑事責任年齡，具備刑事責任能力，實施危害社會的行為並且依法應當承擔刑事責任的自然人。

(二) 一般主體和特殊主體

自然人主體可以再細分為一般主體與特殊主體。對於具體的犯罪而言，只要達到刑事責任年齡和具備刑事責任能力的自然人即可構成的犯罪主體是一般主體。特殊主體是自然人犯罪主體的特殊要件，除了具備上述兩個條件外，還要具有特定的身分。

中國刑法規範中要求特殊主體的犯罪涉及數十個條文和罪名。大致可以歸納為以下類型：

(1) 軍人違反職責罪。根據中國刑法第四百三十四條、第四百五十條、第四百五十一條以及中國《軍人違反職責罪暫行條例》第二條和第二十五條的規定，構成該條例所規定的20餘種軍人違反職責罪，犯罪主體必須具備中國現役軍人或者軍內在編職工的身分。

(2) 公務人員違反職責的犯罪。其中又可以分為兩類：第一類是一般公務人員違反職責的犯罪，如報復陷害罪、貪污罪、挪用公款罪、受賄罪、玩忽職守罪等；第二類是特定公務人員違反職責的犯罪，如由司法工作人員瀆職構成的徇私枉法罪、私放罪犯罪，由郵電工作人員瀆職構成的妨害郵電通信罪等。

(3) 從事特定職業者在職業活動中構成的業務過失犯罪，如重大責任事故罪等。

（4）具有特定法律身分者在訴訟活動中才能構成的犯罪。如偽證罪要求犯罪主體必須是訴訟活動中具有證人、鑒定人、記錄人、翻譯人的身分。

（5）共同生活的家庭成員違反扶養義務構成的犯罪。如虐待罪和遺棄罪。

（6）被逮捕、關押的犯罪分子才能構成的犯罪。如脫逃罪和組織越獄罪。

（7）從事非法職業者才能構成的犯罪。如詐騙罪。

對於要求特殊主體的犯罪來說，特定身分是犯罪構成的必備條件。不具備特定的身分，就不能構成這些特定的犯罪。因此，特殊主體對某些犯罪的定罪具有重要的意義，查明行為人是否具備特定的身分條件，有助於劃清特殊主體的犯罪與其他犯罪、與非犯罪行為的界限。

第二節　刑事責任能力

一、刑事責任能力的概念

刑事責任能力，是指行為人辨認和控制自己行為的能力。[①] 辨認能力是指一個人對自己行為的性質、意義和后果的認識能力。控製能力是指一個人按照自己的意志支配自己行為的能力。

二、刑事責任能力的程度

對於一般公民來說，只要達到一定的年齡，生理和智力發育正常，就具有了相應的辨認和控制自己行為的能力，從而具有刑事責任能力。但是，在出現疾病的情況下，辨認自己行為性質、后果的能力與自我控制的能力也可能分離。只有辨認和控制自己行為的能力都具備，才屬於有刑事責任能力。下面依據中國刑法通常採取的四分法，對刑事責任能力程度問題予以分析。

（1）無刑事責任年齡，即不滿14周歲的，對任何犯罪都不負刑事責任。

（2）相對刑事責任年齡，即已滿14周歲不滿16周歲的人，犯故意殺人、故意傷害致人重傷或者死亡、強奸、搶劫、販賣毒品、放火、爆炸、投放危險物質的，應當負刑事責任。除上述罪名外，因不滿16周歲不予刑事處罰的，要責令其家長或者監護人加以管教，在必要的時候，也可以由政府收容教養。

（3）從輕或減輕刑事責任年齡，即已滿14周歲不滿18周歲的人、又聾又啞的人以及盲人等犯罪，應當從輕或者減輕處罰。各國刑法一般都認為，限制責任能力人實施的刑法所禁止的危害行為的，構成犯罪，應負刑事責任，但是其刑事責任因其責任能力的減弱而有所減輕，應當或者可以從寬處罰或者免於處罰。[②]

（4）完全負刑事責任年齡，即已滿16周歲的，犯任何罪，都必須負刑事責任。但中國刑法也明確規定，犯罪時未滿18周歲的，不適用死刑。

[①] 黃京平. 刑法學 [M]. 北京：中國人民大學出版社，2015：58.

[②] 高銘暄. 刑法學原理（第1卷）[M]. 北京：中國人民大學出版社，1993：622.

第三節 決定和影響刑事責任能力的因素

一、刑事責任年齡的概念

刑事責任年齡，是指法律所規定的行為人對自己實施的刑法所禁止的危害社會的行為負刑事責任必須達到的年齡。

中國刑法第十七條規定，已滿16周歲的人犯罪，應當負刑事責任；已滿14周歲不滿16周歲的人，犯故意殺人、故意傷害致人重傷或者死亡、強姦、搶劫、販賣毒品、放火、爆炸、投毒罪的，應當負刑事責任；已滿14周歲不滿18周歲的人犯罪，應當從輕或者減輕處罰。中國現行刑法關於刑事責任年齡的規定，是結合中國實際情況制定的，理由如下：

（1）未滿14周歲的人，由於身心發育尚未成熟，他們幼稚無知，還不具備必要的辨別是非善惡的能力，因此對他們所實施的危害社會的行為不追究刑事責任。

（2）已滿14周歲不滿16周歲的人，雖然有一定的辨認是非善惡的能力，但年紀尚輕，智力發展尚不完全，缺乏社會知識和法制觀念，因此對他們的危害行為一般不追究刑事責任，而只對某些嚴重的犯罪追究刑事責任。

（3）已滿16周歲的人，智力、體力已有相當的發展，已經具有辨別是非善惡和控製自己行為的能力，因此法律要求他們對自己所實施的一切犯罪行為負刑事責任。

（4）已滿14周歲不滿18周歲的人尚未成年，容易受外界的不良影響，同時，由於他們可塑性大，易於接受改造。因此對他們所實施的犯罪，應當從輕或減輕處罰。中國刑法第四十九條明確規定：犯罪的時候不滿18周歲的人不適用死刑。

刑事責任年齡指的是實施犯罪時的年齡，而不指破案或審判時的年齡。責任年齡的確定是刑法中的重大問題，它直接涉及刑罰懲罰範圍，涉及是否從輕、減輕處罰，如果某人尚未達到法定應負刑事責任的年齡，即使行為人在客觀上造成了嚴重結果，也不應追究其刑事責任。充分理解中國刑法關於責任年齡的規定，對於正確定罪量刑具有非常重要的意義。

二、刑事責任年齡的確定

犯罪主體中的刑事責任年齡，是依實施行為時為準還是依結果發生時為準，這涉及對年齡的實際確定問題。在行為與結果同時的場合，對其界定一般不發生問題。但是，當行為結果不同時間時，則涉及以哪一個時間去確定其年齡的問題。這一問題之所以需要明確，是因為在有些案件中，行為時被告人尚未滿14周歲（或者未滿16周歲、18周歲），而當結果發生時，被告人卻已滿14周歲（或者已滿16周歲、18周歲）。在這時，如何確定其年齡，會對被告人的行為是否構成犯罪及刑罰輕重適用產生直接的影響。如果從刑事責任年齡確定是為瞭解決行為人在行為當時是否具有辨別、控製能力這一點上來看，應當認為以行為時行為人的實際年齡為準去確定其是否達到

刑事責任年齡是比較科學的；如果行為有連續或者持續狀態，則應以這種行為狀態結束之時行為人的實際年齡去確定其刑事責任年齡。

三、未成年犯罪案件處理的原則

對未成年罪犯適用刑罰原則，中國堅持從寬處理，「教育為主，懲罰為輔」的原則。

（一）剝奪政治權利刑罰的適用

對犯嚴重破壞社會秩序罪的未成年罪犯，除依法判處無期徒刑的以外，一般不附加判處剝奪政治權利刑罰。對於未成年罪犯，不單獨適用剝奪政治權利刑罰。

（二）從輕、減輕處罰的適用

對未成年人罪犯依法從輕處罰，是指應當在法定刑範圍內判處相對較輕的刑種或者相對較短的刑期；依法減輕處罰，是指應當在法定最低刑以下判處刑罰。在具體量刑時，不但要根據犯罪事實、犯罪性質和危害社會的程度，還要充分考慮未成年人犯罪的動機、犯罪時的年齡、是否初犯、偶犯或者慣犯，在共同犯罪中的地位和作用等情節，以及犯罪后有無悔罪、個人一貫表現等情況，決定對其適用從輕還是減輕處罰和從輕或者減輕處罰的幅度，使判處的刑罰有利於未成年罪犯的改過自新和健康成長。

（三）緩刑的適用

對於被判處拘役、三年以下有期徒刑的未成年罪犯。犯罪后有悔罪表現，家庭有監護條件或者社會幫助措施能夠落實，認為適用緩刑確實不致再危害社會的，應當適用緩刑。但是有下列情形之一的，一般不宜適用緩刑：慣犯、有前科或者被勞動教養兩次以上的；共同犯罪中情節嚴重的主犯；犯罪后拒不認罪的。

（四）免予刑事處罰的適用

未成年罪犯中的初犯、偶犯，如果罪行較輕，悔罪表現好，並具有下列情形之一的，一般應免予刑事處罰：預備犯、中止犯、防衛過當、避險過當、共同犯罪中的從犯、脅從犯，以及犯罪后自首或者有立功表現的。對免予刑事處罰的，可予以訓誡或者責令具結悔過、賠償道歉、賠償損失，或者建議有關主管部門給予行政處分。

四、關於精神障礙的刑事責任處理規定

一般而言，達到刑事責任年齡就標誌著刑事責任能力的完備，但如果存在精神障礙，則可能影響刑事責任能力。中國刑法專門規定了精神病人的刑事責任問題，這為中國司法實踐解決特殊人群實施危害行為的刑事責任提供了基本依據。

（一）完全無刑事責任能力的精神病人

中國刑法第十八條第一款規定：「精神病人在不能辨認或者控制自己行為的時候造成危害結果，經法定程序鑒定確定的，不負刑事責任，但是應當責令他的家屬或者監護人嚴加看管和醫療；在必要的時候，由政府強制醫療。」

由此可以看出：第一，精神病人應否負刑事責任，關鍵在於行為時是否具有辨認

或者控製自己行為的能力；第二，行為時是否有辨認或者控製能力，既不能根據行為人的供述來確定，也不能憑辦案人員的主觀判斷來確定，而是必須經過法定的鑒定程序予以確認；第三，對因不具有刑事責任能力不負刑事責任的精神病人，並不是一概放任不管，而是應當責令他的家屬或者監護人嚴加看管和醫療，必要時也可以由政府強制醫療。

(二) 完全有刑事責任能力的精神病人

中國刑法第十八條第二款規定：「間歇性的精神病人在精神正常的時候犯罪，應當負刑事責任。」間歇性精神病人在精神正常的時候，具有辨認或者控製自己行為力，應當對自己的犯罪行為負刑事責任。

(三) 限制刑事責任能力的精神病人

中國刑法第十八條第三款規定：「尚未完全喪失或者控製自己行為的精神病人犯罪的，應當負刑事責任，但是可以從輕或者減輕處罰。」

限制刑事責任能力的精神病人，是介於前兩種精神病人之間的一部分精神病人，與完全無刑事責任能力精神病人相比，這種人並未完全喪失辨認和控製自己行為的能力，因此，不能完全不負刑事責任。但是這種人作為精神病人，其刑事責任能力畢竟又有所減弱，因此，中國刑法規定對這種人可以從輕或者減輕處罰。

第四節 犯罪主體的特殊身分

一、犯罪主體特殊身分的概念

犯罪主體的特殊身分，是指刑法規定的影響行為人刑事責任的行為人人身方面特定的資格、地位或狀態。如軍人、辯護人、訴訟代理人、證人、男女、親屬等。這些特殊身分不是自然人犯罪主體的一般要件，而是某些犯罪的自然人主體所必須具備的條件。

在中國刑法理論上，通常以主體是否要求以特定身分為要件，將自然人主體分為一般主體與特殊主體。中國刑法規定不要求以特殊身分作為要件的主體，稱為一般主體；中國刑法規定以特殊身分作為主體構成要件或者刑罰加重、減輕依據的犯罪稱為身分犯。身分犯分為純正的身分犯和不純正的身分犯。純正的身分犯是指以特殊身分為主體要件，無此特殊身分則該犯罪是根本不能成立的犯罪。如貪污罪的主體是國家工作人員或者受國家機關、事業單位、經營國有財產的人員等，若行為人不具備此種身分，其行為就不能構成貪污罪。不純正身分犯是指特殊身分不影響定罪但影響量刑的犯罪。在這種情況下，如果行為人不具有特殊身分，犯罪也成立；行為人具有特殊身分的，則成為刑罰加重或減輕的事由。如一般人可以構成誣告陷害罪，但主體為國家機關工作人員時，則應從重處罰。

二、犯罪主體特殊身分的界定

正確理解犯罪主體的特殊身分的含義，應當注意以下兩種情況：

（1）特殊身分必須是在行為人開始實施危害行為時就已經具有的特殊資格或者已經形成的特殊地位或狀態。行為人在實施行為后才形成的特殊地位，並不屬於特殊身分。

（2）作為犯罪主體要件的特殊身分，僅僅是針對犯罪的實行犯而言的，至於教唆犯和幫助犯，並不受特殊身分的限制。如強奸罪的主體必須為男性，但這只是就實行犯而言，婦女可以成為強奸罪的教唆犯或幫助犯。

第五節　單位犯罪

一、單位犯罪的概念

中國刑法第三十條規定，公司、企業、事業單位、機關、團體實施的危害社會的行為，法律規定為單位犯罪的，應當負刑事責任。也就是說單位犯罪的概念是指公司、企業、事業單位、機關、團體為本單位謀取非法利益，經集體研究決定或者主要負責人員決定，實施了中國刑法分則中規定為單位犯罪的行為。只有法律明文規定單位可以成為犯罪主體的犯罪，才存在單位犯罪及單位承擔刑事責任的問題，而並非一切犯罪都可以由單位構成。

二、單位犯罪的特徵

1. 犯罪主體的複合性

作為犯罪主體的單位，其本身是由自然人組成的，但又不是自然人的簡單組合，「而是一種既不能脫離自然人而獨立存在，又可以在形式上先於單位成員而構成的特定組織形式。」單位犯罪的主體是複合的、重疊的，這種複合主體，是以單位（法人或非法人社會組織）為形式，以自然人（單位主管人員和其他直接責任人員）為內容組成的特別主體。

2. 主觀罪過的多樣性

單位犯罪的主觀罪過應當具有多樣性，既包括故意，也包括過失，還存在混合罪過形式。首先，在意識因素上，單位對其行為的社會危害性、行為后果預見性有明確的認識能力，這是通過單位內部決策人員的認識表現出來的。其次，中國刑法關於故意犯罪和過失犯罪的規定對單位犯罪是適用的。最後，規定單位犯罪主觀罪過多樣性是社會發展的立法需要。隨著商品經濟的發展和單位（法人或非法人社會組織）的增多，單位犯罪的情況愈加複雜，其主觀罪過也必將呈現多樣化。

3. 客觀表現的整體性

任何一種犯罪，都是通過一定的客觀行為（作為或不作為）表現出來的。同樣，

在單位犯罪這個動態的犯罪實施過程中，所有的行為歸根結底也都是以自然人作為或不作為再現的。單位實施危害社會的行為，實質上是一種有領導、有分工、有組織的行為，無論是作為的還是不作為的，都不再是純粹的個人目的和私利，如果是以單位的整體意志表現出來，即為單位犯罪，否則就不構成單位犯罪。

4. 嚴格的法定性

「法無明文規定不為罪，法無明文規定不處刑」是中國刑法罪刑法定原則的基本要求。無論是單位犯罪還是自然人犯罪，都必須有中國刑法條文的明確規定，即具有法定性。在中國，單位都是享有一定權利、承擔一定義務的組織，特別是國家機關、國有公司、事業單位、人民團體等單位都有一定的職權，其利用職權進行犯罪活動的社會危害性比自然人個人犯罪更為嚴重，影響更大。因此，國家立法嚴懲單位犯罪活動時，就必須以條文明文規定的形式嚴格界定單位犯罪的主體及範圍。

第八章　犯罪主觀方面

第一節　犯罪主觀方面概述

一、犯罪主觀方面的概念

　　犯罪主觀方面，亦稱犯罪主觀要件，按照刑法界理論通說，是指行為人對自己所實施的危害社會行為及危害結果所持的心理態度。① 人在實施犯罪時的心理狀態是十分複雜的，概括起來有故意和過失這兩種基本形式，以及犯罪目的和犯罪動機這兩種心理要素。

二、犯罪主觀方面的內容

　　犯罪主觀方面的內容，或者說罪過的內容，是指中國刑法規定的行為人實施犯罪必須認識的事實內容和必須具有的意志狀態。犯罪主觀方面的內容，是由意識因素和意志因素這兩大部分內容構成的。

（一）意識因素

　　意識因素，是指行為對事物及其性質的認識和分辨情況。
　　（1）行為人對自己行為及其結果的社會危害性的認識，或者說對與犯罪客體有關的事實及性質的認識。
　　（2）行為人對犯罪的基本事實情況的認識，或者說對犯罪客觀方面有關事實的認識。首先包括了危害行為、危害結果和兩者之間的因果關係的認識。只有當刑法分則明確要求行為人對犯罪的時間、地點和方法等事實也要有認識時，犯罪客觀方面中的選擇要件，才能構成特定犯罪罪過的內容。
　　中國刑法並沒有要求行為人認識自己的行為是違反刑事法律規定的行為，即不要求認識刑事違法性。因為如果不認識行為的刑事違法性就不能構成罪過，不負刑事責任的話，那麼就容易使有些人借口不懂法律逃避應負的刑事責任。

（二）意志因素

　　根據中國刑法規定，意志對於危害行為和危害結果起支配和控製作用，表現為四種形式，即希望、放任、疏忽、輕信。中國刑法要求，任何犯罪的主觀方面，都是有

---

① 馬克昌. 刑法通論 [M]. 武漢：武漢大學出版社，1999：304.

著具體內容的意識因素與這四種意志形式之一結合組成的，缺乏意識因素和缺乏意志因素，罪過是不能成立的。

第二節　犯罪的故意

一、犯罪故意的概念和構成要素

（一）犯罪故意的概念

根據中國刑法第十四條第一款的規定，犯罪故意是指明知自己的行為會發生危害社會的結果，並且希望或者放任這種結果發生的主觀心理狀態。這種由犯罪故意而承擔的刑事責任，就是故意責任。故意責任是責任的主要形式，它意味著行為人是在一種故意的心理狀態下實施犯罪的，因而屬於責任形式。作為一種責任形式，故意不僅是一種心理事實，而且包含著規範評價，由此形成統一的故意概念。

（二）犯罪故意的構成要素

犯罪故意由兩個因素構成：一是認識因素，二是意志因素。現對其分述如下：

1. 認識因素

認識因素，是指明知自己的行為會發生危害社會的結果的主觀心理狀態。由此可見，認識因素是事實性認識與違法性認識的統一。

（1）事實性認識

事實性認識，是指對於構成事實的認識，這就為事實性認識限定了範圍。事實性認識包括對以下客體要素的認識：

首先是行為的性質。對於行為性質的認識，是指對於行為的自然性質或者社會性質的認識，對於行為的法律性質的認識屬於違法性認識而非事實性認識。其次是行為的客體。對於行為客體的認識，是指對行為客體的自然屬性或者社會屬性的認識。再次是行為的結果。對於行為結果的認識，是指對於行為的自然結果的認識，這種認識在很大程度上表現為一種預見，即其結果是行為的可期待的后果。最后是行為與結果之間的因果關係。對於因果關係的認識，是指行為人意識到某種結果是本人行為引起的，或者行為人採取某種手段以達到預期的結果。在這種情況下，行為人都對行為與結果之間因果關係具有事實上的認識。

（2）違法性認識

違法性認識，是指對於行為人的違法性的判斷，屬於對認識的規範評價因素。刑事違法性是犯罪的基本特徵，在罪刑法定的構造中，具有明確的界限，應當成為違法性認識的內容。至於行為是否違反刑法的認識，並不要求像專業人員那種確知。因此，以刑事違法性的認識作為違法性認識的內容，並不會縮小犯罪故意的範圍，而且合乎罪刑法定的原則。

2. 意志因素

犯罪故意的意志因素是指希望或者放任危害結果發生的主觀心理態度。意志因素

是心理性意志與違法性意志的統一。

（1）心理性意志

心理性意志，是指心理事實意義上的意志。意志對人的行動起支配作用，並且決定著結果的發生。如果說意志對於行為本身的控制是可以直觀地把握的話，意志對於結果的控製就不如行為那麼直接。因為結果雖然是行為引起的，它又在一定程度上受外界力量的影響。在這種情況下，應當區分必然的結果與偶然的結果：必然結果是由意志力支配的結果，可以歸之於行為；而偶然結果是受外在東西所支配的結果，不能歸之於行為。從意志與這些結果的關係上來說，必然結果是意志控製範圍之內的、預料之中的結果；偶然結果是出於意料的結果。

（2）違法性意志

違法性意志，是指心理性意志的評價因素，這種評價成為歸責的根據。在心理性意志的基礎上，之所以還要進一步追問違法性意志，是因為違法性的結果雖然是行為人所選擇的，但如果這種選擇是在不具有期待可能性的情況下做出的，即缺乏違法性意志，我們仍然不能歸罪於行為人。因此，違法性意志，其實就是一個期待可能性的判斷問題。

二、犯罪故意的類型

據中國刑法第十四條第一款的規定，犯罪故意可以分為以下兩種類型：

（一）直接故意

直接故意，是指明知自己的行為會發生危害社會的結果，並且希望這種結果發生的心理態度。在直接故意中，存在認識程度上的差別，即明知自己的行為必然發生危害社會的結果與明知自己的行為可能發生危害社會的結果。但這種認識程度上的差異並不影響直接故意的成立。只要對危害結果的發生是明知的，無論是明知其必然發生還是明知其可能發生，並對這種危害結果持希望其發生的心理態度，都可構成直接故意。

（二）間接故意

間接故意，是指明知自己的行為可能發生危害社會的結果，並且有意放任，以致發生這種結果的心理態度。間接故意的認識因素是指行為人認識到自己的行為可能發生危害社會的結果，而不包括認識到自己的行為必然發生危害社會的結果。因為放任是以行為人認識到危害結果具有可能發生也可能不發生這種或然性為前提的，如果行為人已認識到自己的行為必然發生危害結果而又決意實施的，則根本不存在放任的可能，其主觀意志只能是屬於希望結果的發生的直接故意。

間接故意具有以下三種情形：一是為追求某一犯罪目的而放任了另一危害結果的發生；二是為追求某一非犯罪目的而放任某一危害結果發生；三是突發性犯罪中不計后果放任某種嚴重危害結果的發生。[1] 以上三種情況中，行為人對被害人死亡結果的發生都持間接故意的心理態度。

---

[1] 黃京平. 刑法學 [M]. 北京：中國人民大學出版社，2015：76.

第三節　犯罪的過失

一、犯罪過失的概念和構成要件

過失犯罪，指在過失心理支配之下實施的、根據中國刑法的規定已經構成犯罪的行為。犯罪過失，是指行為人應當預見自己的行為可能發生危害社會的結果，因為疏忽大意而沒有預見，或者已經預見但輕信能夠避免的心理態度。

（1）行為人主觀上必須對危害結果的發生持根本否定態度心理。

（2）行為必須發生了危害結果，從中國刑法分則的規定看，這些結果一般都是較為嚴重的結果。

二、犯罪過失的類型

犯罪過失包括疏忽大意的過失和過於自信的過失兩種類型。

(一) 疏忽大意的過失

疏忽大意的過失，是指應當預見自己的行為可能發生危害社會的結果，因為疏忽大意而沒有預見，以致發生這種結果的心理態度。所謂疏忽大意，就是粗心、馬虎、不留意、不負責任。[①] 從司法實踐來看，判斷行為人是否具有疏忽大意過失，並不是先判斷行為人是否疏忽大意，而是先判斷行為人是否應當預見自己的行為可能發生危害社會的結果，如果應當預見而沒有預見，就說明行為人疏忽大意了。

(二) 過於自信的過失

過於自信的過失，是指已經預見自己的行為可能發生危害社會的結果，但輕信能夠避免，以致發生這種結果的心理態度。

行為人已經預見自己的行為可能發生危害社會的結果，同時又輕信能夠避免危害結果，這就是過於自信過失的認識因素。已經預見是事實，輕信能夠避免是行為人在已經預見危害結果的同時還實施該行為的主觀原因。輕信能夠避免，是指在預見到結果可能發生的同時，又憑藉一定的主客觀條件，相信自己能夠避免結果的發生，但所憑藉的主客觀條件並不可靠。

過於自信的過失與間接故意有相似之處，如二者均認識到危害結果發生的可能性，都是不希望危害結果發生，但二者的區別也是明顯的：從本質上說，間接故意所反映的是對合法權益的積極蔑視態度，過於自信的過失所反映的是對合法權益消極不保護的態度。

---

① 高銘暄. 新編中國刑法學（上冊）[M]. 北京：中國人民大學出版社，1998：195.

第四節　意外事件

一、意外事件的概念

根據中國刑法第十六條的規定，意外事件是指行為雖然在客觀上造成了損害結果，但不是出於行為人的故意或者過失，而是由不能預見的原因所引起的，不認為是犯罪。這種情況就是刑法理論中所說的無罪過的意外事件。

二、意外事件的特徵

意外事件具有三個特徵：一是行為人的行為客觀上造成了損害結果；二是行為人主觀上沒有故意或者過失；三是損害結果由不能預見的原因所引起。「不能預見」是指當時行為人對其行為發生損害結果不但沒有預見，而且根據其實際能力和當時的具體條件，行為時也根本無法預見。從認識因素上來講，行為人沒有認識到其行為會發生危害社會的結果；從意志因素上來講，行為人對危害結果的發生持反對態度。

三、意外事件與疏忽大意過失的區別

二者相同之處都是發生了損害結果，且都沒有預見。不同之處在於：在疏忽大意的過失中，行為人應當預見也能夠預見，但沒有預見；在意外事件中，根據行為人的自身狀況和當時的環境、條件，不可能預見。因此，是否應當預見、是否能夠預見，是區分二者的關鍵。

「不能預見的原因」所致的意外事件與疏忽大意的過失的相似之處在於，二者都是行為人對損害結果的發生沒有預見，並因此而發生了這種結果。根據行為人的實際能力和當時的情況，結合法律、職業等的要求來認真考察其有沒有預見的原因，對於區分意外事件與疏忽大意的過失犯罪至關重要，這是罪與非罪的原則區分。例如，某汽車司機在雨夜行車，從一塑料布駛過，壓死了塑料布下的一個精神病人。司機以為塑料布下是附近農民的稻谷，在當時的情況下他不可能預見到有人在雨夜躲在公路的塑料布下，這就屬於意外事件。

第五節　犯罪目的與犯罪動機

一、犯罪目的和犯罪動機的概念

犯罪目的，是指行為人通過實施犯罪行為達到的某種危害結果的希望或追求。犯罪的成立要求對犯罪事實有所認識，這就是犯意。故意是最典型、一般的犯意。犯罪目的具有選擇性，如報復的動機會產生殺人、傷害、誣告、報復陷害等不同的目的；犯罪目的具有暫時性，一旦達到便不再存在。犯罪目的是一些犯罪的構成要件。

犯罪動機，是指刺激、促使犯罪人實施犯罪行為的內心起因或思想活動，能夠直接反映行為人主觀惡性的程度和行為的社會危害性程度。它回答犯罪人基於何種心理原因實施犯罪行為，故動機的作用是發動犯罪行為。從心理學上講，人的行為是由動機支配的，而動機是由需要引起的，沒有需要就不可能產生動機。但是，並不是任何需要都能成為動機，只有需要指向一定的目標，並且展現出達到目標的可能性時，才能形成動機，才會對行為有推動力。

由於犯罪動機和犯罪目的是密切聯繫而存在的，行為人基於某種需要而形成犯罪動機，在犯罪動機的指引和推動下又進而確定了犯罪目的，因而在間接故意中同樣也存在脫離於犯罪目的的犯罪動機。①

二、犯罪目的和犯罪動機的聯繫和區別

（一）犯罪動機與犯罪目的的聯繫

犯罪動機和犯罪目的之間密切聯繫，主要表現在以下幾個方面：

（1）兩者都是犯罪人實施犯罪行為過程中存在的主觀心理活動，它們的形成和作用都反映行為人主觀惡性程度及行為的社會危害性程度。

（2）犯罪目的以犯罪動機為前提和基礎，犯罪目的來源於犯罪動機，犯罪動機促使犯罪目的的形成。

（3）兩者有時表現為直接的聯繫，即它們所反映的需要是一致的，如出於貪利動機實施以非法佔有為目的的侵犯財產犯罪。

（二）犯罪動機與犯罪目的的區別

犯罪動機與犯罪目的相互區別，主要表現在：

（1）兩者的形成時間先後順序不同。犯罪動機產生在前，犯罪目的產生在後，犯罪動機是產生犯罪目的的原因。犯罪動機之產生，是由於人的某些需要在不良心理因素的作用下而激發的；犯罪目的則是在對犯罪行為的性質有明確認識的基礎上形成的。

（2）兩者的內容、作用不同。犯罪動機是表明行為人為什麼要犯罪的內心起因，比較抽象，是內在的發動犯罪的力量，起的是推動犯罪實施的作用；犯罪目的則是實施犯罪行為所追求的客觀危害結果在主觀上的反映，比較具體，它決定著犯罪行為的方向，引導犯罪行為向預期達到的目標運行。

（3）一種犯罪動機可以導致幾個或者不同的犯罪的目的。一種犯罪目的也可以同時為多種犯罪動機所推動。

（4）兩者對定罪量刑的意義不同。實踐中，犯罪目的一般不僅影響量刑，還影響定罪，側重於影響定罪；而犯罪動機側重於影響量刑。

---

① 陳興良，曲新久. 案例刑法教程 [M]. 北京：中國政法大學出版社，1994：183-184.

第六節　認識錯誤

中國刑法上的認識錯誤，是指行為人對自己行為的法律性質、后果和有關的事實發生了誤解。刑法上的認識錯誤可分為兩種：法律上的認識錯誤和事實上的認識錯誤。

一、法律上的認識錯誤

法律上的認識錯誤，是指行為人對自己行為的法律性質發生誤解。其表現為三種情況：

（1）假想非罪。行為在法律上規定為犯罪，而行為人誤認為不是犯罪。如甲未經許可收購珍貴樹木製作家具，沒有意識到該行為屬於中國刑法規定的非法收購、加工珍貴樹木及其製品罪。

（2）假想犯罪。行為在中國刑法上並沒有規定為犯罪，而行為人誤以為是犯罪。例如，某甲複製含有色情內容的有藝術價值的文學作品，本來不構成犯罪，但他卻誤認為犯罪，這種誤解對行為性質不發生影響。

（3）行為人對自己犯罪行為的罪名和罪行輕重發生誤解。例如，某甲盜割正在使用的電線，某甲自以為是盜竊罪，而實際上依法應為破壞電力設備罪。這種對法律的誤認不涉及行為人有無違法性意識，不影響定罪判刑。

二、事實上的認識錯誤

事實上的認識錯誤，是指行為人對與自己行為有關的事實情況有不正確的理解。對事實認識錯誤，通常採取「法定符合說」認定行為人的罪責。即行為人預想事實與實際發生的事實法律性質相同的，不能阻卻行為人對因錯誤而發生的危害結果承擔故意的責任。反之，法律性質不同的，則阻卻行為人對因錯誤而發生的危害結果承擔故意的責任。這裡所稱的法律性質相同，是指屬於同一犯罪構成範圍內的情形；法律性質不同，是指屬於不同犯罪構成的情形。

（1）客體錯誤，是指行為人預想侵犯的對象與實際侵犯的對象在法律性質上不同（分屬不同的犯罪構成）。例如甲竊取了乙的提包，回家后打開提包發現裡面有一支手槍。甲竊取提包通常只有盜竊普通財物的故意，而事實上發生了竊取槍支的結果。因此甲發生的事實錯誤不僅是具體對象的錯誤還是客體錯誤。客體錯誤阻卻行為人對錯誤的事實承擔故意的罪責。甲僅在盜竊罪的限度內承擔罪責，對誤盜槍支的事實不承擔故意的罪責。

（2）對象錯誤，是指行為人預想侵犯的對象與行為人實際侵犯的對象在法律性質上是相同的（屬於同一構成要件）。例如，甲欲殺乙，卻誤認丙為乙而殺死了丙。甲預想侵犯的對象是乙，實際侵犯的對象是丙，甲無論是殺了丙或殺了乙，都是剝奪他人的生命，都沒有超出故意殺人罪犯罪構成之對象的範圍，也沒有使犯罪客體的性質發生變化。因此，甲仍然構成故意殺人罪既遂。

如果行為人預想侵犯的對象與實際侵犯的對象在法律性質上部分相同部分不同的，行為人只就相同的部分承擔故意罪責，對不同的部分不承擔故意罪責。

（3）手段錯誤，是指行為人對犯罪手段發生誤用。如甲本想使用毒藥殺害張三，但因為誤認而錯用了一種無毒的藥物（手段不能犯未遂），但這種錯誤不影響罪過的性質。

（4）行為偏差，是指行為人預想打擊的目標與實際打擊的目標不一致。如甲欲殺張三，朝張三射擊卻擊中張三身旁的李四。從現象看，這也是對象錯誤。這是一種客觀行為錯誤而不是主觀認識錯誤。對行為誤差一般也採取「法定符合說」，即適用對象辨認錯誤的認定方法解決。

（5）因果關係錯誤，是指行為人對自己行為和所造成的結果之間因果關係的實際情況發生誤認。①行為造成了預定的結果，誤以為沒有造成該結果；②行為沒有實際造成預定的結果，誤以為造成了該結果；③知道行為已經造成了預定的結果，但對造成結果的原因有誤解。這三種情形的錯誤對罪責均不發生影響。

第九章　故意犯罪停止形態

第一節　故意犯罪停止形態概述

一、故意犯罪停止形態的概念

故意犯罪的停止形態，是指直接故意犯罪在犯罪過程的不同階段由於各種原因而停止下來所呈現的不同狀態，即既遂、預備、未遂和中止形態。一般說來，一個完整的犯罪過程，要經由一個從犯意形成、犯罪預備、著手實行到完成犯罪的發展過程。例如，故意殺人罪，一般會先有殺人的念頭，再準備殺人凶器，然后實行殺人行為，直至把被害人殺死。但是，並非每一個犯罪都能完成以上犯罪過程。

二、故意犯罪停止形態的分類

就犯罪的停止形態的特徵來看，犯罪的停止形態可以分為犯罪的完成形態和犯罪的未完成形態。犯罪既遂是犯罪的完成形態，它表明某一犯罪行為已經完全符合特定犯罪構成的全部要件；犯罪的預備、未遂和中止是犯罪的未完成形態，它表明某一犯罪行為尚未完全具備特定犯罪構成的全部要件，但又構成了犯罪，相比之下，犯意的形成雖然是推動行為人實施犯罪的內心起因，但犯意僅僅屬於思想範疇，僅有犯意而未將犯意付諸實施尚不可能對社會造成任何危害，因而犯意的形成不屬於犯罪的過程。

（1）行為人要先產生犯罪意圖，再有犯意流露的行為，但此時尚不構成犯罪。

（2）行為人為了實施犯罪而準備工具、製造條件，這屬於犯罪的預備行為，此時已經可以構成犯罪了。如果在此時行為人由於其意志以外的原因而未能著手實行犯罪行為，使該犯罪行為停止下來而不再發展，則是犯罪預備。

（3）如果該預備行為未受行為人意志以外的干擾，行為人著手實行了犯罪，但由於其意志以外的原因而沒有得逞，使得犯罪行為停止下來，則是犯罪未遂。

（4）如果行為人未受干擾，繼續實行犯罪直至具備了某犯罪構成的全部要件，則是犯罪既遂。

（5）如果在預備階段或實行階段，行為人自動放棄犯罪或者自動有效地防止犯罪結果發生，使得犯罪未完成而停止下來，則是犯罪中止。

第二節 犯罪既遂

一、犯罪既遂的概念與特徵

犯罪既遂是犯罪的一種基本形態,學術界對犯罪既遂的標準一直存在著爭議。在司法上,應當堅持罪刑法定原則,應當以「犯罪構成要件要素齊備說」作為認定犯罪既遂的標準;在立法上,則應當從犯罪事實和刑事政策的角度出發,以「犯罪目的實現刑事政策說」作為確立犯罪既遂形態的標準。

犯罪既遂具有三個方面的特徵:其一,行為人主觀方面必須是直接故意;其二,行為人必須已經著手實行犯罪;其三,行為人的行為具備了某種犯罪的基本構成的全部要件。

二、犯罪既遂的類型

根據中國刑法分則對各種直接故意犯罪構成要件的規定,犯罪既遂形態主要有以下四種:

1. 結果犯

結果犯的犯罪既遂,不僅要求行為人實施完畢中國刑法分則規定的特定犯罪行為,而且要求犯罪行為實際造成法定的危害結果。所謂法定的危害結果,具體是指中國刑法分則明文規定的犯罪行為對犯罪對象造成物質性、有形的、可以具體測量確定的損害結果。如故意殺人罪、搶劫罪、詐騙罪等犯罪,均為結果犯。

2. 危險犯

危險犯的犯罪既遂,不僅要求行為人實施完畢中國刑法分則規定的特定犯罪行為,而且要求犯罪行為足以造成某種危害社會的結果發生的危險狀態,但不要求犯罪行為實際發生某種危害結果。一般認為,中國刑法分則規定的放火罪、爆炸罪、投毒罪、決水罪、以危險方法危害公共安全罪、破壞交通工具罪、破壞交通設施罪等,均屬於危險犯。

3. 行為犯

行為犯,是指以法定的犯罪行為的完成作為既遂標準的犯罪。[1] 只要行為人實施完畢法定的犯罪行為,即使犯罪行為沒有實際造成危害結果發生,甚至沒有導致危害結果發生的現實危險的,也構成犯罪既遂。

4. 舉動犯

舉動犯的犯罪既遂,不要求犯罪行為發生實際的危害結果或者造成危害結果發生的實際危險,甚至也不要求犯罪實行行為實施完畢,只要行為人一著手犯罪行為,犯罪即告完成並完全符合犯罪構成。中國刑法規定的典型的舉動犯有組織、領導、參加

---

[1] 黃京平. 刑法學 [M]. 北京:中國人民大學出版社, 2015:95.

黑社會性質組織罪和傳授犯罪方法罪等。

三、既遂犯的處罰原則

犯罪既遂是故意犯罪的完成形態，對故意犯罪的既遂犯，應當直接按照中國刑法分則具體條文所規定的刑罰幅度量刑。

（1）關於定罪和法條引用問題。應直接按照中國刑法分則具體犯罪條文規定的法定刑幅度處罰，罪名上不需要標明既遂犯，但在司法文書的敘述部分，應標明行為人已完成犯罪的情況。對法律條文僅直接引用中國刑法分則具體犯罪條文即可。

（2）注意對同種罪危害不同的既遂犯的區別對待。對危害性和罪責程度不同的既遂犯，在處罰時應予以適當的區別對待。

（3）在既遂犯同時具備其他寬嚴處罰的情節尤其是法定的寬嚴處罰情節時，要注意同時引用相關的條款。

第三節　犯罪預備

一、犯罪預備的概念與特徵

犯罪預備，是指直接故意犯罪的行為人為了實施某種能夠引起預定危害結果的犯罪行為，準備犯罪工具，製造犯罪條件的狀態。

犯罪預備形態的客觀特徵包括兩個方面：

（1）行為人已經開始實施犯罪的預備行為，即為犯罪的實行和完成創造便利條件的行為。犯罪預備不同於犯意表示。犯意表示是指以口頭、文字或其他方式對犯罪意圖的單純表露。二者的區別在於：犯罪預備行為具有社會危害性，已具備特定的犯罪構成；而犯意表示，還不是行為，無論是從行為人的主觀意圖還是客觀表現上看，都不是在為犯罪實施創造條件，不具有社會危害性，對犯意表示不能處罰。

（2）行為人尚未著手犯罪的實行行為，即犯罪活動在具體犯罪實行行為著手前停止下來。

以上兩個特徵說明了犯罪預備形態可能發生的時空範圍，即開始實施犯罪的預備行為起直至犯罪實行行為著手之前。

犯罪預備形態的主觀特徵包括兩個方面：

（1）行為人進行犯罪預備活動的意圖和目的，是為了順利著手實施和完成犯罪。犯罪預備行為的發動、進行與完成，都是受此種目的的支配的。

（2）犯罪在實行行為尚未著手時停止下來，是由於行為人意志以外的原因所致，即是被迫而非自願在著手實行行為前停止犯罪。這是犯罪預備與犯罪預備階段中止的關鍵區別所在。

二、犯罪預備的處罰原則和認定標準

（一）犯罪預備的處罰原則

犯罪預備行為是為犯罪準備工具、製造條件的行為，犯罪預備形態則是犯罪行為由於行為人意志以外的原因而停留在預備階段的停止形態。中國刑法理論一般認為，行為符合犯罪構成是追究行為人刑事責任的根據，犯罪預備行為也有其犯罪構成。犯罪預備行為雖然尚未直接侵害犯罪客體，但已經使犯罪客體面臨即將實現的現實危險，因而同樣具有社會危害性。因此，犯罪預備行為同樣具有可罰性。但由於預備犯還沒有著手實行犯罪，沒有造成犯罪結果，對法益的侵犯通常小於既遂犯對法益的侵犯，故對於預備犯，可以比照既遂犯從輕、減輕或者免除處罰。[①]

（二）犯罪預備的認定標準

犯罪預備的概念和特徵為認定犯罪預備提供了一般標準。但在司法實踐中如何運用這些標準來認定犯罪預備仍然存在一些問題。在認定犯罪預備時，應注意下述三種區分：

1. 犯罪預備與犯罪預備階段的區分

在認定犯罪預備時，必須把犯罪預備與犯罪的預備階段區別開來。犯罪預備是行為人所實施的行為的一種停頓狀態，而犯罪的預備階段是行為發展的一個過程。犯罪預備是行為人應對其承擔刑事責任的一種行為狀態，而犯罪的預備階段是一個時間的概念，有些犯罪分子可能經過犯罪預備階段以後進入實行的階段並最終完成了犯罪，這時應作為犯罪既遂負刑事責任，而不再單獨對犯罪預備行為承擔刑事責任。如果行為在準備過程中由於行為人意志外的原因而未能著手實行犯罪，就應當以犯罪預備論處。

2. 犯罪預備與犯意表示的區分

在認定犯罪預備時，必須把犯罪預備與犯意表示區別開來。犯意表示是在實施犯罪活動以前，把自己的犯罪意圖通過口頭或者書面的形式流露出來。犯意表示雖然在客觀上也表現為一定的行為，但這一行為僅僅是其犯罪意圖的表露，例如揚言殺人等，還不屬於為犯罪製造條件的行為。因此，它和犯罪預備具有本質的區別：犯意表示不可能對社會造成實際危害，也不具有對社會的現實危害性，因此中國刑法沒有規定處罰犯意表示。而犯罪預備是為著手實行犯罪而製造條件，對社會存在著實際威脅，具有社會危害性，因此刑法明文規定預備犯應負刑事責任。

3. 犯罪的預備行為與實行行為的區分

在認定犯罪預備時，還必須把犯罪的預備行為與實行行為區別開來。犯罪的實行行為主要是中國刑法分則所規定的行為。在一般情況下，預備行為與實行行為不難區分，但也有少數情況，預備行為與實行行為的區分存在一定難度。例如殺人和搶劫等暴力犯罪中的尾隨行為、守候行為或尋找被害人的行為等，到底是預備行為還是實行

---

① 張明楷. 刑法學 [M]. 北京：法律出版社，2007：282.

行為？對此，在刑法理論上存在不同觀點。我們認為，這些行為的性質基本上還是為進一步實行犯罪製造條件，不能認為已經著手實行犯罪，而應視為犯罪預備行為。

第四節　犯罪未遂

一、犯罪未遂的概念與特徵

犯罪未遂是指已經著手實行犯罪，由於犯罪分子意志以外的原因而未得逞的狀態。犯罪未遂具有以下三個方面的特徵：

（1）行為人已經著手實行犯罪，是指行為人開始實施中國刑法分則規定的作為某種具體犯罪構成要件的行為。著手不僅標誌著犯罪行為進入了實行階段，表明行為人所實施的行為是實行行為，而且是劃定未遂犯的處罰時期的概念。[①]

從主客觀統一的意義上對著手予以理解：主觀上，行為人實行犯罪的意志已經通過客觀的實行行為表現出來；客觀上，行為人已經開始直接實施具體犯罪構成要件的行為。著手的主觀和客觀的統一，反映了著手行為的社會危害性程度，為認定著手實行犯罪提供了一般標準。

（2）犯罪沒有得逞，是指犯罪的直接故意內容沒有完全實現，即沒有完成某一犯罪的全部構成要件。

結果犯，中國刑法分則明確規定以一定的物質性的犯罪結果作為其犯罪構成的客體要件，即以法定的犯罪結果是否發生作為犯罪是否得逞的標誌。如故意傷害罪。

行為犯，中國刑法分則明確規定以完成一定的行為作為其犯罪構成要件，即以法定的犯罪行為是否完成作為犯罪是否得逞的標誌。如強姦罪。

危險犯，中國刑法分則明確規定以造成某種危害結果的危險狀態作為其犯罪構成要件的客觀要件，即以是否造成了某種危險狀態，作為犯罪是否得逞的標誌。如放火罪。

（3）犯罪未得逞是由於行為人意志以外的原因。行為人意志以外的原因，是指行為人沒有預料到或不能控制的主客觀原因。犯罪分子意志以外原因的種類包括：其一，犯罪分子自身方面的原因，如能力不足、主觀認識錯誤；其二，犯罪分子以外的原因，主要有被害人的反抗、第三者的出現、自然力的破壞、物質阻礙（如撬不開門）、時間和地點的不利影響等。

二、犯罪未遂的類型

（1）以犯罪實行行為是否已經實行終了為標準，犯罪未遂可分為實行終了的未遂與未實行終了的未遂。

未實行終了未遂，是指行為人已經著手實施具體犯罪客觀方面的實行行為，但在

[①] 張明楷. 刑法學［M］. 北京：法律出版社，2007：284.

犯罪實行行為實施終了之前，由於其意志以外的原因而未能繼續實施犯罪的犯罪停止形態。

實行終了未遂，是指行為人已經將具體犯罪客觀方面的實行行為實施完畢，但由於其意志以外的原因未發生中國刑法規定作為既遂要件的犯罪結果的犯罪停止形態。

（2）以行為的實行客觀上能否構成犯罪既遂為標準，犯罪未遂可分為能犯未遂與不能犯未遂。

能犯未遂，是指行為人已經著手實行中國刑法分則規定的某一具體犯罪構成客觀方面的實行行為，並且這一行為實際上有可能完成犯罪，但由於其意志以外的原因，犯罪未能完成的犯罪未遂形態。

不能犯未遂，是指行為人已經著手實行中國刑法分則規定的某一具體犯罪構成客觀方面的實行行為，但由於行為的性質以致不可能完成犯罪，因而使犯罪未能完成的犯罪未遂形態。

三、未遂犯的處罰原則

中國刑法第二十三條規定了犯罪未遂的特徵與處罰原則。犯罪未遂所具有的三個構成要件或特徵也是與故意犯罪的其他停止形態相區分的標誌。犯罪預備與犯罪未遂都是意志以外的因素導致的犯罪未能得逞，是否已經著手實行犯罪，是犯罪預備與犯罪未遂區分的關鍵點。

所謂已經著手實行犯罪，是指行為人已經開始實施中國刑法分則具體犯罪構成要件中的犯罪行為。犯罪預備行為是為具體犯罪構成行為的實行和犯罪的完成創造便利條件，為其實現創造可能性；而犯罪實施行為則是要直接完成犯罪，變預備階段實行和完成犯罪的現實可能性為直接的現實性。

對於未遂犯的處罰原則問題，應當注意兩個方面：一是以既遂犯的處罰為參照；二是適當從寬處罰，即可以比照既遂犯從輕或者減輕處罰。因此可知，首先，犯罪未遂應當負刑事責任；其次，由於刑法規定的是「可以」從輕或者減輕處罰，因此要確定對犯罪未遂是否從輕或者減輕處罰；最后，在確定可以從輕或者減輕處罰的情況下，要進一步確定是從輕處罰還是減輕處罰。

第五節　犯罪中止

一、犯罪中止的概念與特徵

犯罪中止，是指在犯罪過程中，自動放棄犯罪或者自動有效防止犯罪結果發生的狀態。犯罪中止存在兩種情況：一是在犯罪預備階段或者在實行行為還沒有實行終了的情況下，自動放棄犯罪；二是在實行行為實行終了的情況下，自動有效地防止犯罪結果的發生。

作為故意犯罪的未完成形態的犯罪中止，是指行為人已經開始實施犯罪而又中止

了犯罪的狀態。犯罪中止狀態與犯罪中止行為本身具有密切關係：沒有中止行為就不可能有犯罪中止的形態，中止行為是犯罪中止形態的決定性原因。中止之前的行為屬於犯罪行為，是行為人應當負刑事責任的事實根據，中止行為本身屬於刑法所鼓勵的行為，是應當免除或者減輕處罰的根據。

犯罪中止的特徵有以下四個方面：

（1）中止的時間性。中止必須發生在犯罪過程中，即在開始實施犯罪行為之後、犯罪呈現結局之前均可中止。中止不能發生在既遂之後，但如果對犯罪既遂缺乏合理解釋，也可能人為地限制中止的成立範圍。

（2）中止的自動性。成立犯罪中止，要求行為人「自動」放棄犯罪或者「自動」有效地防止犯罪結果發生。[1] 這是犯罪中止與犯罪預備、犯罪未遂在主觀上的區分標誌。

（3）中止的客觀性。中止不只是一種內心狀態的轉變，還要求客觀上有中止行為。[2] 第一，中止行為是停止犯罪的行為，是使正在進行的犯罪中斷的行為；第二，中止行為既可以作為的形式實施，也可以不作為的形式實施；第三，中止行為以不發生犯罪結果為成立條件，但這種結果，是行為人主觀追求的和行為所必然導致的結果。

（4）中止的有效性。犯罪中止必須是有效地停止了犯罪行為或者有效地避免了危害結果。

二、犯罪中止的類型

根據犯罪中止發生的時空範圍，可將其分為預備中止、未實行終了的中止以及實行終了的中止。

（1）預備中止：發生在預備階段的中止，如為殺人買刀后中止。

（2）未實行終了的中止：發生在行為尚未實行終了時的中止，如強奸行為人基於被害人的說服而停止犯罪。

（3）實行終了的中止：發生在犯罪行為實行終了的中止，如投毒殺人等。

根據行為人是否以積極的行為中止自己的犯罪行為，可分為消極中止和積極中止。

（1）消極中止，是指自動地放棄犯罪。

（2）積極中止，是指在行為已經實行終了但結果尚未發生的情況下，有效地防止結果的發生的中止。

三、中止犯的處罰原則

中國刑法第二十四條規定，對於中止犯，沒有造成損害的，應當免除處罰；造成損害的，應當減輕處罰。如何正確地適用這一處罰原則，應當注意以下幾點：

（1）對中止犯採取從寬處罰原則。對中止犯予以從寬處罰，是中國刑法關於中止犯的基本處罰原則。採取從寬原則是刑事政策的要求，也是符合中止犯的社會危害性

---

[1] 張明楷. 刑法學 [M]. 北京：法律出版社，2007：304.
[2] 張明楷. 刑法學 [M]. 北京：法律出版社，2007：307.

大小和主觀惡性程度原則的。

（2）對中止犯採取減輕處罰或者免除處罰原則。中國刑法中的從寬處罰原則是從輕處罰、減輕處罰和免除處罰的總稱。中國對犯罪預備、犯罪未遂和犯罪中止三種不同的犯罪未完成形態的處罰原則的規定上也體現了區別對待的刑事政策。

（3）對中止犯採取必減主義。中國刑法第二十四條規定，對中止犯必須予以從寬處罰，即：沒有造成損害的，「應當」免除處罰；造成損害的，「應當」減輕處罰。可見，對於中止犯，審判人員必須予以從寬處罰。

（4）處罰原則的具體適用。中國刑法第二十四條規定，中止犯的處罰原則包括應當減輕處罰和應當免除處罰兩種。該條還為具體適用這兩種處罰原則的條件做出了明確規定，是否造成損害是適用兩種不同的處罰原則的條件。

第十章　共同犯罪

第一節　共同犯罪概述

一、共同犯罪的概念

共同犯罪，簡稱共犯，是相對於一個人單獨實施犯罪而言的，共同犯罪是犯罪的一種特殊形式，比一個人單獨實施犯罪複雜。依照中國刑法第二十五條第一款的規定，共同犯罪是指兩人以上共同故意犯罪。這一定義科學地概括了共同犯罪的內在屬性，體現了中國刑法主客觀相統一的原則，為有效地打擊共同犯罪提供了法律依據。[①]

二、共同犯罪的成立要件

共同犯罪是一種特殊形態的故意犯罪，構成共同犯罪除了必須具備故意犯罪的一般條件外，還需要具備以下條件：

1. 共同犯罪的主體要件必須是兩人以上

共同犯罪的主體，必須是兩個以上達到刑事責任年齡、具備刑事責任能力的人。這裡所說的人，既包括自然人，也包括單位。

（1）共同犯罪的犯罪主體的數量要求是兩人以上。可以是兩個以上的自然人，也可以是兩個以上的單位，還可以是自然人和單位共同實施犯罪。

（2）共同犯罪的犯罪主體的資格要求必須具有刑事責任能力。如果犯罪主體是自然人，則必須都達到刑事責任年齡、具有刑事責任能力。一個具有刑事責任能力的人和一個沒有刑事責任能力的人共同實施危害行為，不能構成共同犯罪。由於中國刑法第十七條規定了不同的刑事責任年齡，因此在認定行為人能否成為某一犯罪的共同犯罪主體時，應當根據相應的刑事責任年齡要求進行認定。

2. 共同犯罪的主觀要件是必須有共同的犯罪故意

所謂共同犯罪故意是指各共同犯罪人通過彼此的意思溝通聯絡，認識到其共同的犯罪行為會發生某種危害社會的結果，並實行共同犯罪，希望或放任危害社會結果發生的心理態度。

共同犯罪故意，既可以表現為各共同犯罪人都有犯罪的直接故意，也可以表現為各共同犯罪人都有犯罪的間接故意，還可以表現為其中部分人為直接故意，另一部分

[①] 黃京平. 刑法學［M］. 北京：中國人民大學出版社，2015：107.

人為間接故意。

3. 共同犯罪的客觀要件是必須有共同的犯罪行為

所謂共同的犯罪行為是指各共同犯罪人的行為指向同一犯罪事實、互相聯繫、相互配合，形成一個與犯罪結果有因果關係的有機整體。每一個犯罪人的犯罪行為，都是共同犯罪的有機組成部分。

三、共同犯罪的認定

根據司法實踐，我們可以從以下三個方面對共同犯罪進行認定：

第一，兩個以上具有不同身分的人可以構成共同犯罪。中國刑法中有些犯罪主體是特殊主體，如受賄罪的主體只能是國家工作人員；但就共同犯罪而言，不具備特殊身分的人可以構成特殊主體犯罪的共同犯罪主體，如非國家工作人員教唆幫助國家工作人員受賄，就可以與國家工作人員一起構成受賄罪的共同犯罪。

第二，事前有通謀的窩藏、包庇行為，構成共同犯罪。因其主觀上具有共同的犯罪故意，在客觀上支持和鼓勵了實行犯的實行行為，通過實行行為引起危害後果的發生，因而與危害後果的發生之間存在因果關係，構成共同犯罪。所以，對於窩藏、包庇罪，中國刑法第三百一十條第二款特別規定：「犯前款罪，事前通謀的，以共同犯罪論處。」

第三，僅僅參與共謀，沒有參與實施犯罪行為的，也構成共同犯罪。因為共同犯罪行為不僅指共同實行行為，而且包括共同預備行為，參與共謀是共同犯罪預備行為，因此構成共同犯罪。

第二節　共同犯罪的形式

共同犯罪的形式是指兩人以上共同犯罪的形成、結構或者共同犯罪人之間結合的方式。① 根據刑法學界的通說，從不同的角度，按照不同的標準，共同犯罪的形式有以下幾種分類。

一、必要的共犯和任意的共犯

必要的共犯，是指法律規定犯罪主體必須是兩人以上的犯罪。聚眾性犯罪是常見的必要的共犯，如聚眾哄搶罪、聚眾持械劫獄罪、聚眾擾亂社會秩序罪。還有一些集團性的犯罪屬於必要的共犯，如組織、領導、參加恐怖組織罪，組織、領導、參加黑社會性質組織犯罪。其特點就是犯罪主體必須是兩人以上，這是由法律規定的，即法律規定以採取數人共同犯罪為必要形式的犯罪，是必要共犯。而這種規定只有在中國刑法分則會有，所以必要的共犯主要是中國刑法分則條文對犯罪主體數量有特別要求的情況。或者說，以犯罪主體為「復數」，作為構成要件的情況。

---

① 黃京平. 刑法學 [M]. 北京：中國人民大學出版社，2015：111.

所謂任意共犯，是中國刑法分則規定的一人能夠單獨實施的犯罪由兩人以上共同故意實施。所謂「任意」，是指法律對犯罪主體的數量沒有特別限制。從中國刑法來看，大部分的犯罪在主體數量上都沒有限制，所以通常發生共同犯罪的都是任意的共犯，如搶劫、強奸、殺人、放火、投放危險物質、綁架、詐騙、盜竊、搶奪等罪的共同犯罪均屬於任意的共犯。

二、事先共犯和事中共犯

這是根據通謀的時間，即共同犯罪故意形成的時間做的劃分。這裡的「事先」，是指著手實行犯罪之前。在著手實行之前就預謀共同犯罪或形成共犯故意的，屬於事先通謀；在著手實行犯罪之後才形成共犯故意的，是事先無通謀的共犯。

事中共犯，又稱承繼共犯。先行為人已實施一部分實行行為後，後行為人以共同犯罪的意思參與實行或者提供幫助。後行為人就其參與後的行為與先行為人構成共同犯罪，對其加入前的基本犯罪行為也要承擔責任，但對加入以前的加重行為不負責任。

承繼的共犯成立的時間必須是在著手後既遂前，既遂後加入屬於窩藏、包庇類的犯罪。但是，多環節犯罪以及繼續犯例外。

三、一般共同犯罪和特殊共同犯罪

這是根據有無組織形式所做的劃分。特殊共同犯罪，又稱犯罪集團或有組織形式的共犯。犯罪集團通常具有以下特徵：

（1）人數較多。即三人以上，兩人不足以成為集團。

（2）較為固定。表現為有明顯的首要分子；重要成員固定或者基本固定；集團成員以首要分子為核心結合得比較緊密；實施一次或數次犯罪後，其組織形式往往繼續存在。

（3）目的明確。犯罪集團的形成是為了反覆多次實施一種或者數種犯罪行為。

四、簡單共犯和複雜共犯

這是根據共同犯罪人之間有無分工而劃分的共同犯罪形式。[①]

簡單共犯，是指各共同犯罪人都直接實行中國刑法分則規定的某一具體犯罪客觀方面行為的共同犯罪。在分擔的共同實行犯中，在實行行為內部存在著分工，如搶劫罪的共同犯罪中，一部分人實施暴力手段，另一部分人實施取得財物的行為。

複雜共犯，是指各共同犯罪人之間存在著實行行為與非實行行為分工的共同犯罪。非實行行為具體包括教唆行為、組織行為和幫助行為。具體可以表現為教唆行為和實行行為的分工、實行行為與幫助行為的分工、組織行為與實行行為的分工，也可以表現為教唆行為、實行行為、幫助行為的分工，還可以表現為教唆行為、組織行為之間的分工。

---

① 黃京平. 刑法學［M］. 北京：中國人民大學出版社，2015：113.

第三節　共同犯罪人的刑事責任

共同犯罪是兩人以上共同故意犯罪，各個犯罪人在共同犯罪中的地位和作用可能是不同的，因此需要在處理時區別對待。對共同犯罪人進行正確的分類，是確定共同犯罪人刑事責任的前提。

關於共同犯罪人的分類問題，從國外立法例和司法實踐看，基本存在兩種方法：一種是按共同犯罪人行為的性質和活動分工的特點來分類；二是根據犯罪分子在共同犯罪中所起的作用來分類。中國刑法在上述兩種分類法的基礎上，總結實踐經驗，揚長避短，兼而採之，確定了以作用為主兼顧分工的分類原則[①]，即以共同犯罪人在共同犯罪中的地位和作用為主，並適當考慮共同犯罪人的分工情況，將共同犯罪人分為主犯、從犯、脅從犯和教唆犯。

一、主犯及其刑事責任

按照中國刑法第二十六條第一款規定，主犯是指組織、領導犯罪集團進行犯罪活動或者在共同犯罪中起主要作用的犯罪分子。主犯包括兩類：一是組織、領導犯罪集團進行犯罪活動的犯罪分子，即犯罪集團中的首要分子；二是其他在共同犯罪中起主要作用的犯罪分子，即除犯罪集團的首要分子以外的在共同犯罪中對共同犯罪的形成、實施與完成起決定或重要作用的犯罪分子。犯罪分子是否起主要作用，應從主客觀方面進行綜合判斷。

根據中國刑法第二十六條第三款和第四款的規定：對組織、領導犯罪集團的首要分子，按照集團所犯的全部罪行處罰，對其他主犯，應當按照其所參與的或者組織、指揮的全部犯罪處罰。

二、從犯及其刑事責任

按照中國刑法第二十七條第一款的規定，從犯是指在共同犯罪中起次要或者輔助作用的犯罪分子。從犯分為兩種：一種是在共同犯罪中起次要作用的從犯，即次要的實行犯；二是在共同犯罪中起輔助作用的從犯，即幫助犯，指未直接實行犯罪而在犯罪前後或者犯罪過程中給組織犯、實行犯、教唆犯以各種幫助的犯罪人。

從犯是相對於主犯而言的。主犯是共同犯罪中的核心人物，沒有主犯就不可能構成共同犯罪。在共同犯罪中，只有主犯（須兩人以上）沒有從犯的現象是存在的，而只有從犯沒有主犯的現象則不可能存在。

根據中國刑法第二十七條第二款規定，對於從犯，應當從輕、減輕或者免除處罰。

[①] 黃京平. 刑法學 [M]. 北京：中國人民大學出版社，2015：115.

三、脅從犯及其刑事責任

按照中國刑法第二十八條的規定，脅從犯是指被脅迫參與共同犯罪的犯罪分子，是在他人暴力威脅等精神強制下，被迫參加犯罪。但是在這種情況下，行為人沒有完全喪失意志自由，因此仍應對其犯罪行為承擔刑事責任。

按照中國刑法第二十八條的規定：對於脅從犯，應當按照他的犯罪情節減輕處罰或者免除處罰。

四、教唆犯及其刑事責任

按照中國刑法第二十九條第一款的規定，教唆犯是指故意唆使他人犯罪的犯罪分子。具體地說，教唆犯是以勸說、利誘、授意、慫恿、收買、威脅以及其他方法，將自己的犯罪意圖灌輸給本來沒有犯意或者雖有犯意但不堅定的人，使其決意實施自己所勸說、授意的犯罪，以達到犯罪目的的人。教唆犯的特點是本人不親自實行犯罪，而故意唆使他人產生犯罪意圖並實行犯罪。

成立教唆犯必須具備下列條件：一是客觀上具有教唆他人犯罪的行為，即用各種方法唆使他人去實行某一具體犯罪。教唆的對象是本無犯罪意圖的人，或者雖有犯罪意圖，但犯罪意志尚不堅決的人。教唆行為只能以作為方式構成。二是主觀上具有教唆他人犯罪的故意，故意的內容包括：認識到他人尚無犯罪決意，預見到自己的教唆行為將引起被教唆者產生犯罪決意，而希望或放任教唆行為所產生的結果。因此，教唆犯的主觀方面，可以是直接故意，也可以是間接故意。

按照中國刑法第二十九條第一款的規定，對於教唆犯，應當按照他在共同犯罪中所起的作用處罰，這是對教唆犯處罰的一般原則。教唆不滿18周歲的人犯罪的，應當從重處罰。

按照中國刑法第二十九條第二款規定，如果被教唆的人沒有犯被教唆的罪，對於教唆犯，可以從輕或者減輕處罰。這種情況，在刑法理論上稱為「教唆未遂」。

此外，教唆不滿14周歲的人或者精神病患者犯罪的，對教唆者應當按單獨犯論處。這種情況在刑法理論上稱為「間接正犯」，即間接實行犯。

第十一章 罪數

第一節 罪數判斷標準

罪數，即犯罪的個數，所要解決的是行為人的行為是構成一罪還是構成數罪，並且應當如何處罰的問題。而罪數的判斷標準，即根據什麼標準區分一罪與數罪，這是研究罪數問題首先要解決的問題。關於罪數的判斷標準，國內外刑法理論主要有以下學說：

一、行為標準說

該說認為犯罪行為既是犯罪意思的實現，也是法益侵害，行為是犯罪的首要因素。因此，行為是區分罪數的標準，區分一罪與數罪，應以行為個數作為計算標準，即一行為的是一罪，數行為的是數罪。至於如何區分行為的個數，又有不同的學說。有人認為，一個自然意義上的身體動靜就是一個行為；也有人認為，應以社會的一般觀念為標準區分行為的個數；還有人認為，應以法律的規定為標準區分行為的個數。

根據行為說，對於一個行為、觸犯數個罪名的想像競合犯就只按照一罪來處理，這被認為是合理的。但是，行為說也有它的缺陷。行為說雖然主張以刑法上的行為個數作為決定罪數的標準，但是行為說本身難以區分自然行為與刑法上的行為。因此，到底行為人實施了多少個刑法上的行為，單純根據行為說還難以得出妥當的結論。

二、法益（結果）標準說

該說認為，刑法的目的在於保護法益，犯罪的本質是侵犯法益。因此，應以侵害法益的個數作為犯罪罪數的標準。原則上，侵犯一個法益的是一罪，侵犯數個法益的是數罪。關於法益個數的確定，根據法益性質的不同，可以將其分為三種：①個人專屬法益，又稱人格法益，如生命、身體、自由、名譽、信用等，與個人人身不可分離。侵害個人專屬法益的，以法益所有人計算法益個數。②個人非專屬法益，又稱財產法益，是指財產的監督權。法益個數以監督權個數而不以該法益所有權個數為區別的標準。例如，竊取為一人監督的數個所有物，只成立一個盜竊罪；如果竊取數人監督的一個所有物，則成立數個盜竊罪。③國家或社會法益，即不屬於個人的公共法益，如國家、政府及其權力，社會秩序，社會風尚等。凡侵害公共法益的犯罪，不問同時侵害個人法益的個數多少，只成立一罪。

法益說具有簡單一致的優點，為早期的德國刑法學說及判例採納。但是，對於想

像競合犯或結合犯之類，用法益說作為判斷罪數的標準，似乎過於苛刻。

三、犯意標準說

犯意標準說亦稱主觀說。該說認為，犯罪的本質在於行為人的犯意，犯罪行為和結果只是犯意在客觀上的表現，因此，區分罪數應以犯意的個數為標準，犯意既包括故意，也包括過失。行為人具有一個犯意的為一罪，具有數個犯意的為數罪。

但是犯意標準說強調行為人內心意思的觀察，欠缺客觀的判斷標準，並且不符合「行為刑法」的原則。

四、構成要件說

該說認為，犯罪是構成要件事實的實現，應以刑法分則或其他刑罰法規中規定的構成要件作為區別的標準。據此標準，應當依據行為所實現的構成要件的數目作為確定罪數的標準。由於犯罪構成要件的內容，包含了主觀要素和客觀要素，與現代刑法學的潮流一致，因此為許多刑法學者所採納。

目前，中國刑法界所通行的主張是犯罪構成標準說，它堅持了主觀與客觀相統一的原則和罪刑法定原則，也符合懲罰犯罪的實際。但應注意，在考察犯罪行為究竟符合幾個犯罪構成時，一個行為只能適用一次，不能適用兩次。換言之，一個行為如果在這個犯罪構成中作為客觀要素被採用，就不能再在另一個犯罪構成中被採用，如一槍打死一個人，打傷一個。開槍行為如果作為殺人罪的客觀要素，就不能再作為傷害罪的客觀要素，否則會得出一個行為符合兩個犯罪構成的錯誤結論。

另外，有學者提出，將犯罪構成標準作為罪數判斷的唯一標準既不符合立法的規定，也與司法實踐不符。因為，以一個標準對所有的罪數進行區分是相當困難的，構成要件標準對於區分單純一罪是合適的，但不可能根據該標準說明連續犯、牽連犯、吸收犯等現象的一罪性。同時應強調指出的是，如果中國刑法已經對某種犯罪的罪數認定做了明文規定，就應依照刑法的特殊規定處理。

第二節　一罪的類型

中國刑法學通說認為，一罪的類型包括實質的一罪、法定的一罪和處斷的一罪。[①]本書主張以通說為基礎，將一罪分為四種類型，即單純一罪、實質的一罪、法定的一罪和處斷的一罪。

一、單純一罪

單純一罪是指自然概念與法律概念均屬一致的純粹一罪，即行為人以一犯意，為一行為，破壞一法益而構成的一罪。例如，某甲想殺害某乙，用短刀捅了某乙的心臟，

---

① 高銘暄，馬克昌. 刑法學 [M]. 北京大學出版社，2000：189.

致使某乙當場死亡，某甲的犯罪意思、犯罪行為、被侵害的某乙的法益都是一個，一次性地符合了殺人罪的構成要件，是單純一罪。

二、實質的一罪

實質的一罪，是指形式上具有某些數罪的特徵，但行為人只實施了一個行為，只符合一個犯罪構成，因而本質上是一罪的犯罪形態。此類犯罪形態共有以下三種：

(一) 繼續犯

所謂繼續犯，是指作用於同一對象的一個犯罪行為從著手實行到行為終了，犯罪行為與犯罪狀態在一定時間內處於持續狀態的犯罪。例如非法拘禁罪、窩藏罪、遺棄罪、重婚罪等。

繼續犯具有以下特徵：

(1) 繼續犯只有一個犯罪行為。

(2) 繼續犯的犯罪行為具有持續性。這主要表現在：一是行為必須持續一定的時間才能成立；二是在犯罪成立並達到既遂后犯罪行為與不法狀態往往還持續一定的時間。

(3) 繼續犯侵害的是同一法益。危害行為僅侵犯同一或者相同的直接客體。

(4) 繼續犯只有一個罪過形式。一般是故意。有多個故意的不能成立繼續犯。過失犯能否成為繼續犯還值得探討，不過從中國刑事立法來看，似乎尚未發現這種情況。

(5) 停止形態的特殊性。繼續犯只有既遂這一種停止形態，而沒有犯罪預備、未遂、中止等形態，這是繼續犯不同於危險犯、結果犯等的一個重要特徵。這一特徵是由繼續犯自身的特點所決定的。因為繼續犯是以危害行為持續一定的時間作為成立條件的，如果行為人所實施的非法行為持續的時間尚未達到一定的數量，那就不能構成犯罪。

(6) 繼續犯的共犯成立條件不同。對於繼續犯而言，即使已經達到既遂，只要行為在持續過程中他人以犯罪的意思參與進來的，可以與行為人構成共犯。

由於實質上只有一個犯罪行為，只符合一個犯罪構成，因此對繼續犯的處罰原則是按照一罪處理。繼續時間的長短，是量刑的重要情節。

(二) 想像競合犯

想像競合犯，亦稱想像的數罪、觀念的競合，是指行為人基於一個罪過，實施一個危害行為，同時造成數個危害結果，侵犯數個犯罪客體，觸犯數個罪名的犯罪形態。例如，甲基於一個殺人的故意，實施一個開槍行為，不但打死了乙，而且打傷了丙，造成了一死一傷兩個結果，觸犯了殺人罪和傷害罪兩個罪名。

想像競合犯具有以下特徵：

(1) 危害行為的單一性。行為人只實施了一個危害行為。

(2) 行為人基於一個罪過。這個罪過既可以是故意，也可以是過失。

(3) 行為人之一行為必須侵害數個法益。

(4) 觸犯罪名的多重性。行為人的一行為必須觸犯數個罪名。

對於想像競合犯的處罰原則是從一重處斷，即應當按照其觸犯的數個罪名中最重的罪定罪，而不能實行數罪並罰。具體而言，法定刑較重的犯罪為重罪，法定刑較輕的犯罪為輕罪。對想像競合犯，應當按照法定刑較重的犯罪予以定罪。至於量刑，則應根據犯罪的其他情節，決定是否從輕從重。想像競合犯本身不是從輕或者從重的情節。

(三) 結果加重犯

結果加重犯，又稱為加重結果犯，是指行為人所實施的某種犯罪的危害行為，造成了重於作為該種犯罪構成要件的危害結果的結果，因而刑法規定加重刑罰的犯罪形態。

結果加重犯具有以下特徵：

(1) 危害行為與加重結果之間的因果性。危害行為客觀地引起了加重結果的發生，因而危害行為與危害結果之間存在引起和被引起的關係。需要注意的是，行為人在其罪過的支配下僅實施了一個危害行為，危害行為能否造成危害結果以及是否造成了危害結果，都不影響結果加重犯的成立。例如，行為人出於傷害他人的故意而實施了傷害行為，但造成了他人的死亡。在這裡，行為人的傷害行為雖然沒有造成他人傷害的結果，但造成了他人死亡的結果，因而成立故意傷害致人死亡這種結果加重犯。

(2) 加重結果的法定性。只有刑法將某種結果作為加重處罰的根據時，才存在結果加重犯。

(3) 加重結果的罪過性。只有行為人對自己的行為造成的加重結果具有罪過時才可能成立結果加重犯。

由於刑法對結果加重犯都規定了相應的法定刑，所以，對於結果加重犯的處罰原則是按照刑法所規定的加重法定刑判處刑罰。

三、法定的一罪

所謂法定的一罪，是指行為人實施了數個危害行為，每個危害行為均能獨立地構成犯罪，但刑法基於特別的考慮而將其規定為一個罪。法定的一罪主要有結合犯、集合犯、轉化犯。

(一) 結合犯

結合犯，是指刑法將數個原本獨立的犯罪行為結合在一起，規定為另一個新的獨立犯罪的犯罪形態。例如，行為人針對同一個被害人，先強奸，後殺害的，已分別構成強奸罪和故意殺人罪，但刑法將這兩種犯罪結合起來，規定為強奸殺人罪，從而形成了強奸殺人罪這一結合犯。

結合犯具有以下特徵：

(1) 結合犯的原罪是兩個以上獨立的犯罪，而且是不同罪名的犯罪。從立法上看，結合犯中的原罪都是故意犯，即故意犯和故意犯的結合。故意犯和過失犯的結合屬於例外，但不存在過失犯和過失犯的結合。

(2) 結合犯獨立於原來數罪，結合犯是兩個原本獨立的犯罪，結合為一個新罪。

結合犯的標準模式是甲罪+乙罪=丙罪。丙罪是不同於甲罪和乙罪的結合罪。

(3) 被結合的數罪之間存在客觀聯繫。

(4) 結合犯具有法定性特徵，表現為數個原罪結合為新罪必須由刑法明文規定。

因為刑法將結合犯規定為完全獨立於原來數個具體犯罪的一種犯罪，並且結合犯的法定刑重於被結合的各罪的法定刑，因此，對於結合犯的處罰原則是，只按照結合犯一罪定罪處罰，而不實行數罪並罰。

(二) 集合犯

集合犯是指行為人以多次實施同一危害行為的意圖反覆多次實施同一種危害行為，但刑法仍將其規定為一個犯罪的情形。中國過去的刑法理論在法定的一罪中著重研究慣犯，但中國現行刑法中已經不存在慣犯這一概念，而且慣犯僅屬於集合犯中的一類。因此，我們以對集合犯的研究來取代對慣犯的研究。

集合犯具有以下特徵：

(1) 危害行為的犯罪性和反覆性。例如，行為人一次非法行醫造成了多人的病情加重，就可以認定為情節嚴重，構成非法行醫罪；非法行醫時間較長，並且多次導致病人的病情加重，當然也屬於情節嚴重，也僅構成一個非法行醫罪。

(2) 多次實施同一種危害行為的主觀意圖性。從主觀罪過上看，集合犯的罪過形式是故意。

(3) 法定性。刑法明文規定只作為一個犯罪處理。如果沒有刑法的明文規定，這種情況應按照連續犯處理。

通說認為，集合犯包括常業犯和營業犯。常業犯，是指行為人出於以實施某種危害行為作為其職業的目的，而在較長時間內反覆不斷地實施該種危害行為，刑法將其規定為一個犯罪的罪數形態。例如賭博罪。營業犯，是指行為人出於營利的目的，反覆多次實施某種危害行為，根據刑法的規定仍成立一罪的犯罪形態。例如製造、複製、出版、販賣、傳播淫穢物品罪。

(三) 轉化犯

轉化犯，是指根據刑法的具體規定，行為人實施某個具體犯罪的犯罪構成要件之外的行為，使得危害行為在整體上符合另一種犯罪的構成要件，犯罪性質發生從輕到重轉化的犯罪形態。理論上通常認為，比較典型的轉化犯，是中國刑法第二百六十九條所規定的「轉化型搶劫罪」。

對於轉化犯，只需按照轉化后的重罪來認定處罰即可，不需要數罪並罰，也不必因為行為人已有前罪而從重或者加重處罰。

四、處斷的一罪

行為人實施數個危害行為，這些危害行為各自獨立地構成犯罪，由於這些危害行為之間存在特殊關係，因此不宜將這些危害行為認定為數罪，而應該按照一個犯罪來處理。這種情形在中國刑法理論上被稱為「處斷的一罪」。處斷的一罪包括連續犯、吸收犯和牽連犯。

(一) 連續犯

連續犯，是指行為人基於同一的或者概括的犯罪故意，連續多次實施數個性質相同的危害行為，均符合同一個犯罪的犯罪構成，從而觸犯同一罪名的犯罪形態。

連續犯具有以下特徵：

(1) 行為人必須是基於同一的或者概括的犯罪故意。

(2) 必須實施了數個性質相同的行為。如果只實施了一個行為，就不構成連續犯；如果實施了數個不相同的行為，也不構成連續犯。

(3) 連續實施的數個性質相同的行為，每一個都能獨立構成犯罪。

(4) 連續實施的數個性質相同的行為必須具有連續性。例如，某企業從1990年開始從銀行大額貸款后再高利轉貸給另一家企業，直到2002年才被告發。此案雖然長達十幾年，但每次犯罪間隔時間不長，且每次犯罪都是在一個總的犯罪意圖的支配下進行的。因此，可以認定這仍然是一個連續犯。

(5) 數次實施的犯罪行為觸犯的是同一罪名。

對於連續犯的處罰原則，應當按照一罪從重處罰。連續犯罪次數多、時間長的，可以按照該罪名中「情節嚴重」「情節特別嚴重」條款規定法定刑處罰。

(二) 吸收犯

吸收犯，是指行為人實施數個達到犯罪程度的危害行為，這些犯罪行為之間存在吸收關係，其中一個犯罪行為吸收其他犯罪行為，對行為人僅以吸收之罪來定罪處罰的犯罪形態。例如，行為人非法侵入他人住宅進行盜竊，其非法侵入住宅的行為被盜竊行為所吸收，僅以盜竊罪論處，即為吸收犯。

對於吸收犯的處罰原則，應當僅按吸收之罪論處，不實行數罪並罰。

(三) 牽連犯

牽連犯，是指以實施某種犯罪為目的，其方法行為或者結果行為又觸犯其他罪名的罪數形態。在牽連犯的情況下，因為行為人實施多個性質不同的危害行為，這些危害行為能夠分別構成犯罪，因此，牽連犯在實質上是數罪，只不過在處罰上作為一罪處理。例如，甲為實施殺人行為，盜竊了一支手槍，並把手槍私藏在家裡，然后用私藏的手槍殺了人。甲的犯罪目的是非法剝奪他人生命，但其手段行為觸犯了盜竊槍支罪，結果其行為觸犯了私藏槍支罪。從形式上看是犯了三個罪，但司法實踐中只按一個殺人罪論處，這便是牽連犯。

關於牽連犯的處罰原則，中國刑法學界傳統的觀點是實行從一重處斷原則，而不實行數罪並罰。但中國刑法也有對牽連犯實行數罪並罰的立法規定。例如，刑法第一百五十七條第二款規定，以暴力、威脅方法抗拒緝私的，應以走私罪和阻礙國家機關工作人員依法執行職務罪並罰。

第三節　數罪的類型

數罪的類型是指同一人的行為因具備數個犯罪構成，而應當作為數罪處理的情況。根據不同的標準，可將數罪分為如下類型：

一、同種數罪與異種數罪

同種數罪是指行為人的數個獨立的犯罪行為分別觸犯相同罪名的數罪類型。異種數罪是指行為人的數個獨立的犯罪行為分別觸犯不同罪名的數罪類型。

二、並罰數罪與非並罰數罪

這是以對行為人已經構成的實質數罪是否實行數罪並罰為標準進行的分類。對於行為人實施的數罪應當依據法律並罰的，稱為並罰數罪，否則就是非並罰數罪。

通常，異種數罪都是並罰數罪，同種數罪往往不實行數罪並罰，而是作為量刑的情節。但是少數情況下對同種數罪也實行數罪並罰。中國刑法第七十條規定：「判決宣告以后，刑罰執行完畢以前，發現被判刑的犯罪分子在判決宣告以前還有其他罪沒有判決的，應當對新發現的罪作出判決，把前后兩個判決所判處的刑罰，依照數罪並罰的原則，決定執行的刑罰。」本條所指的「新發現的罪」就包括了同種罪。

三、判決宣告以前的數罪與刑罰執行期間的數罪

以實質數罪發生的時間為標準，可以將數罪分為判決宣告以前的數罪與刑罰執行期間的數罪。行為人在判決宣告以前實施的並被發現的數罪，是判決宣告以前的數罪。行為人因犯罪受到判決宣告和刑罰執行，在刑罰執行期間發現漏罪或再犯新罪而構成的數罪，是刑罰執行期間的數罪。這種數罪又可分為以下兩種情況：一是因犯罪受刑罰，在刑罰執行期間發現漏罪而構成的數罪；二是因犯罪受刑罰，在刑罰執行期間又犯新罪而構成的數罪。此種分類便於根據不同情況確定如何並罰和應執行的刑罰，因為中國刑法對上述兩類數罪所規定的並罰方法不同，並罰的結果也隨之有很大的差別。

第十二章　正當防衛和緊急避險

第一節　正當防衛

一、正當防衛的概念

中國刑法第二十條規定：「為了使國家、公共利益、本人或者他人的人身、財產和其他權利免受正在進行的不法侵害，而採取的制止不法侵害的行為，對不法侵害人造成損害的，屬於正當防衛，不負刑事責任。」據此，正當防衛是指為了使國家、公共利益、本人或者他人的人身、財產和其他權利免受正在進行的不法侵害，對不法侵害者實施的制止不法侵害且未明顯超過必要限度的行為。

中國刑法規定的正當防衛，有利於及時有效地保障國家的、公共的、公民本人的或他人的合法權益免受正在進行的不法侵害，使國家、公共利益和公民個人的合法權益得到及時保護。它是法律規定的各種合法權益最直接、最有效的保障；正當防衛制度有利於有效震懾犯罪分子，從而有效地遏制其犯罪欲念，達到預防和減少犯罪的目的；正當防衛制度的貫徹實施，有利於社會主義精神文明建設，培養廣大公民互助互愛、見義勇為的良好社會道德風尚。

二、正當防衛的條件

正當防衛是採用損害不法侵害者利益的方法實施的，法律為防止其濫用，嚴格規定了正當防衛的合法條件。只有符合法定條件的防衛行為，才屬合法行為，才不負刑事責任。

(一) 起因條件：必須有不法侵害行為發生

（1）必須有不法侵害存在。不法侵害的客觀性排除了對合法行為進行正當防衛的情形。因此，對合法行為不得實行防衛。如公民依法執行的扭送犯罪嫌疑人的行為，司法人員依法進行的搜查、逮捕以及對物品的扣押等行為，對這類依法行使權利或權力的行為不能借口防衛而實施暴力傷害或威脅。

（2）不法侵害必須是違法行為。只要是不法侵害行為即可，並不局限於犯罪行為，也並不要求它已經達到或將要達到犯罪程度，防衛人都可以依法對不法侵害人實行正當防衛。

（3）不法侵害必須是現實存在的。不法侵害的現實性要求不法侵害是現實的、可感知的，而不是行為人的假想與臆測。如果行為人假想存在正在進行的不法侵害並進

行了還擊，則行為人的行為屬於假想防衛，而不是正當防衛。假想防衛是指客觀上不存在不法侵害，但行為人誤以為存在不法侵害，或者雖然不法侵害存在，行為人卻將第三人誤以為是不法侵害人而對之進行防衛的行為。例如，甲見有兩個男青年欺負其女朋友，即上前阻止，遭到其中一個男青年毆打而被迫自衛，此時便衣民警乙經過，見狀上前制止鬥毆行為，甲以為乙是對方同伙來幫忙，便逃出水果刀將其刺傷。這就屬於假想防衛。假想防衛不屬於正當防衛，但也不屬於故意犯罪。如果假想防衛人有過失的，按照刑法規定的過失犯罪處理；無過失的，按照意外事件處理。

(二) 時機條件：不法侵害必須是正在進行中

正當防衛必須在侵害已經開始或尚未結束的階段進行。只有在這一階段，合法權益才會面臨明顯的、緊迫的、現實的侵害或威脅，行為人此時採取正當防衛才是必要的。如果侵害行為尚未開始，則沒有必要採取防衛行為；如果侵害行為已經結束，則實施防衛行為已無意義。因此，刑法規定正當防衛必須針對正在進行的不法侵害實施。

一般而言，不法侵害已經開始可以理解為侵害人已經著手直接實施侵害行為，例如，殺人犯持刀向受害人砍殺，強奸犯對婦女施以暴力威脅，毆打他人者對受害人舉拳打擊，等等，不法侵害就已經開始著手。但是，實踐中的具體案件需要具體情況具體分析。某些情況下，雖然不法侵害尚未著手實行，但合法權益已直接面臨侵害的危險，不實行正當防衛就可能喪失防衛的時機。在這種情況下，可以進行正當防衛。例如，對身藏手槍的犯罪分子，可在其準備掏槍時，進行正當防衛。

不法侵害尚未結束，是指不法侵害行為或其導致的危害狀態尚在繼續中，防衛人可以用防衛手段予以制止或排除。不法侵害的尚未結束，可以是不法侵害行為本身正在進行中，例如，縱火犯正在向房屋潑汽油；也可以是行為已經結束而其導致的危險狀態尚在繼續中，例如，搶劫犯已打昏物主搶得某種財物，但他尚未離開現場。在上述兩種情況下，防衛人的防衛行為均可有效地制止不法侵害行為，或排除不法侵害所導致的危險狀態。但在有些情況下，雖然不法侵害所導致的危險狀態尚在繼續中，但正當防衛行為並不能將其排除，則應視為不法侵害已經結束。例如，縱火犯向目標物縱火後逃跑，已經造成了可能失火的危險狀態，就無法通過殺死或傷害縱火犯的防衛手段來排除，對之採取正當防衛也就失去了適時性。

刑法理論上稱不符合正當防衛的時間條件的防衛行為為防衛不適時。根據防衛不適時發生的時間，我們將其分為兩種形式：

(1) 事前防衛。即在不法侵害尚處於預備階段或犯意表示階段，對合法權益的威脅並未達到現實狀態時，就對其採取損害某種權益的行為。在事前防衛的情況下，不法侵害人是否實施某種侵害還處於或然狀態，因而事前防衛實際上是一種「先下手為強」的非法侵害。如果事前防衛的危害性達到犯罪程度，應當追究刑事責任。

(2) 事後防衛。即在不法侵害已經結束的情況下，對侵害人的某種權益進行打擊的行為。在事後防衛的情況下，不法侵害已經結束，侵害行為或其導致的危險狀態已經不能通過防衛來制止或排除，已經不存在正當防衛的時機條件。從司法實踐來看，不法侵害的結束一般有下列四種情況：①不法侵害者自動中止不法侵害行為；②不法

侵害者已經被制服；③已經喪失侵害能力；④侵害行為已經實施完畢，危害結果已經發生，無法挽回。事後防衛實際上大多是報復性的侵害，但也不排除防衛人出於認識錯誤的可能性。例如，不法侵害人在殺人過程中突發惻隱之心中止犯罪，但受害人誤以為對方暫時停止了犯罪，趁其不備予以反擊，致其重傷。對於報復性的事後防衛，構成犯罪的應以故意犯罪論處；對於認識錯誤的事後防衛，則應按處理錯誤的原則，根據防衛人主觀上是否有過失，分別按照過失犯罪或意外事件處理。

(三) 主觀條件：必須出於正當的防衛意圖

防衛意圖包括兩個方面，即防衛的認識和防衛的目的。防衛的認識，是防衛人對不法侵害諸事實的認識，既包括對不法侵害行為手段、輕重緩急等的認識，也包括對不法侵害行為人的認識等，認識到自己的行為是制止不法侵害所必需的。防衛的目的，是指行為人在防衛的認識基礎上，希望通過防衛行為保護合法權益的心理願望。根據刑法規定，防衛人的目的在於保護國家、公共利益、本人或者他人的人身、財產和其他權利免受正在進行的不法侵害。防衛意圖的重點在於防衛的認識，防衛的目的則不是強制性的要求。行為人認識到自己的行為是與正在進行的不法侵害相對抗時，就可以認定其是在進行正當防衛。因為在防衛者面臨不法侵害而產生驚慌以及興奮、憤怒的情況下，可能基於本能及時實施防衛行為，雖然沒有明確的目的，但不能否定其正當防衛的屬性。

缺乏防衛意圖而與正當防衛比較類似的行為主要有偶然防衛、防衛挑撥、相互鬥毆行為、對非法利益的防護等。

(1) 偶然防衛。偶然防衛是指行為人基於故意或過失侵犯他人合法權益，巧遇他人正在實施不法侵害行為，其行為客觀上制止了他人不法侵害的情況。例如，甲故意用槍射乙，乙剛好在持槍瞄準丙實施故意殺人行為，但甲對乙的行為一無所知。在這裡，甲其實缺乏防衛意圖，只是以攻擊的意思實施了行為。但是，行為在客觀上偶然起到了保護法益的效果。由於缺乏防衛意圖，甲的行為當然不構成正當防衛。偶然防衛不是正當防衛，而是故意犯罪。

(2) 防衛挑撥。防衛挑撥又稱挑撥防衛，是指為了加害對方，故意引誘、挑釁對方，使其向自己進行不法侵害，然后借口正當防衛而加害對方的行為。防衛挑撥缺乏正當防衛的防衛意圖，屬於一種特殊方式的故意犯罪。

(3) 相互鬥毆行為。相互鬥毆，是指雙方都出於侵害對方的非法意圖，在這種意圖的支配下向對方實施了不法侵害的行為。在相互的非法侵害行為中，雙方都有侵害對方的非法意圖，都在積極地追求侵害對方的結果，沒有侵害者與被侵害者的區別。相互鬥毆行為根本不符合正當防衛的前提條件，因此雙方都應當就自己的非法侵害行為承擔法律責任。但是，相互鬥毆又具有一定的過程性，如果非法侵害的一方已經放棄侵害，例如宣布不再鬥毆或認輸、求饒、逃跑，而非法侵害的另一方仍窮追不舍，繼續加害，則已經放棄侵害的一方就具備了進行正當防衛的前提條件，他可以為制止對方的進一步加害而採取必要的反擊措施。這種情形下的反擊可以構成正當防衛。

(4) 對非法利益的防護。行為人對非法利益進行防衛而侵害他人的，應當依法懲

處。如在搶劫賭場、盜竊贓款時，以防衛手段保護其賭資、走私貨物和贓款等。這類行為明顯缺乏正當防衛意圖，所保護的利益不屬於公民的合法權益，不具備正當防衛的主觀條件。因此，對這種行為應當視情況依法處理，構成犯罪的應當追究刑事責任。

（四）對象條件：正當防衛只能針對不法侵害者本人實行

正當防衛的對象是不法侵害人，正當防衛的性質決定了它只能通過對不法侵害人的人身或財產造成一定損害的方法來實現。所以，正當防衛必須針對不法侵害人，而不能加害於沒有實施不法侵害的第三者。

如果在正當防衛過程中，出於不得已而對第三者的人身和財產造成了一定的損害，可以視為緊急避險。只要沒有造成不應有的損害，就不負刑事責任；如果在防衛過程中因行為人精神緊張而誤將第三者作為加害人，就不是緊急避險，而是假想防衛；如果在防衛過程中根本沒有認識到第三者的存在，而誤傷了第三者，或者屬於意外事件，或者屬於過失犯罪；如果在防衛過程中故意對第三者進行侵害，則構成故意犯罪。

（五）限度條件：正當防衛不得明顯超過必要限度造成重大損害

正當防衛的限度條件，是指正當防衛不能明顯超過必要限度且對不法侵害人造成重大損害。是否明顯超過必要限度並造成重大損害，是區別防衛的合法與非法、正當與過當的標誌。

防衛行為只要為制止不法侵害所必需，防衛行為的性質、手段、強度及造成的損害又不是明顯超過不法侵害的性質、手段、強度或造成的損害明顯超過不法侵害，但實際造成的損害並不算重大的，均屬於正當防衛的範圍，而不能認為防衛過當。

中國刑法第二十條規定：「正當防衛明顯超過必要限度造成重大損害的，應當負刑事責任，但是應當減輕或免除處罰。」

三、防衛過當及其例外

（一）防衛過當

1. 防衛過當的概念

防衛過當，是指正當防衛明顯超過必要限度造成重大損害的行為。它有以下兩個特徵：

（1）以正當防衛為前提。防衛過當是在實行正當防衛的過程中發生的，是正當防衛明顯超過了必要限度，才發生了質的變化。如果某一行為不是以正當防衛為前提，那就不是防衛行為，造成嚴重後果的，也不是防衛過當，而是一般犯罪。

（2）明顯超過了正當防衛的必要限度，並造成了重大損害。判斷是否防衛過當，首先應當衡量是否造成了重大損害，然後再衡量是否明顯超過了必要限度。不能一見造成了重大損害，就認為是防衛過當。

2. 防衛過當的刑事責任

中國刑法第二十條第二款規定：「正當防衛明顯超過必要限度造成重大損害的，應當負刑事責任，但是應當減輕或者免除處罰。」

防衛過當不是一個獨立的罪名。確定它的刑事責任，應當從以下四個方面考慮：

(1) 過當程度。要看過當造成的重大危害后果與必要限度的差距。輕微過當，罪行輕微，處罰則較輕；嚴重過當，罪行較重，處罰則較重。

(2) 防衛目的。為保護國家、公共利益、他人合法利益而防衛過當的，較之為保護自己合法利益而防衛過當的，對前者的處罰更輕。

(3) 權益性質。為保護重大權益而防衛過當，較之為保護較小權益而過當，對前者的處罰更輕。

(4) 罪過形式。疏忽大意的過失、過於自信的過失、間接故意，依次減輕處罰的幅度。

(二) 防衛過當的例外——特殊防衛

中國刑法第二十條第三款規定：「對正在進行行凶、殺人、搶劫、強奸、綁架以及其他嚴重危及人身安全的暴力犯罪，採取防衛行為，造成不法侵害人傷亡的，不屬於防衛過當，不負刑事責任。」

這種特殊防衛不是一種獨立的防衛形式，它是正當防衛的一種特定表現形式，與普通正當防衛的區別在於：第一，防衛起因具有特殊性。即要求不法侵害具有嚴重暴力性，行為人面臨著正在進行行凶、殺人、搶劫、強奸、綁架以及其他嚴重危及人身安全的暴力犯罪。第二，防衛手段和限度的特殊性。對於特殊防衛而言，不受限度條件的限制，只要符合中國刑法第二十條第三款的規定，即使造成了不法侵害人死亡的，也不屬於防衛過當。

第二節　緊急避險

一、緊急避險的概念

中國刑法第二十一條規定：「為了使國家、公共利益、本人或者他人的人身、財產和其他權利免受正在發生的危險，不得已採取的緊急避險行為，造成損害的，不負刑事責任。」據此，緊急避險是指為了使國家、公共利益、本人或者他人的人身、財產和其他權利免受正在發生的危害，不得已而採取的損害另一較小合法權益的行為。

緊急避險的本質在於，當兩個合法權益相衝突，又只能保全其中之一的緊急狀態下，法律允許為了保全較大的權益而犧牲較小的權益。雖然造成了較小的權益的損害，但從整體上說，它是有益於社會統治秩序的行為，不僅不應承擔刑事責任，而且應當受到鼓勵和支持。

二、緊急避險的條件

(一) 避險起因

要進行緊急避險，必須有危險的發生。只有合法權益正遭受損害的危險時，才可以實施緊急避險。危險的主要來源有幾種：

(1) 自然的力量。如火災、地震、塌方、泥石流等。

（2）違法犯罪行為。

（3）人的生理、病理原因。如在面臨饑餓和疾病時，在物主不在的情況下私取路邊房屋中的飲食；為了搶救重傷員，強行攔阻過往汽車送往醫院。前者不能算偷竊，后者不能算搶劫，都屬緊急避險。

（4）動物的侵襲。如面臨猛獸的襲擊、牲畜的追擊、毒蛇襲擊等，將上述動物打死的行為不屬於犯罪，而屬於緊急避險。

（5）機器和機械的故障。例如，空中飛機的發動機發生故障時飛行員跳傘的，不得為飛機的墜毀承擔責任。

緊急避險的危險必須是客觀存在的，而不是基於假想、推測；否則屬於假想避險。假想避險不符合緊急避險的起因條件，不是緊急避險。對合法權益造成嚴重損害的，應根據處理事實認識錯誤的原則，決定是否應負刑事責任。

（二）避險時間

所謂正在發生的危險，是指已經發生的危險將立即損害或正在造成損害而尚未結束。緊急避險只能在危險已經出現而又尚未結束這一時間條件下進行，否則就不是緊急避險。

避險不適時的行為主要有「提前避險」和「延遲避險」。危險尚未出現，行為人就實施「避險行為」，是提前避險；在危險到來時尚未開始避險，危險已經過去但行為人誤以為仍然存在而實施的避險，是延遲避險。對於這兩種避險不適時的情況，如果行為人有過錯而構成犯罪的，按照相關犯罪的規定處罰。

（三）避險意圖

正當避險意圖，是指避險人對正在發生的危險有明確的認識，並希望以避險手段保護較大合法權益的心理狀態。沒有避險意識，其故意或者過失實施的侵害行為巧合緊急避險客觀要件的，屬於偶然避險，與偶然防衛的處理原則相同。同樣，也不允許出於侵害意圖，故意引起某種危險發生，然后再實施「緊急避險」侵害合法權益的行為。

（四）避險對象

由於緊急避險是為保全一個較大的合法權益，而將其面臨的危險轉嫁給另一個較小的合法權益。因而，緊急避險行為所指向的對象，不是危險的來源，而是第三者的合法權益。緊急避險所侵害的第三者的合法權益，既可以是公共利益，也可以是公民的合法權益，包括財產權利、人身權利等。但一般情況下，不允許用損害他人生命和健康的方法保護另一種合法權益。

（五）避險限度

所謂必要限度是指緊急避險造成的損害必須小於所避免的損害。換言之，為了保護一個合法權益而損害的另一個合法權益，不能等於更不能大於所保護的權益。例如，不能為了保護一個人的健康權利，而去損害第三者的健康甚至生命權利；也不能為了保護某人的財產利益，而去損害他人的或者個人的、公共的同等價值或者更大價值的

財產利益。

(六) 避險限制

緊急避險只能在不得已的情況下才能實施，這是緊急避險的客觀限制條件。即只能在迫不得已的情況下實施。換句話說，只有在行為人找不到任何其他方法排除危險的情況下，才允許選擇損害第三者合法權益的方法。如果當時尚有其他方法可以避險，例如有條件逃跑、報警或者直接對抗危險、進行正當防衛等，行為人卻不採取，而給無辜的第三者造成了不必要的損害，則其行為不能構成緊急避險，構成犯罪的還要追究其刑事責任。

三、避險過當及其刑事責任

中國刑法第二十一條第二款規定：「緊急避險超過必要限度造成不應有的損害的，應當負刑事責任，但是應當減輕或者免除處罰。」據此，避險過當，是指避險行為超過必要限度造成不應有的損害的情況。

需要注意的是，避險過當不是獨立的罪名。在追究避險過當的刑事責任時，應當根據避險過當造成人身傷亡和公私財產遭受損失的實際情況，並結合行為人的主觀罪過形式及過當行為特徵，按照刑法分則中的相應條款定罪量刑。例如，故意殺人罪或過失致死罪、故意傷害罪或過失重傷罪，等等。

四、緊急避險和正當防衛的關係

緊急避險與正當防衛作為正當行為，既有聯繫，也有區別。

(一) 緊急避險與正當防衛的相同點

(1) 緊急性。兩者都屬於緊急行為，即都是在緊急狀態之下實施的行為。

(2) 目的正當性。兩者都是為了保護國家、公共利益、本人或者他人的人身、財產和其他權利，而給他人的某種權利或者利益造成一定的損害。

(3) 合法性。兩者都屬於刑法明文規定的排除犯罪性行為，整體上對社會有利。

(4) 限度制約性。兩者都受到相當性原則的制約，都有限度條件的限制，超過相應的限度條件，都會構成刑法上的「過當行為」。

(二) 緊急避險與正當防衛的區別

(1) 危險的來源不同。緊急避險的危險來源幾乎沒有什麼限制，既可以是人的不法侵害，也可以是自然界力量和動物侵襲，以及人的生理、病理過程；正當防衛的起因條件只能是人的不法侵害行為。

(2) 行為作用的對象不同。緊急避險的對象，可以是任何第三者；正當防衛指向的，只能是直接的加害人。

(3) 損害的權益的性質不同。緊急避險是對合法權益的損害；正當防衛是對不法侵害者權益的損害。

(4) 行為實施的條件不同。緊急避險要求「不得已」而實施，正當防衛則無這方

面的限制。公民只要面對正在進行的不法侵害就可以實施，而不論他是否有條件採取逃跑、報警、勸阻等方法制止不法侵害。

（5）緊急避險和正當防衛的相當性條件不同。緊急避險所損害的利益不能大於所保護的利益，正當防衛中所損害的不法侵害人的利益可以大於所保護的利益。

（6）行為主體範圍有所不同。正當防衛，任何人在符合條件時都可以實施；但緊急避險不適用於職務上、業務上負有特殊義務的人。

（7）緊急避險會產生依法要求賠償的問題，正當防衛不發生損害賠償的問題。

第十三章　刑事責任

第一節　刑事責任概述

一、刑事責任的概念

刑事責任是刑事立法、刑事司法與刑法理論中的一個基本概念。刑法作為刑事實體法，主要是通過規定犯罪與刑罰，設定某種刑事責任，從而為刑事責任的追究提供實體法律根據。在一定意義上說，刑事責任是刑法的核心，刑法是圍繞刑事責任而展開的。

刑事責任的定義可以表述為：刑事責任是刑事法律規定的，因實施犯罪行為而產生的，由司法機關強制犯罪者承受的刑事懲罰或單純否定性法律評價的負擔。

二、刑事責任的特徵

(一) 強制性

刑事責任是由犯罪行為所引起的法律效應，是一種強制犯罪人向國家承擔的法律責任。它直接以國家強制力作為實現的動力，由特定的國家機關追究，且做出的追究刑事責任的判決一經生效，就必須執行。此外，刑事責任必須由司法機關依據刑事法律加以確認。

(二) 嚴厲性

刑事責任通常具有懲罰的屬性，其最基本的表現形式是刑罰，它既可以剝奪犯罪人的財產權利、政治權利，還可以有期地或無期地剝奪犯罪人的自由，甚至剝奪犯罪人的生命，嚴厲性自不待言。即使僅給予非刑罰處罰，給犯罪人所帶來的不利影響也遠比其他法律責任嚴重。

(三) 專屬性

刑事責任只能由犯罪的個人和單位承擔，具有專屬性，不可轉嫁，不可替代。也就是說，刑事責任的承擔者只能是犯罪者本人。

(四) 準據性

刑事責任為確定刑罰提供根據，即刑事責任是行為人基於其犯罪行為而產生的一種法律責任。只有犯罪行為才產生刑事責任；罪重則刑事責任重，罪輕則刑事責任輕。刑事責任一經確定存在，就不允許當事人私自變更。

(五) 合理性

只有刑事責任的輕重與犯罪行為的客觀危害和犯罪人的人身危險程度相當，才能使犯罪人認罪服法，接受教育改造。這是懲罰與預防犯罪的基本要求。

第二節　刑事責任的根據和實現

一、刑事責任的根據

刑事責任的根據，包括兩方面的內容：一是指代表國家的司法機關基於何種理由追究犯罪人的刑事責任；二是犯罪人基於何種理由承擔刑事責任。國家是刑事責任的追究者，犯罪人是刑事責任的承擔者，它們從不同的側面看待刑事責任，但二者是一致的，都要求解決行為人的行為是否構成犯罪以及構成何種程度的犯罪，即行為人應負刑事責任的根據。

刑事責任的根據，主要表現為以下兩個方面：

(一) 刑事責任的哲學根據

辯證唯物者認為，社會物質條件決定人們的意識與意志，也決定了人的行為，包括犯罪行為。但是客觀世界雖然影響、制約人的行為，卻不能決定一個人只能實施此行為，而不能實施彼行為，即人具有選擇行為的自由。這便是人的主觀能動性的表現。追究犯罪人的刑事責任的哲學依據首先在於犯罪人是基於自己的主觀能動性實施了犯罪行為。

那麼，為什麼當犯罪人基於主觀能動性實施犯罪行為以后國家便可以追究其刑事責任呢？這是因為作為犯罪主體的犯罪人，不僅具有能動性，還具有社會性。即犯罪主體同作為其他主體的人一樣，不僅是自然的存在物，而且是社會的存在物。犯罪主體的犯罪行為是在一定的社會關係下實施的，而且是危害一定的社會關係的。在中國，這種一定的社會關係，就是社會主義社會關係。國家是該種社會關係的維持者，維護社會主義社會關係，既是國家的權利，也是國家的義務。因此，國家對基於主觀能動性實施危害社會主義社會關係的人，應當追究刑事責任。

(二) 刑事責任的法學根據

從刑法學角度看，刑事責任的根據就是行為人的行為具備刑法所規定的犯罪構成。立法者通過設置犯罪構成，使具有一定社會危害性的犯罪行為具體化、特定化，也使抽象的社會危害性表現為刑事違法性和應受刑罰懲罰性。一個人實施具備犯罪構成的行為，就說明該人犯了罪，應當負刑事責任，國家應當追究他的刑事責任。所以，行為具備犯罪構成，是刑事責任的法學根據。

二、刑事責任的實現

刑事責任的實現是指犯罪人由承擔刑事責任的應然狀態變為實際承擔刑事責任，

即刑事法律后果被實際強加於犯罪人。

刑事責任的實現離不開一定的方法和手段。刑事責任的實現方式必須是刑事法律明文規定可以適用於刑事責任承擔主體的方式。這是刑事責任法定原則的基本要求。司法機關不能隨意確定刑事責任的實現方式。在中國，刑事責任的實現方式有以下五種：

(一) 基本實現方式——定罪判刑方式

定罪判刑方式就是人民法院在對實施犯罪行為的人做出定罪判決的同時，設定罪犯承擔刑罰的義務，這是刑事責任最主要的方式。刑罰是最為主要的刑事責任實現方式。在中國，刑罰分為主刑和附加刑兩大類。管制、拘役、有期徒刑、無期徒刑和死刑屬於主刑，罰金、剝奪政治權利、沒收財產和驅逐出境屬於附加刑。無論是主刑還是附加刑，都明顯體現出國家對犯罪行為的否定評價和對犯罪人的責難。

(二) 輔助實現方式——適用非刑罰處罰

中國刑法第三十七條規定：「對於犯罪情節輕微不需要判處刑罰的，可以免予刑事處罰，但是可以根據案件的不同情況，予以訓誡或者責令具結悔過、賠禮道歉、賠償損失，或者由主管部門予以行政處罰或者行政處分。」這裡規定的幾種非刑罰處罰方法，也是由犯罪行為所導致的刑法上的法律後果，也能實現刑事責任的雙面預防目的。當然，與刑罰處罰相比，由於其適用範圍相對有限，是輔助性的，故稱為刑事責任的輔助實現方式。

(三) 特殊實現方式——單純宣告行為人有罪

如果犯罪情節輕微、社會危害性較小，行為人可能不僅被免除刑罰處罰，而且被免除非刑罰處罰，對其僅作單純有罪宣告。

中國刑法第三十七條規定：「對於犯罪情節輕微不需要判處刑罰的，可以免予刑事處罰，但是可以根據案件的不同情況，予以訓誡或者責令具結悔過、賠禮道歉、賠償損失，或者由主管部門予以行政處罰或者行政處分。」由此可見，在免除刑罰處罰的情形下，中國刑法第三十七條僅是規定「可以」，而不是「應當」根據案件的不同情況予以訓誡等非刑罰處罰。單純宣告有罪也是犯罪行為可能產生的法律後果。當然，單純宣告有罪僅適用於極其輕微之罪，是比較特殊的，故屬於刑事責任的特殊實現方式。

(四) 消滅處理方式

刑事責任的消滅處理，是指行為人的行為已構成犯罪，應受刑罰處罰，但由於法定的阻卻刑事責任事由的存在，刑事責任歸於消滅，行為人不再承擔刑事責任。例如犯罪已過追訴時效期限、犯罪人死亡，其刑事責任都基於一定的事實而終結。再如，依照刑法規定告訴才處理的犯罪，沒有告訴或者撤回告訴，刑事責任即告消滅，也不應當追究行為人的刑事責任。

(五) 轉移處理方式

刑事責任的轉移處理，是指行為人的刑事責任不由中國司法機關解決，而通過外交途徑解決。中國刑法第十一條對此做了規定，但此種方式只對享有外交特權和豁免權的外國人適用。

第十四章 刑罰概述

第一節 刑罰的概念和目的

一、刑罰的概念和特徵

刑罰是國家最高權力機關在刑法規範中制定的、用以懲罰實施犯罪行為的人,並由法院依法判處、特定機構執行的最嚴厲的法律制裁手段。

由以上概念可知,刑罰具有如下幾個特徵:

(一) 刑罰是由國家最高立法機關確立的法律制裁措施

在中國,只有作為最高立法機關的全國人民代表大會才擁有確立刑罰的權力,國務院和地方各級人大、政府都沒有權力制定刑罰罰則。

(二) 刑罰是在刑法規範中賦予刑罰名稱的法律制裁措施

刑罰這一強制方法是在刑罰法規中制定的,但是在刑法規範中規定的制裁措施並非都是刑罰,如中國刑法中規定的責令具結悔過、賠償經濟損失、沒收違法所得等強制性制裁措施,都不是刑罰。因此刑法中的強制性制裁方法是否為刑罰,關鍵要看它是否被賦予「刑罰」的名稱。

(三) 刑罰是只能由法院運用的法律制裁措施

刑罰只能由人民法院依法適用。任何國家機關包括人民檢察院和公安機關都不能適用刑罰,個人使用私刑,更是為法律所禁止。

(四) 刑罰是對實施犯罪行為的人適用的法律制裁措施

刑罰因犯罪而產生,是對犯罪行為所做的否定評價,所以受刑罰處罰的只能是實施犯罪的自然人或法人,而不能適用於與犯罪無關的無辜者。

(五) 刑罰是由特定機構執行的法律制裁措施

刑罰不但只能由人民法院適用,而且只能由特定機關執行。根據中國法律,死刑、罰金和沒收財產由人民法院執行,「死緩」、無期徒刑和有期徒刑由監獄或其他勞動改造機關執行,管制、拘役和剝奪政治權利由公安機關執行。

(六) 刑罰是最嚴厲的強制方法

它不僅可以剝奪犯罪人的政治權利和財產權利,而且可以限制或剝奪犯罪人的人身自由,甚至還可以剝奪犯罪人的生命。這種屬性是刑罰區別於其他法律制裁方法

的本質特徵。

二、刑罰的目的

刑罰的目的是指國家制定、適用、執行刑罰所要達到的目的，也即國家的刑事立法採用刑罰作為對付犯罪的強制措施及其具體適用和執行所預期實現的效果。

刑罰的目的是預防犯罪，其內容包括一般預防和特殊預防兩個方面。

(一) 特殊預防

所謂特殊預防，是指通過對犯罪分子適用刑罰，造成犯罪人一定的人身痛苦或財產損失，以防止他們重新犯罪。可見，特殊預防的對象只能是犯罪人。特殊預防包括兩方面內容：一是改造犯罪分子成為棄惡從善的新人，不再進行犯罪活動。犯罪分子在受到刑罰制裁后，認識到自己行為的錯誤，自覺地遵守法律，或者在受到刑罰制裁后因為害怕再次受到刑事制裁，不敢再實施犯罪。二是淘汰犯罪分子，使之不再危害社會。對犯罪分子適用死刑，使其徹底喪失危害社會的能力。

(二) 一般預防

所謂一般預防，是指通過制定、適用和執行刑罰，使社會上那些不穩定、有可能犯罪的人不敢以身試法，不敢犯罪。具體而言，刑罰通過警告、威懾社會上的不穩定分子，避免其走上犯罪的歧途。由於刑罰的內容是剝奪犯罪分子的利益，給犯罪分子增加痛苦，具有一定的心理強製作用，社會上的不穩定分子懾於刑罰的威嚴，可能會選擇不實施犯罪。

(三) 特殊預防與一般預防的關係

特殊預防與一般預防既有區別，又有聯繫。

二者的區別是：其一，特殊預防主要是在刑罰的適用和執行階段發揮作用，而刑罰的一般預防作用是在刑罰的制定、適用和執行階段全面發揮作用；其二，特殊預防所針對的是犯罪者本人，而一般預防針對的是社會上的不穩定分子；其三，特殊預防是預防犯罪分子本人重新犯罪，而一般預防是預防社會上的不穩定分子實施犯罪，包括初次犯罪和重新犯罪。

特殊預防與一般預防的關係是既對立，又統一。特殊預防要求根據犯罪人的改造難易程度判處和執行刑罰。如果易於改造，就不應判處或執行重刑；如果難以改造，就應判處或執行重刑。但是，一般預防的對象主要是不穩定的社會成員，應根據社會治安狀況的好壞判處和執行刑罰，如果社會治安穩定，對犯罪分子就不應該判處和執行重刑，如果社會治安狀況不好，對犯罪分子就應該判處和執行重刑。可見，特殊預防是以犯罪分子的人身危險性作為決定刑罰的基礎，而一般預防則是以社會治安狀況的好壞作為決定刑罰的基礎，由此可能產生二者的對立。解決二者衝突，只能借助於動態的平衡機制。具體而言，在刑罰制定階段，只能以一般預防為主，兼顧特殊預防。

第二節　刑罰的體系和種類

一、刑罰體系的概念和特徵

刑罰的體系，是指刑事立法者從有利於發揮刑罰的功能和實現刑罰的目的出發，選擇一定的懲罰方法作為刑罰方法並加以歸類，由刑法依照一定的標準對各種刑罰方法進行排列而形成的刑罰序列。

根據刑法的規定，刑罰的體系具有以下特徵：

（1）刑罰體系的構成要素是具體的刑罰方法，即刑種。

（2）構成刑罰體系要素的刑種是經過立法者選擇而確定的。立法者在總結長期以來中國各種刑事立法規定的刑罰種類及其運用效果的基礎上選擇確定的。

（3）構成刑罰體系要素的各刑種是依照一定的標準排列的。主刑和附加刑都是按照各自的嚴厲程度由輕到重依次排列的。

（4）刑罰體系是由刑法明文規定的。首先，構成刑罰體系要素的刑種是由刑法明文規定的，刑法沒有明文規定的懲罰方法不是刑種。其次，主刑與附加刑的分類是由刑法規定的。最後，刑罰種類的先後排列是刑法規定的。

（5）刑罰體系確立的根據是有利於刑罰功能的發揮和刑罰目的的實現。

二、刑罰的種類

（一）主刑

主刑，是對犯罪適用的主要刑罰方法。主刑的特點是：只能獨立適用，不能附加適用。對一個罪只能適用一種主刑，不能適用兩種以上的主刑。

主刑是一類刑罰方法，具體包括管制、拘役、有期徒刑、無期徒刑和死刑五種。

1. 管制

管制是對犯罪分子不予關押，但限制其一定自由，交由公安機關執行和群眾監督改造的刑罰方法。

管制的特點主要有：

（1）對犯罪分子不予關押。即不是將犯罪分子羈押在特定的場所或者設施內從而剝奪其人身自由。這是管制與拘役、有期徒刑等剝奪自由刑的重要區別。

（2）限制犯罪分子一定的自由。根據中國刑法第三十九條的規定，限制自由的具體內容是：遵守法律、行政法規，服從監督；未經執行機關批准，不得行使言論、出版、集會、結社、遊行、示威的權利；按照執行機關規定報告自己的活動情況；遵守執行機關關於會客的規定；離開所居住的市、縣或者遷居，應當報經執行機關批准。但對於被判處管制的犯罪分子，在勞動中應當同工同酬。

（3）對犯罪分子自由的限制具有一定的期限。管制的期限為3個月以上2年以下。數罪並罰時，管制的期限不得超過3年。管制的期限，從判決執行之日起計算，判決

執行以前先行羈押的，羈押 1 日折抵刑期 2 日。被判處管制的犯罪分子，管制期滿，執行機關應即向本人和其所在單位或者居住地的群眾宣布解除管制。

（4）由公安機關執行和群眾監督改造。

2. 拘役

拘役是短期剝奪犯罪分子的自由，就近執行並實行勞動改造的刑罰方法。拘役是一種短期自由刑，是主刑仲介於管制與有期徒刑之間的一種輕刑。

拘役與刑事拘留、民事拘留、行政拘留都是短期剝奪自由的強制方法，但它們之間存在明顯的區別。其區別表現在：

（1）性質不同。拘役是刑罰方法；而刑事拘留是刑事訴訟中的一種強制措施；民事拘留屬於司法行政性質的處罰；行政拘留屬於治安行政處罰。

（2）適用的對象不同。拘役適用於犯罪分子；刑事拘留適用於《中華人民共和國刑事訴訟法》第六十一條規定的七種情形之一的現行犯或者重大嫌疑分子；民事拘留適用於《中華人民共和國民事訴訟法》第一百零二條規定的六種行為之一，但又不構成犯罪的民事訴訟參與人或其他人；行政拘留適用於違反治安管理法規，尚未達到犯罪程度的行為人。

（3）適用的機關不同。拘役和民事拘留均由人民法院適用，但拘役由人民法院的刑事審判部門適用，民事拘留由人民法院的民事審判部門適用；刑事拘留、行政拘留由公安機關適用。

（4）適用的法律依據不同。拘役依照刑法的規定適用；刑事拘留依照刑事訴訟法的規定適用；民事拘留依據民事訴訟法的規定適用；行政拘留依據治安管理處罰法的規定適用。

根據中國刑法第四十二條至第四十四條的規定，拘役具有以下特點：

（1）剝奪犯罪分子的自由。將犯罪分子關押於特定的改造場所進行改造，使其喪失人身自由。

（2）剝奪自由的期限較短。拘役的期限為 1 個月以上 6 個月以下。數罪並罰時，拘役刑期最長不能超過 1 年。拘役的刑期從判決執行之日起計算，判決執行以前先行羈押的，羈押 1 日折抵刑期 1 日。

（3）由公安機關就近執行。一是拘役的執行機關是公安機關，其他任何機關無權執行拘役。二是就近執行，即將犯罪分子放在所在地的縣、市或市轄區的公安機關設置的拘役所執行，沒有建立拘役所的，放在離犯罪分子所在地較近的監獄執行，如果犯罪分子所在地附近沒有監獄，可將犯罪分子放在看守所執行。

（4）享受一定的待遇。在執行期間，被判處拘役的犯罪分子每月可以回家一至兩天；參加勞動的，可以酌量發給報酬。

3. 有期徒刑

有期徒刑是剝奪犯罪分子一定期限的人身自由，強迫其勞動並接受教育和改造的刑罰方法。

有期徒刑是一種有期限地剝奪自由的刑罰方法，這點與拘役相同。但二者的區別具體表現在：

（1）執行的場所不同。拘役是在犯罪分子所在地就近的場所執行，一般在拘役所、看守所執行，而有期徒刑主要在監獄中執行。

（2）執行機關不同。拘役的執行機關是公安機關，而有期徒刑的執行機關是監獄。

（3）期限不同。有期徒刑的期限長、起點高、幅度大，拘役的期限短、起點低、幅度小。

（4）執行期間的待遇不同。被判處拘役的犯罪分子，每月可以回家一天至兩天，參加勞動的，可以酌情給予報酬，而被判處有期徒刑的犯罪分子，凡有勞動能力的一律實行無償的強制勞動，也沒有每月可以回家一天至兩天的待遇。

（5）法律後果不同。被判處有期徒刑的犯罪分子，在刑罰執行完畢或者赦免以後5年之內再犯應當被判處有期徒刑以上刑罰之罪的，可以構成累犯，而被判處拘役的犯罪分子，刑罰執行完畢或者赦免以後再犯罪的，不構成累犯。

根據中國刑法第四十五條至第四十七條的規定，有期徒刑具有以下特點：

（1）剝奪犯罪分子的自由。

（2）具有一定期限。有期徒刑的刑期為6個月以上15年以下。數罪並罰時，有期徒刑總和刑期不滿35年的，最高不能超過20年，總和刑期在35年以上的，最高不能超過25年。有期徒刑的刑期，從判決執行之日起計算，判決執行以前先行羈押的，羈押1日折抵1日。

（3）在監獄或者其他執行場所執行。監獄是執行有期徒刑的場所，並且是主要場所。監獄以外的專門用來執行有期徒刑和無期徒刑的機關，主要是少年犯管教所。少年犯管教所是以少年犯為對象的執行機關，關押14周歲以上不滿18周歲的犯罪分子。另外，根據《中華人民共和國刑事訴訟法》第二百一十三條的規定，對於被判處有期徒刑的罪犯，在被交付執行刑罰前，剩餘刑期在1年以下的，由看守所代為執行。

（4）強迫參加勞動，接受教育和改造。這意味著：第一，凡有勞動能力的犯罪分子，都必須參加勞動，不以犯罪分子的主觀意願為轉移。第二，除法律另有規定的特殊情況外，罪犯對勞動的場所、種類、形式和時間，必須無條件地服從執行機關的安排，而不得自由選擇。第三，犯罪分子的勞動在嚴格的武裝警戒下進行，勞動表現作為罪犯認罪悔罪與否的指標，是法定的獎懲考核的內容。

4. 無期徒刑

無期徒刑是剝奪犯罪分子的終身自由，強制其參加勞動並接受教育和改造的刑罰方法。

無期徒刑是剝奪自由刑中最嚴厲的刑罰方法，在所有的刑罰方法中，其嚴厲程度僅次於死刑。由於無期徒刑的嚴厲性，它的適用對象是罪行嚴重但不必判處死刑而又需要與社會永久隔離的犯罪分子。

根據中國刑法第四十六條的規定，無期徒刑具有以下特點：

（1）剝奪犯罪分子的自由。

（2）剝奪自由是沒有期限的，即剝奪犯罪分子的終身自由。需要指出的是，被判處無期徒刑的犯罪分子，在服刑期間的表現符合法定條件的，可以適用減刑或假釋。此外，在國家發布特赦令的情況下，符合特赦條件的無期徒刑罪犯，可以被特赦釋放。

（3）強迫參加勞動，接受教育和改造。
（4）羈押時間不能折抵刑期。由於無期徒刑無期限可言，因此判決執行之前先行羈押的時間不存在折抵刑期的問題。
（5）必須附加剝奪政治權利終身。

5. 死刑

死刑是剝奪犯罪分子生命的刑罰方法，包括死刑立即執行和死刑緩期2年執行兩種情況。因為死刑以剝奪犯罪分子的生命為內容，因此又稱之為生命刑。

（1）死刑的適用

中國刑法第四十八條明文規定：「死刑只適用於罪行極其嚴重的犯罪分子。」總則中還規定了死刑緩期執行制度，意味著在「罪行極其嚴重」的情況下，也不是都一律處死，而是對其中符合死刑緩期執行條件的，應適用死刑緩期執行。這就進一步限制了死刑立即執行的適用。

（2）死刑的適用對象

中國刑法第四十九條規定：「犯罪的時候不滿18周歲的人和審判的時候懷孕的婦女，不適用死刑。」既不適用死刑立即執行，也不適用死刑緩期2年執行。這一規定充分體現了中國刑法對未成年的犯罪人重在教育的政策和社會主義的人道主義精神。需要指出的是，「審判的時候懷孕」既包括人民法院審理案件的時候被告人正在懷孕，也包括案件起訴到人民法院之前被告人懷孕但作了人工流產的情況。

（3）死刑的適用程序

首先，從案件的管轄上進行限制。根據《中華人民共和國刑事訴訟法》第二十條的規定，死刑案件只能由中級以上人民法院進行一審，基層人民法院無權審理死刑案件，當然也就無權適用死刑。其次，根據刑法第四十八條以及《中華人民共和國刑事訴訟法》第二百條至第二百零二條的規定，死刑除依法由最高人民法院判決的以外，都應當報請最高人民法院核準。其中由中級人民法院判處死刑的第一審案件，被告人不上訴的，應當由高級人民法院復核后，報請最高人民法院核準；高級人民法院判處死刑的第一審案件被告人不上訴的，以及判處死刑的第二審案件，也應當報請最高人民法院核準。最后，死刑緩期執行的，可以由高級人民法院判決或者核準。

另外，需要注意的是，死緩不是獨立的刑種，而是死刑的一種執行制度。死緩的適用需要具備以下條件：

第一，適用的對象必須是應當判處死刑的犯罪分子。這是適用死緩的前提。

第二，不是必須立即執行。根據刑事審判經驗，應當判處死刑但具有下列情形之一的，可以視為「不是必須立即執行的」犯罪分子：犯罪后自首、立功或者有其他法定從輕情節的；在共同犯罪中罪行不是最嚴重的或者其他在同一或同類犯罪案件中罪行不是最嚴重的；被害人的過錯導致犯罪人激憤犯罪的；犯罪人有令人憐憫之情形的；有其他應當留有餘地情況的；等等。

由於死緩不是獨立的刑種，而是暫緩執行死刑的一種制度，因此，被適用死刑的犯罪分子因其在緩期2年執行期間的表現不同而有三種不同的結果：

第一，在死刑緩期執行期間，如果沒有故意犯罪，2年期滿后，減為無期徒刑。

第二，在死刑緩期執行期間，如果確有重大立功表現，2年期滿以後，減為15年以上20年以下有期徒刑。

第三，在死刑緩期執行期間，如果故意犯罪，查證屬實的，由最高人民法院核準，執行死刑。

(二) 附加刑

附加刑，又稱從刑，是補充主刑適用的刑罰方法。附加刑的特點是既可以附加主刑適用，也可以獨立適用。在附加適用時，可以同時適用兩個以上的附加刑。附加刑是相對於主刑的另一類刑罰方法。根據中國刑法第三十四條的規定，附加刑包括罰金、剝奪政治權利、沒收財產和驅逐出境四種。

1. 罰金

(1) 罰金的概念

罰金是人民法院判處犯罪分子向國家繳納一定數額金錢的刑罰方法。

罰金不同於行政罰款。二者的區別表現在：

第一，性質不同。罰金是刑罰方法，罰款是行政處罰。

第二，適用對象不同。罰金適用於犯罪分子，罰款適用於一般違法分子。

第三，適用機關不同。適用罰金的機關是人民法院，適用罰款的機關則是公安、海關、稅務、工商等行政機關。

第四，適用的法律根據不同。適用罰金的法律根據是刑法，適用罰款的法律根據是治安管理、海關、稅務、工商等行政法律、法規。

(2) 罰金的適用對象與適用方式

罰金主要適用於貪圖財利或者與財產有關的犯罪，同時也適用於少數妨害社會管理秩序的犯罪。

關於罰金的適用方式，中國刑法分則規定了四種方式：

①選處罰金，由人民法院根據犯罪的具體情況選擇適用。此種情況下的罰金與主刑並列，只能獨立適用而不能附加適用。如中國刑法第二百七十五條規定：故意毀壞公私財物，數額較大或者有其他嚴重情節的，處3年以下有期徒刑、拘役或者罰金。

②單處罰金，即對犯罪分子只能判處罰金，而不能判處其他刑罰。單處罰金只對犯罪的單位適用。中國刑法分則凡是規定處罰犯罪單位的，都是規定對單位判處罰金。

③並處罰金，即在對犯罪分子判處主刑的同時附加適用罰金，並且是必須附加適用。例如，中國刑法第三百二十八條規定，盜掘古文化遺址、古墓葬，情節較輕的，處3年以下有期徒刑、拘役或者管制，並處罰金。

④並處或單處罰金，即罰金既可以附加主刑適用，也可以作為一種與有關主刑並列的刑種供選擇適用。例如，中國刑法第一百四十條規定：生產者、銷售者在產品中摻雜、摻假，以假充真，以次充好或者以不合格產品冒充合格產品，銷售金額5萬元以上不滿20萬元的，處2年以下有期徒刑或者拘役，並處或者單處銷售金額50%以上2倍以下罰金。這裡的罰金既可以附加有期徒刑或者拘役適用，也可以與有期徒刑、拘役並列供選擇適用。

（3）罰金的執行

根據中國刑法第五十三條的規定，罰金的繳納方式有以下四種：

①一次或者分期繳納。即犯罪分子按照判決確定的數額和指定的期限，一次繳納完畢或分幾次繳納完畢。一般情況下，罰金數額不多或者雖然較多但繳納不困難的，應限期一次繳納；罰金數額較多，一次繳納有困難的，限定時間分幾次繳納。

②強制繳納。即在判決指定的期限屆滿后，犯罪分子有繳納能力而不繳納，法院採取查封、拍賣財產、凍結存款、扣留收入等措施，強制其繳納。

③隨時繳納。即對於不能全部繳納罰金的，法院在任何時候發現被執行人有可以執行的財產，隨時都可以追繳。不能全部繳納罰金，是指通過分期繳納或強制繳納的方式，在繳納期滿后，仍無法使被執行人繳納全部罰金。不能全部繳納的原因，往往是由於被執行人轉移、隱匿財產，造成不能全部繳納的表象，使得人民法院無法對其採取強制繳納的執行方式。所謂「追繳」，是指人民法院對被執行人可以執行的財產追回上繳國庫。

④減少或者免除繳納。即犯罪人由於遭遇不能抗拒的災禍，繳納判決所確定的罰金數額確實有困難，由犯罪分子提出申請，人民法院經查證屬實，可以根據其遭受災禍的輕重情況，裁定減少罰金數額或免除繳納全部罰金。

2. 剝奪政治權利

（1）剝奪政治權利的概念和內容

剝奪政治權利是剝奪犯罪分子參加國家管理和政治活動的權利的刑罰方法。

剝奪政治權利的內容，根據中國刑法第五十四條的規定，是剝奪犯罪分子以下權利：①選舉權和被選舉權；②言論、出版、集會、結社、遊行、示威自由的權利；③擔任國家機關職務的權利；④擔任國有公司、企業、事業單位和人民團體領導職務的權利。

（2）剝奪政治權利的適用對象

剝奪政治權利適用的對象比較廣泛，既可以適用於嚴重的犯罪，也可以適用於較輕的犯罪，既可以適用於危害國家安全的犯罪，也可以適用於普通刑事犯罪。

（3）剝奪政治權利的適用方式

根據刑法總則和分則的規定，剝奪政治權利的適用方式有以下幾種：

①應當附加適用。即人民法院沒有選擇裁量的餘地，只能嚴格依法在適用主刑的同時附加適用剝奪政治權利。根據中國刑法第五十六條、第五十七條的規定，對危害國家安全的犯罪分子和被判處死刑、無期徒刑的犯罪分子應當附加剝奪政治權利。

②可以附加適用。即人民法院可以根據案件的具體情況確定是否適用附加剝奪政治權利。例如，對於故意殺人、強姦、放火、爆炸、投毒、搶劫等嚴重破壞社會秩序的犯罪分子可以附加剝奪政治權利。對故意傷害、盜竊等其他嚴重破壞社會秩序的犯罪，犯罪分子主觀惡性較深、犯罪情節惡劣、罪行嚴重的，也可以附加剝奪政治權利。

③獨立適用。即剝奪政治權利與有關主刑相並列供選擇適用，一旦選擇適用剝奪政治權利，就不能再適用主刑。例如，煽動分裂國家、破壞國家統一的，處5年以下有期徒刑、拘役、管制或者剝奪政治權利。在這裡，剝奪政治權利是與有期徒刑、拘

役、管制三種主刑相並列的供選擇的刑罰方法，對其只能獨立適用。

(4) 剝奪政治權利的期限與執行

剝奪政治權利的期限分為以下四種情況：

①被判處死刑、無期徒刑的犯罪分子，應當剝奪政治權利終身。

②在死刑緩期執行減為有期徒刑或者無期徒刑減為有期徒刑的時候，應當將附加剝奪政治權利的期限改為3年以上10年以下。

③獨立適用或者判處有期徒刑、拘役附加剝奪政治權利的期限為1年以上5年以下。

④判處管制附加剝奪政治權利的期限與管制的期限相同。

剝奪政治權利的期限計算分為以下四種情況：

①判處管制附加剝奪政治權利的，剝奪政治權利的期限與管制的期限同時起算，同時執行。

②被判處有期徒刑、拘役附加剝奪政治權利的，剝奪政治權利的期限，從主刑執行完畢之日或者假釋之日起計算。剝奪政治權利的效力當然及於主刑執行期間。

③死刑緩期執行減為有期徒刑或者無期徒刑減為有期徒刑，附加剝奪政治權利的期限改為3年以上10年以下，其刑期應當從減刑后的有期徒刑執行完畢之日或者假釋之日起計算。犯罪分子在執行有期徒刑期間，當然也不享有政治權利。

④獨立適用剝奪政治權利的期限的起算，應從判決執行之日起計算。

3. 沒收財產

(1) 沒收財產的概念

沒收財產是將犯罪分子個人所有財產的一部或者全部強制無償地收歸國有的刑罰方法。

沒收財產與追繳犯罪所得的財物、沒收違禁品和供犯罪使用的物品不同。中國刑法第六十四條規定：「犯罪分子違法所得的一切財物，應當予以追繳或者責令退賠；對被害人的合法財產，應當及時返還；違禁品和供犯罪所用的本人財物，應當予以沒收。」犯罪分子犯罪所得財物，本來屬於國家或者他人所有，理應予以追繳或者責令退賠，這是使受損失的公私財物恢復原狀。犯罪所涉及的違禁品，是國家法律禁止個人非法所有的物品，當然應予沒收，這是一種行政性強制措施。供犯罪使用的財物，具有訴訟證據的作用，沒收這些財物是刑事訴訟的需要。而沒收財產是一種刑罰方法，適用對象只能是犯罪人合法所有的財產。

(2) 沒收財產的適用對象

沒收財產的適用對象包括兩類罪犯：一類是危害國家安全的犯罪分子，另一類是經濟犯罪和貪利性犯罪。

(3) 沒收財產的範圍

沒收財產是沒收犯罪分子個人所有財產的一部分或全部。沒收全部財產的，應當對犯罪分子個人及其扶養的家屬保留必需的生活費用。在沒收財產的時候，不得沒收屬於犯罪分子家屬所有或者應有的財產。

（4）沒收財產的債務償還

以沒收的財產償還債務的，必須具備三個條件：第一，必須是犯罪人在沒收財產以前所負的債務，沒收財產以后所負的債務，不能以沒收的財產償還；第二，必須是犯罪人所負的正當債務；第三，必須由債權人提出償還的請求。

當然，如果犯罪分子的財產被沒收後還有其他財產可償還債務的，就不能以沒收的財產償還。

（5）沒收財產的執行

沒收財產一般由人民法院執行，在必要的時候可以會同公安機關執行。應說明的是，即使沒收財產已經執行完畢，如果發現沒收的財產中有被犯罪分子非法佔有的公民個人的財產，經權利人請求，應當返還給所有人或合法佔有人。

4. 驅逐出境

驅逐出境包括刑法上的驅逐出境和行政法上的驅逐出境；前者是刑罰方法，後者是行政法裁。刑法上的驅除出境是指將犯罪的外國人強制驅除出中國境內的一種刑罰方法。驅逐出境適用於犯罪的外國人和無國籍人。驅逐出境既可以獨立適用，也可以附加適用。附加適用時，應當將主刑已經執行完畢的外國人或無國籍人驅逐出中國國境。

第十五章 刑罰裁量與刑罰裁量制度

第一節 刑罰裁量概述

一、刑罰裁量的概念

刑罰裁量簡稱量刑,是指人民法院根據犯罪分子所犯罪行和責任的輕重,依法決定對犯罪分子是否判處刑罰、判處何種刑罰、刑度或所判刑罰是否立即執行的審判活動。量刑的前提是定罪,量刑與定罪一起構成刑事審判活動的兩個環節。

量刑具有以下特徵:

(1) 量刑的主體是人民法院。刑事審判權專屬於人民法院,其他任何機關、團體或個人都沒有量刑權。同時,基層人民法院只能裁量除無期徒刑和死刑以外的刑罰,無期徒刑和死刑只能由中級以上人民法院予以裁量。

(2) 量刑的性質是刑事審判活動。

(3) 量刑的基礎是定罪。

(4) 量刑的內容是確定與刑罰相關的問題。量刑的內容就是確定是否判處刑罰、判處何種刑罰、判處多重的刑罰以及所判的刑罰是立即執行還是緩期執行等問題。

二、裁量刑罰的原則

中國刑法第六十一條確定了量刑原則的內容。該條規定:「對於犯罪分子決定刑罰的時候,應當根據犯罪的事實、犯罪的性質、情節和對於社會的危害程度,依照本法的有關規定判處。」根據上述規定,可以將量刑的原則概括為以犯罪事實為根據、以刑法規定為準繩。

三、刑罰量刑情節

(一) 量刑情節的概念

刑罰裁量情節也叫量刑情節,是審判機關在對犯罪人決定刑罰適用和刑罰輕重時必須考慮的各種情節。

(二) 量刑情節的分類

1. 法定情節與酌定情節

法定情節,是指刑法明文規定在量刑時應當予以考慮的情節。中國刑法規定的法

定量刑情節包括從重、從輕、減輕和免除處罰的情節。比如，刑法第六十七條、六十八條規定，對於自首和立功的，可以從輕或者減輕處罰。

酌定量刑情節，是指刑法未作明文規定，僅僅是根據刑事立法精神和有關刑事政策，由人民法院從審判經驗中總結出來的，在刑罰裁量時應當靈活掌握、酌情適用的情節。比如，對於盜竊犯積極退贓的，雖然刑法沒有明文規定要從寬處罰，但審判實踐一般都認為這是酌定從寬的量刑情節，相比無法退贓和不退贓的，積極退贓在量刑時往往從寬。

2. 從寬情節與從嚴情節

以情節是否對行為人量刑有利，可以將量刑情節分為從寬情節與從嚴情節。

從寬情節，是指對犯罪人的量刑結果具有從寬作用或者會使犯罪人受到從寬處罰的情節。從嚴情節只對犯罪人的量刑結果具有從嚴作用或者會使犯罪人受到從嚴處罰的情節。

根據中國刑法的規定，從寬情節包括從輕處罰、減輕處罰和免除處罰情節；從嚴情節則只有從重處罰情節。

第二節　累犯

一、累犯的概念

累犯，是指因犯罪而受過一定的刑罰處罰，刑罰執行完畢或者赦免以後，在法定期限內又犯一定之罪的犯罪人。

二、累犯的分類與成立條件

(一) 一般累犯的概念與成立條件

一般累犯，是指因故意犯罪被判處有期徒刑以上刑罰並在刑罰執行完畢或者赦免以后 5 年內又犯應當判處有期徒刑以上刑罰之故意犯罪的犯罪人。

一般累犯的成立條件是：

（1）前罪與后罪都必須是故意犯罪。如果行為人實施的前后罪均為過失犯罪，或者前后罪其中之一是過失犯罪，則不能構成一般累犯。

（2）前罪被判處有期徒刑以上刑罰，后罪應當被判處有期徒刑以上刑罰。如果前罪所判處的刑罰和后罪應當判處的刑罰均低於有期徒刑，或者其中之一低於有期徒刑，則不構成累犯。

（3）后罪發生在前罪的刑罰執行完畢或者赦免以后 5 年之內。這是構成累犯的時間條件。所謂刑罰執行完畢，是指主刑執行完畢 5 年內又犯新罪，即使附加刑仍未執行完畢，也不影響刑罰執行完畢的成立。假釋是有條件地提前將犯罪人釋放。在假釋考驗期內又犯新罪，不構成累犯，而應在撤銷假釋之后，適用數罪並罰。被假釋的犯罪人在假釋考驗期滿 5 年以內又實施新的故意犯罪的，則構成累犯。被判處有期徒刑

宣告緩刑的犯罪人，如果在緩刑考驗期滿后又犯罪，不構成累犯。因為緩刑是附條件的不執行刑罰，考驗期滿原判的刑罰不再執行，而不是刑罰已經執行完畢，不符合累犯的構成條件。被判處有期徒刑宣告緩刑的犯罪人在緩刑考驗期內又實施新的故意犯罪，也不構成累犯，因為前罪不存在執行刑罰的問題。對這種情況應當在撤銷緩刑之后，適用數罪並罰。

(二) 特別累犯的概念與成立條件

特別累犯，是指因犯危害國家安全罪而受過刑罰處罰，在刑罰執行完畢或者赦免以后，在任何時候再犯危害國家安全罪的犯罪人。

特別累犯的成立條件是：

(1) 前罪與后罪均為危害國家安全罪。

(2) 前罪被判處的刑罰和后罪應判處的刑罰的種類及其輕重不受限制。即使前后兩罪或者其中之一被判處或者應當被判處管制、拘役或者單處某種附加刑，也不影響特別累犯的構成。

(3) 前罪的刑罰執行完畢或者赦免以后，任何時候再犯危害國家安全罪，都構成特別累犯。

三、累犯的刑事責任

根據中國刑法第六十五條第一款的規定，對累犯應當從重處罰。在具體適用時應注意如下幾個問題：第一，對於累犯必須從重處罰；第二，對於累犯應當比照不構成累犯的初犯或其他犯罪人從重處罰；第三，對於累犯從重處罰，必須根據其所實施的犯罪行為的性質、情節和社會危害程度，確定具體應判處的刑罰，不要毫無事實根據地對累犯一律判處法定最高刑。

第三節　自首和立功

一、自首

(一) 自首的概念

自首是指犯罪分子犯罪以后自動投案，如實供述自己的罪行的行為，或者被採取強制措施的犯罪嫌疑人、被告人和正在服刑的罪犯，如實供述司法機關還未掌握的本人其他罪行的行為。

(二) 自首的種類

自首分為一般自首和特別自首兩種。

1. 一般自首的概念和成立條件

一般自首，又稱普通自首，是指犯罪分子犯罪以后自動投案，如實供述自己罪行的行為。其成立條件如下：

（1）自動投案。自動投案，是指犯罪分子在犯罪之後，在未受到訊問、未被施以強制措施之前，出於本人的意志而向有關機關或個人承認自己實施了犯罪，並自願置於有關機關或個人的控製之下，等待進一步交代犯罪事實的行為。

（2）如實供述自己的罪行。如實供述自己的罪行，是指犯罪嫌疑人自動投案後，如實交代自己的主要犯罪事實。投案人供述的必須是自己的犯罪事實，即由自己實施，並由自己承擔刑事責任的罪行，而不是他人的罪行。供述他人罪行的，按照立功處理。

犯罪分子供述了主要或基本的犯罪事實的，即視為如實供述自己的罪行。共同犯罪中的犯罪分子，除了供述自己的罪行，還應當供述所知道的同案犯，主犯應當供述所知其他同案犯的共同犯罪事實，否則就不能認定為自首。

一人犯數罪時，如果犯罪分子只供述了一部分罪行，則僅這一罪具有自首情節。

犯罪嫌疑人自動投案並如實供述自己的罪行后又翻供的，不能認定為自首；但在一審判決前又能如實供述的，應當認定為自首。犯罪嫌疑人自動投案、如實交代罪行后為自己進行無罪或者罪輕辯解的，不影響自首的成立。

2. 特別自首的概念和成立條件

特別自首，又稱準自首，根據中國刑法第六十七條第二款的規定，是指被採取強制措施的犯罪嫌疑人、被告人或者正在服刑的罪犯，如實供述司法機關還未掌握的本人其他罪行的行為。其成立條件如下：

（1）主體是被採取強制措施的犯罪嫌疑人、被告人或者正在執行刑罰的罪犯。

（2）如實地供述司法機關尚未掌握的本人的其他罪行。

（三）自首和坦白的關係

坦白是指犯罪分子被動歸案之后，自己如實交代被指控的犯罪事實的行為。

自首與坦白的相同之處是：

（1）兩者均以自己實施了犯罪行為為前提。

（2）兩者都是犯罪人犯罪之后對自己所犯罪行的主觀心理態度的外在表現形式。

（3）兩者都是在歸案之后如實交代自己的犯罪事實。

（4）兩者都是從寬處罰的情節。

自首和坦白的區別主要有：

（1）自首是犯罪人自動投案，坦白則是犯罪人被動歸案。

（2）自首所交代的既可以是已被發覺的罪行，也可以是尚未被發覺的罪行。如果是犯罪嫌疑人、被告人和正在服刑的罪犯的自首，則交代的必須是被指控的罪行以外的罪行；而坦白所交代的則只限於已被發覺、被指控的罪行。

（3）自首的犯罪分子供述自己罪行時的態度是主動的，而坦白的犯罪分子供述自己的罪行時的態度是被動的。

（4）自首的人身危險性相對較輕，坦白的人身危險性相對較重。

（5）自首是法定的從寬處罰情節，而坦白只是酌定的從寬處罰情節，並且在一般情況下，自首比坦白的從寬處罰幅度要大。

（四）自首的法律后果

對於自首的犯罪人應根據不同情況分別給予不同的處罰：

（1）犯罪以后自首的，不論罪行輕重，都可以從輕或者減輕處罰。這是中國刑法對犯罪以后自首的犯罪人從寬處罰的原則性規定。

（2）犯罪較輕而自首的，可以免除處罰。刑法理論上一般認為，應以處3年以下有期徒刑的刑罰作為犯罪較輕的標準。

（3）犯罪后自首又有重大立功表現的，應當減輕或者免除處罰。

二、立功

(一) 立功的概念和成立條件

立功，是指犯罪分子揭發他人犯罪行為，查證屬實，或者提供重要線索，從而得以偵破其他案件，以及其他對國家和社會有突出貢獻的行為。

立功成立應具備以下條件：

（1）主體必須是實施了犯罪的人。

（2）立功的時間為犯罪后刑罰執行完畢前。

（3）立功的內容真實有效。

立功分為一般立功和重大立功兩種。一般立功與重大立功的直接法律后果是依法受到的從寬處罰程度有所不同。

(二) 立功的法律后果

對犯罪后具有立功表現的犯罪分子，根據不同情況予以不同的從寬處罰：

（1）犯罪分子有一般立功表現的，可以從輕或者減輕處罰。

（2）犯罪分子有重大立功表現的，可以減輕或者免除處罰。

（3）犯罪分子自首並且有重大立功表現的，應當減輕或者免除處罰。

第四節　數罪並罰

一、數罪並罰的概念和特徵

數罪並罰，是指人民法院對一人所犯數罪分別定罪量刑，並根據法律規定的原則和方法，決定應當執行的刑罰。據此，數罪並罰具有以下特徵：

（1）一人犯數罪。

（2）所犯數罪發生在法定的時間界限內。具體的時間分為三種情形：一是判決宣告前一人犯數罪；二是判決宣告以后，刑罰執行完畢以前，發現被判刑的犯罪分子還有其他罪沒有判決的；三是判決宣告后，刑罰執行完畢以前，被判刑的犯罪分子又犯有新的罪行，以及被宣告緩刑或者假釋的犯罪分子在緩刑或者假釋考驗期內又犯有新罪或發現漏罪。

（3）在對數罪分別定罪量刑后，依照法定的並罰原則和方法，決定應當執行的刑罰。

二、數罪並罰的原則

(一) 數罪並罰原則概覽

（1）並科原則，亦稱相加原則，是指將一人所犯數罪分別宣告的刑期簡單相加、合併執行，或者對所判處的不同刑種分別執行的處罰原則。

（2）吸收原則，是指對一人所犯數罪採用重罪之刑吸收輕罪之刑的合併處罰原則。即由最重的宣告刑吸收其他較輕的宣告刑，僅以最重的宣告刑作為執行刑罰，其餘較輕的刑罰因被吸收而不再執行的合併處罰原則。

（3）限制加重原則，是指對一人所犯數罪分別定罪量刑，然后以數罪中的最高刑為基礎，再加重一定的刑罰作為執行的刑罰，或者在數刑的最高刑期以上，數刑的合併刑期以下，依法酌情決定執行的刑罰。

（4）折中原則，亦稱混合原則，即根據不同情況以某一併罰原則為主，兼採用其他原則。

目前除極少數國家單純採用某一種原則外，世界上絕大多數國家均採用折中的原則。

(二) 中國刑法中數罪並罰原則的適用

中國刑法第六十九條規定：「判決宣告以前一人犯數罪的，除判處死刑和無期徒刑的以外，應當在總和刑期以下、數刑中最高刑期以上，酌情決定執行的刑期，但是，管制最高不能超過3年，拘役最高不能超過1年，有期徒刑總和刑期不滿35年的，最高不能超過20年，總和刑期在35五年以上的，最高不能超過25年。如果數罪中有判處附加刑的，附加刑仍須執行。」據此，中國刑法採取的是混合原則，即以限制加重為主，兼採吸收原則和並科原則。

三、數罪並罰的適用

(一) 判決宣告以前一人犯數罪的並罰

判決宣告以前一人犯數罪，並且數罪均已被發現時，根據中國刑法第六十九條規定的上述數罪並罰原則予以並罰。

(二) 判決宣告以后，刑罰執行完畢以前，發現漏罪的並罰

中國刑法第七十條規定：「判決宣告以后，刑罰執行完畢以前，發現被判刑的犯罪分子在判決宣告以前還有其他罪沒有判決的，應當對新發現的罪作出判決，把前後兩個判決所判處的刑罰，依照本法第六十九條的規定，決定執行的刑罰。已經執行的刑期，應當計算在新判決決定的刑期以內。」

這種數罪並罰的條件是：其一，一人所犯數罪均發生在原判決宣告以前；其二，原判決只對其中部分犯罪作了判決，對另一部分犯罪沒有判決；其三，不管漏罪即新發現的罪與原判決的罪犯罪性質是否相同，均應並罰。

這種數罪並罰的方法是：將新發現的漏罪定罪量刑，依照中國刑法第六十九條規定的原則與原判決的刑罰實行並罰。在計算刑期時，應當將已經執行的刑期，計算在

新判決決定的刑期之內。即前一判決已經執行的刑期，應當從前后兩個判決所判處的刑罰合併而決定執行的刑期中扣除。這種刑期計算方法，稱為「先並后減」。

(三) 刑罰執行完畢以前又犯新罪的並罰

中國刑法第七十一條規定：「判決宣告以後，刑罰執行完畢以前，被判刑的犯罪分子又犯罪的，應當對新犯的罪作出判決，把前罪沒有執行的刑罰和后罪所判處的刑罰，依照本法第六十九條的規定，決定執行的刑罰。」

此種數罪並罰定罪量刑的方法是：對所犯的新罪不管其罪數如何，也不管新罪是否與原判之罪屬於同種性質的犯罪，都應單獨定罪量刑。對新犯的罪作出判決，把前罪沒有執行的刑罰和后罪所判處的刑罰，依照中國刑法第六十九條的規定進行並罰。

換句話說，首先應從前罪判決決定執行的刑罰中減去已經執行的刑罰，然后將前罪未執行的刑罰與后罪所判處的刑罰並罰。這種刑期計算方法稱為「先減后並」。

第五節　緩刑

一、緩刑的概念和類型

緩刑，即暫緩執行刑罰，是對原判刑罰附條件不予執行或者對原判犯罪不以犯罪論處的制度。中國刑法中的緩刑分為一般緩刑和戰時緩刑兩種。

一般緩刑，是指對於被判處拘役、3 年以下有期徒刑的犯罪分子，根據其犯罪情節和悔罪表現，認為暫緩執行原判刑罰，確實不致再危害社會的，規定一定的考驗期，暫緩其刑罰的執行，如果被緩刑的犯罪分子在考驗期內沒有發生法律規定應當撤銷緩刑的事由，原判刑罰就不再執行的制度。

戰時緩刑，是指在戰時，對被判處 3 年以下有期徒刑沒有現實危險的犯罪軍人，暫緩其刑罰執行，允許其戴罪立功，確有立功表現時，可以撤銷原判刑罰，不以犯罪論處的制度。

二、緩刑的適用

(一) 緩刑的適用條件

根據中國刑法第七十二條、第七十四條的規定，緩刑的適用須具備以下條件：

(1) 適用的對象是被判處拘役或者 3 年以下有期徒刑刑罰的犯罪分子。

(2) 犯罪分子必須不是累犯。即使累犯被判處拘役或者 3 年以下有期徒刑，也不能適用緩刑。

(3) 根據犯罪分子的犯罪情節和悔罪表現，認為適用緩刑確實不致再危害社會。

(二) 緩刑考驗期

根據中國刑法第七十三條的規定，拘役的緩刑考驗期為原判刑期以上 1 年以下，但是不能少於 2 個月。有期徒刑的緩刑考驗期為原判刑期以上 5 年以下，但是不能少

於1年。緩刑考驗期從判決確定之日起計算。判決確定之日，是指判決發生法律效力之日。一審判決后，被告人未上訴，檢察機關也未提出抗訴的，從判決之日起經過10日生效。對於上訴或者抗訴的案件，二審宣告之日即為判決確定之日。

(三) 緩刑考驗期內的考察內容

根據中國刑法第七十五條的規定，被宣告緩刑的犯罪分子應當遵守下列內容：其一，遵守法律、行政法規，服從監督；其二，按照考察機關的規定報告自己的活動情況；其三，遵守考察機關關於會客的規定；其四，離開所居住的市、縣或者遷居，應當報經考察機關批准。

在緩刑考驗期限內，由公安機關考察，所在單位或者基層組織予以配合。

三、緩刑的法律后果

根據中國刑法第七十六條和第七十七條的規定，緩刑的法律后果有以下三種：

(1) 被宣告緩刑的犯罪分子，在緩刑考驗期限內不具有中國刑法第七十七條規定的情形，緩刑考驗期滿，原判的刑罰就不再執行。

(2) 被宣告緩刑的犯罪分子，在緩刑考驗期限內犯新罪或者發現判決宣告以前還有其他罪沒有判決的，應當撤銷緩刑，對新犯的罪或者發現的漏罪作出判決，把前罪和后罪所判處的刑罰，依照中國刑法第六十九條的規定，決定執行的刑罰。

(3) 被宣告緩刑的犯罪分子，在緩刑考驗期限內，違反法律、行政法規或者國務院公安部門有關緩刑的監督管理規定，情節嚴重的，應當撤銷緩刑，執行原判刑罰。

此外，緩刑的效力不及於附加刑。即附加刑仍須執行。

第十六章　刑罰執行制度

第一節　刑罰執行概述

一、刑罰執行的概念

刑罰執行，是指具有行刑權的國家機關將生效的刑事裁判所確定的刑罰付諸實施的刑事司法活動。[①] 刑罰執行具有以下四個基本特徵：

(一) 刑罰執行的主體是具有行刑權的國家機關

所謂具有行刑權的國家機關，是指法律所授權的執行刑罰的國家機關。在中國，公安機關、人民法院、監獄都是法律規定的刑罰執行機關。其中，公安機關負責管制、拘役、剝奪政治權利的執行；人民法院負責死刑立即執行、罰金、沒收財產的執行；監獄負責有期徒刑、無期徒刑、死刑緩期2年執行的執行。另外，1年以下或者餘刑在1年以下不便送往監獄執行的有期徒刑、人民法院沒有條件執行的死刑立即執行，也可以由公安機關執行。而對於沒收財產，人民法院在必要時可以會同公安機關執行。

(二) 刑罰執行的對象是生效的刑事裁判所確定的犯罪人

首先，受刑人應當是犯罪人，即實施了符合刑法分則所規定的某一具體犯罪構成要件的行為，而不屬於定罪免刑等情形。其次，對受刑人定罪判刑的裁判已經生效。

(三) 刑罰執行的依據是人民法院作出的生效的刑事裁判

依據刑事訴訟法等有關法律，其具體包括以下三種情況：①已過上訴期限沒有上訴、抗訴的刑事判決和裁定；②終審的判決和裁定，包括中級人民法院和高級人民法院二審作出的刑事判決和裁定，以及最高人民法院一審作出的刑事判決和裁定；③最高人民法院核準的死刑判決和高級人民法院核準的死刑緩刑2年執行的判決。

(四) 刑罰執行的內容是將生效的刑事裁判所確定刑罰付諸實施

任何刑罰方法都有特定的內容，法院的判決與裁定進一步將具有特定內容的刑罰具體化。而刑罰執行就是將生效的刑事判決和裁定所確定的刑罰種類及其期限、數量具體付諸實施。

[①] 李潔. 刑法學 [M]. 2版. 北京：中國人民大學出版社，2014：246.

二、刑罰執行的原則

刑罰執行的原則，是指刑罰執行主體在執行刑罰的過程中應當遵循的基本準則。依據中國的刑罰目的和司法實踐，我們認為，刑罰執行應當遵循以下原則：合法性原則、教育性原則、人道主義原則和區別對待原則。

(一) 合法性原則

所謂合法性原則，是指刑罰執行的依據應當依法進行。首先，刑罰執行的主體應當是法律所規定的刑罰執行機關；其次，刑罰執行的依據應當是生效的刑事裁判；再次，刑事執行的內容應當是生效的裁判所確定的刑罰；最後，刑罰執行的程序應當符合刑事訴訟法及相關司法解釋的規定。

(二) 教育性原則

所謂教育性原則，是指刑罰執行應以實現刑罰的目的為根本出發點，採取積極勸導而非強制壓迫的方式對犯罪人及社會公眾進行教育。其主要包括以下兩方面要求：首先，正確使用刑罰。刑罰執行機關只有依法正確地執行刑罰，才能使受刑人認罪服法、積極改造，才能對社會公眾產生威懾與教育作用，從而實現刑罰之一般預防的目的。其次，貫徹刑罰與改造相結合、教育與勞動相結合的原則。目前，依據監獄法的規定，監獄應當根據罪犯的需要，組織罪犯從事生產勞動，對罪犯進行思想教育、文化教育和技術教育；罪犯必須嚴格遵守法律、法規和監獄紀律，服從管理，接受教育，參加勞動。[1]

(三) 人道主義原則

所謂人道主義原則，是指執行刑罰時應尊重罪犯的人格，關心罪犯的實際困難，禁止使用任何殘忍的、不人道的或者有辱人格的刑罰執行方法。在中國，依據現行法律規定，罪犯的人格不受侮辱；罪犯居住的地方應當堅固、通風、透光、清潔、保暖；監獄應當建立醫療機構和生活、衛生設施；罪犯每天的勞動時間不超過8小時；罪犯的人身安全、合法財產和辯護、申訴、控告、檢舉等權利不受侵犯；對受刑人進行毆打或者體罰虐待，情節嚴重的依法構成虐待被監管人員罪。

(四) 區別對待原則

所謂區別對待原則，是指在刑罰執行過程中，應當根據罪犯的犯罪性質及程度、人身危險性、刑法種類、刑法期限、性別、年齡等情況，對罪犯實行分別關押，採取不同的教育方式。

---

[1] 李潔. 刑法學 [M]. 2版. 北京：中國人民大學出版社，2014：247.

第二節　減刑

一、減刑的概念

減刑，是指人民法院對於被判處管制、拘役、有期徒刑、無期徒刑的犯罪分子，因其在刑罰執行期間確有悔改表現或者立功表現，而適當減輕其原判刑罰的制度。其包含兩方面含義：一是刑種的減輕，即將較重的刑種減為較輕的刑種，如將原判無期徒刑減為有期徒刑；二是刑度的減輕，即將較長的刑期減為較短的刑期，如將原判有期徒刑5年減為有期徒刑3年。

減刑不同於減輕處罰。減輕處罰屬於刑罰裁量階段問題，適用對象為判決確定前的未決犯。而減刑屬於刑罰執行階段的問題，適用對象為判決確定以後的已決犯。減刑是在判決確定以后的刑罰執行期間，對於正在服刑的罪犯，依法對其原判刑罰予以適當減輕。[1]

二、減刑的適用條件

(一) 對象條件

減刑適用於被判處管制、拘役、有期徒刑、無期徒刑的罪犯。其適用範圍比緩刑、假釋要廣，且只有刑罰種類的限制，而沒有犯罪性質、罪過形式和刑期長短的限制。

(二) 實質條件

根據中國刑法第七十八條的規定，減刑分為可以減刑和應當減刑兩種。前者是指罪犯在服刑期間認真遵守監規，接受教育改造，確有悔改表現的；或者罪犯在服刑期間有立功表現的。后者是指罪犯在服刑期間有重大立功表現的。由此可見，減刑的實質條件包括以下三種情況：

(1) 悔改表現。所謂悔改表現，是指同時具備以下四方面情形：認罪服法；認真遵守監規，接受教育改造；積極參加政治、文化、技術學習；積極參加勞動，完成生產任務。

(2) 立功表現。所謂立功表現是指具有下列情形之一的：檢舉、揭發監獄內外犯罪活動，或者提供重要破案線索，經查證屬實的；阻止他人犯罪活動的；在生產、科研中進行技術革新，成績突出的；在搶險救災或者排除重大事件中表現積極的；有其他有利於國家和社會的突出事跡的。

(3) 重大立功表現。所謂重大立功表現，是指具有下列情形之一的：阻止他人重大犯罪活動的；檢舉監獄內外重大犯罪活動，經查證屬實的；有發明創造或者重大技術革新的；在日常生產、生活中舍己救人的；在抗御自然災害或者排除重大事故中有突出表現的；對國家和社會有其他重大貢獻的。

---

[1] 李潔. 刑法學 [M]. 2版. 北京：中國人民大學出版社，2014：251.

（三）限度條件

中國刑法第七十八條對不同罪犯實際執行的刑罰作了不同的限制：

（1）判處管制、拘役、有期徒刑的，不能少於原判期刑的 1/2；對於判決前先行羈押的，由於法律規定羈押日期應當折抵刑期，所以這類犯罪分子判決執行前的被羈押時間應當計入實際服刑的刑期之內。

（2）被判處無期徒刑的罪犯，確有悔改表現或者有立功表現的，一般可以減為 18 年以上 20 年以下有期徒刑；有重大立功表現的，可以減為 13~18 年有期徒刑。但經過一次或者幾次減刑，實際執行期不得少於 13 年，此期限應當自無期徒刑判決確定之日起算起，判決前先行羈押的，羈押期限不能與刑期折抵。

（3）對於被判處死緩的累犯以及因故意殺人、強奸、搶劫、綁架、放火、爆炸、投放危險物質或者有組織的暴力性犯罪被判處死緩的罪犯，緩期執行期滿后依法減為無期徒刑的，不能少於 25 年；緩期執行期滿后依法減為有期徒刑的，不能少於 20 年。

（四）時間條件

這裡的時間條件是指減刑適用的起始和間隔時間，即何時可以減刑，可以減刑多少次，每次減少多長時間。對此，有關司法解釋作了如下規定：

（1）被判處無期徒刑的犯罪分子，在刑罰執行期間，如果確有悔改之意或者有立功表現的，服刑 2 年之后可以減刑。

（2）被判處無期徒刑的犯罪分子在刑罰執行期間又犯罪，應被判處有期徒刑以下刑罰的，自新罪判決確定之日一般在 2 年之內不予減刑；對新罪判處無期徒刑的，減刑的起始時間要適當延長。

（3）被判處有期徒刑的犯罪分子，在刑罰執行期間，如果確有悔改表現或者有立功表現的，一般一次減刑不超過 1 年；如果確有悔改並有重大立功表現的，一次減刑不超過 2 年。被判處 10 年以上有期徒刑的罪犯，在刑罰執行期間，有立功表現的，一次減刑不超過 2 年；有重大立功表現的，一次減刑不超過 3 年。

（4）犯罪分子被判處有期徒刑不滿 5 年的，可以比照上述規定，適當縮短起始時間和間隔。確實有重大立功表現的，不受上述起始時間和間隔時間的限制。

三、減刑的適用程序

根據刑法第七十九條的規定，對犯罪分子適用減刑時，應由執行機關向中級以上人民法院提出減刑建議書，人民法院應當組成合議庭進行審理，對於確有悔改表現或者立功表現的，應當裁定予以減刑。具體說來：

（1）對於被判處無期徒刑的罪犯的減刑，應當由犯罪分子所在監獄、未成年犯管教所提出書面意見，經省、自治區、直轄市的司法廳監獄管理機關審核同意后，報請當地高級人民法院審核裁定。

（2）對於被判處有期徒刑的罪犯的減刑，應當由監獄、未成年犯管教所提出書面意見，報請當地中級人民法院審核裁定。

（3）對於被判處 1 年以下有期徒刑或者交付執行時剩餘刑期在 1 年以下有期徒刑

的罪犯的減刑，由看守所提出書面意見，經當地縣級以上公安機關審查同意後，分別報請當地中級人民法院或基層人民法院審核裁定。

（4）對於被判處拘役的犯罪分子的減刑，由拘役所提出書面意見，經當地縣級公安機關審查同意後，報請當地基層人民法院審核裁定。

（5）對於被判處管制的犯罪分子的減刑，由執行管制的公安派出所提出書面意見，經當地縣級公安機關審查同意後，報請當地基層人民法院審核裁定。

第三節　假釋

一、假釋的概念

假釋，是指對於被判處有期徒刑、無期徒刑的罪犯，在刑罰執行一定期限之後，因其認真遵守監規，接受教育改造，確有悔改表現，不致再危害社會，而附條件地予以提前釋放的一種刑罰執行制度。

假釋雖然也是釋放的一種情形，但不同於一般的釋放。假釋是附條件地提前釋放，被假釋的仍有可能收監執行剩餘刑期。而一般的釋放都是無條件的，無論是宣告無罪的釋放，還是刑罰執行完畢而釋放，或者因特赦而釋放，都不存在再執行刑罰的問題。

假釋不同於緩刑。緩刑是附條件地不執行原判刑罰的全部刑期，適用對象是被判處3年以下有期徒刑或者拘役的罪犯，判決的時候同時宣告。而假釋是附條件地不執行原判刑罰的剩餘刑期，不能適用於被判處拘役的罪犯，在執行期間根據一定程序確定。

假釋也不同於減刑。首先，二者的適用對象不同。假釋只適用於被判處有期徒刑、無期徒刑的罪犯，而減刑的適用對象還包括被判處管制或者拘役的罪犯。其次，二者的適用條件不同。假釋的適用要求罪犯確有悔改表現，不致再危害社會，而減刑對於有悔改表現或者立功表現的罪犯均可適用。最后，二者的適用限制不同。假釋只能宣告一次，且有考驗期。而減刑一般沒有次數的限制，也沒有考驗期。[1]

二、假釋的適用條件

（一）對象條件

假釋的適用對象只能是被判處有期徒刑、無期徒刑的罪犯，但對於累犯以及因故意殺人、強奸、搶劫、綁架、放火、爆炸、投放危險物品或者有組織的暴力犯罪被判處10年以上有期徒刑、無期徒刑的罪犯，不得適用假釋。對於被判處死緩的罪犯，減為無期徒刑或有期徒刑後，也可適用假釋。

（二）實質條件

依據中國刑法第八十一條的規定，適用假釋的罪犯在刑罰執行期間必須認真遵守

---

[1] 李潔. 刑法學 [M]. 2版. 北京：中國人民大學出版社，2014：254.

監規，接受教育改造，確有悔改表現，提前釋放不致再危害社會。這裡的「確有悔改表現」與減刑中的「確有悔改表現」的要求一致。「不致再危害社會」的判定主要依據以下兩種情況：一是罪犯在刑罰執行期間必須認真遵守監規，接受教育改造，確有悔改表現，足以判斷對其假釋後不致再危害社會；二是罪犯屬於老弱病殘，並喪失犯罪能力的，但不包括自傷致殘的情形。未成年犯的假釋，在掌握標準上可比照成年罪犯適度放寬，只要他們能認罪服法，遵守監規，積極參加學習、勞動，可視為確有悔改表現。

(三) 限度條件

適用假釋的罪犯必須已經執行了一部分刑罰。具體來說，被判處有期徒刑的罪犯，應當執行原判刑期的 1/2 以上；起始時間，應當從判決執行之日起計算，此前先行羈押的，羈押 1 日折抵刑期 1 日。而對於判處無期徒刑的罪犯的假釋，不存在折抵問題，實際執行 13 年的時間，從判決執行之日起開始計算，判決前先行羈押的日期不能折抵已經執行的刑期。

三、假釋的考驗和撤銷

(一) 假釋的考驗

假釋是對犯罪分子予以有條件地提前釋放，並在一定期限內仍然保持對其繼續執行尚未執行的刑罰的可能性，因此，必須有一個恰當的考驗期限，以便對犯罪分子進行監督改造。根據刑法的規定，對於被判處有期徒刑而適用假釋的罪犯的考驗期限為其沒有執行完畢的刑期，對於被判處無期徒刑而適用假釋的罪犯的考驗期限為 10 年，考驗期限從假釋之日起計算。被宣告假釋的罪犯，在假釋考驗期限內，應做到以下幾點：①遵守法律、行政法規，服從監督；②按照監督機關的規定報告自己的活動情況；③遵守監督機關關於會客的規定；④離開所居住的市、縣或者遷居，應當報經監督機關批准。被假釋的罪犯，在假釋考驗期限內，由公安機關予以監督。如果沒有法定的應當撤銷假釋的情形，假釋考驗期滿，就認為原判刑罰已經執行完畢，並公開予以宣告，剩餘刑罰不再執行。

(二) 假釋的撤銷

根據中國刑法第八十六條的規定，存在下列三種情況之一即應當撤銷假釋：

第一，被假釋的罪犯，在假釋考驗期限內又犯新罪的，只要所犯新罪未超過追訴時效，應當撤銷假釋。

第二，被假釋的罪犯，在假釋考驗期限內被發現漏罪的，只要漏罪沒超過追訴時效，也應當撤銷假釋。

第三，被假釋的罪犯，在假釋考驗期限內有違反法律、行政法規或者國務院公安部門有關假釋的監督管理規定的行為，尚未構成新的犯罪的，應當依照法定程序撤銷假釋，收監執行未執行完畢的刑罰。

四、假釋的適用程序

根據中國刑法第八十二條的規定，對罪犯適用假釋時，應由執行機關向中級以上人民法院提出假釋建議書，人民法院應當組成合議庭進行審理，對於確有悔改表現，提前釋放不致危害社會的，應當裁定予以假釋。同時監獄法和刑事訴訟法對假釋程序也作出了規定：人民法院在收到執行機關的假釋建議書後，應當自收到之日起1個月內作出裁定，特殊情況可以延長1個月，人民檢察院認為人民法院假釋的裁定不當，應當在收到裁定書副本后20日以內，向人民法院提出書面糾正意見，人民法院應當在收到糾正意見後一個月以內重新組成合議庭進行審理，作出最終裁定。

第十七章　刑罰消滅制度

第一節　刑罰消滅概述

一、刑罰消滅的概念與特徵

刑罰消滅是指由於法定的或事實的原因，致使國家刑事司法機關對犯罪人的刑罰權歸於消滅。其具有以下三方面的特徵：

第一，刑罰消滅的前提是行為人的行為構成犯罪，對行為人應當適用或執行刑罰或者正在執行刑罰。換言之，刑罰消滅存在於這樣的情況下，即對犯罪人應當適用刑罰，或者司法機關已經對犯罪人判處刑罰而尚未執行，但依法應當執行，或者犯罪人正處於被執行刑罰的過程中。

第二，刑罰消滅昭示著國家及其司法機關喪失了對犯罪人行使具體的刑罰權。可以說，刑罰的消滅往往意味著部分刑罰權的消滅。完整的刑罰權包括制刑權、求刑權、量刑權和行刑權。例如，對犯罪人應適用刑罰但已過追訴時效時，刑罰消滅意味著求刑權的消滅；在行使過求刑權而犯罪人死亡的情況下，刑罰消滅意味著量刑權的消滅；在對犯罪人適用刑罰的過程中國家宣告特赦時，刑罰消滅意味著行刑權的消滅。[①]

第三，刑罰的消滅是由法定的或事實的原因引起的。引起刑罰消滅的原因可以分為兩個方面：一是法定的原因，即法律規定的引起刑罰權部分消滅的事由，如超過追訴時效；二是事實原因，即某種特定事實的出現自然導致刑罰權的消滅，如正在執行刑罰的犯罪人死亡，使行刑的對象不存在，自然導致刑罰權消滅。

二、刑罰消滅的原因

根據中國法律規定，刑罰消滅的主要法定事由包括以下四個方面：一是超過追訴時效的；二是經特赦免除刑罰的；三是告訴才處理的犯罪，沒有告訴或者撤回告訴的；四是被判處罰金的犯罪人由於遭遇不能抗拒的災禍確有困難的，可以酌情減少或者免除。

下面兩節分別論述時效和赦免這兩種法定刑罰消滅事由。

---

① 李潔. 刑法學 [M]. 2 版. 北京：中國人民大學出版社，2014：260.

第二節　時效

一、時效的概念和定義

刑罰中的時效，是指經過一定的期限，對刑事犯罪不得追訴或者對所判刑罰不得執行的一項法律制度。時效分為追訴時效和行刑時效兩種。

所謂追訴時效，是指依法對犯罪分子追究刑事責任的有效期限。超過這個期限，除法定最高刑為無期徒刑、死刑的，經最高人民法院特別核準必須追訴的以外，都不得再追究犯罪分子的刑事責任；已追究的應當撤銷案件，或者不起訴，或者終止審理。在追訴時效內，司法機關有權追究犯罪人的刑事責任；超過追訴時效，司法機關就無權追究其刑事責任了。

所謂行刑時效，是指法律規定對被判處刑罰的犯罪分子執行刑罰的有效期限。判處刑罰而未執行，超過法定執行期限的，刑罰就不得再執行。在行刑時效內，行刑機關有權執行刑罰；超過行刑時效，行刑機關就無權執行該刑罰了。

中國刑法中只有追訴時效的規定，而無行刑時效的規定。

二、追訴時效

中國刑法中的追訴時效期限的長短是與犯罪行為的社會危害性的大小、刑罰的輕重相適應的。社會危害性越大、法定刑越重的犯罪，追訴期限越長；反之，社會危害性越小、法定刑越輕的犯罪，追訴期限越短。根據中國刑法第八十七條規定，犯罪經過下列期限不再上訴：

（1）法定最高刑為不滿 5 年有期徒刑的，經過 5 年。

（2）法定最高刑為 5 年以上不滿 10 年的有期徒刑的，經過 10 年。

（3）法定最高刑為 10 年以上有期徒刑的，經過 15 年。

（4）法定最高刑為無期徒刑、死刑的，經過 20 年。如果 20 年以后認為必須追訴的，須報給最高人民檢察院核準。

三、追訴期限的計算

中國刑法第八十九條第一款規定：「追訴期限從犯罪之日起計算；犯罪行為有連續或者繼續狀態的，從犯罪行為終了之日起計算。」所謂「犯罪之日」，應理解成犯罪成立之日，即行為符合犯罪構成之日。由於刑法對各種犯罪構成要件規定不同，因而認定「犯罪成立之日」的標準也不同；對行為犯應從犯罪行為實施之日起計算；對結果犯應從犯罪結果發生之日起計算；對結果加重犯應從嚴重結果發生之日起計算；對牽連犯應從重罪形成之日起計算；對預備犯、未遂犯、中止犯，應分別從預備犯罪、犯罪未遂、犯罪中止之日起計算。所謂「犯罪行為有連續或者繼續狀態的」，是指連續犯和繼續犯，其追訴期限應從犯罪行為終了之日起計算。

為了防止某些不思悔改的犯罪分子利用追訴時效制度逃避法律制裁，中國刑法規定了時效中斷和時效延長。

所謂追訴時效中斷，是指在追訴期限內，因發生法律規定的事由，而使以前經過的時效期間歸於無效，法定事由消失後，重新計算追訴期限的制度。中國刑法第八十九條第二款規定：「在追訴期限以內又犯罪的，前罪追訴的期限從犯后罪之日起計算。」根據這一規定，只要犯罪分子在追訴期限以內又犯罪，不論新罪的性質和刑罰輕重如何，前罪所經過的時效期間均歸於無效，即前罪的時效中斷，其追訴期限從犯新罪之日起重新計算。

所謂追訴時效延長，是指在追訴期限內，因發生法律規定的事由，而使對犯罪分子刑事責任的追究，不受追訴期限限制的制度。中國刑法第八十八條規定：「在人民檢察院、公安機關、國家安全機關立案偵查或者在人民法院受理案件以後，逃避偵查或者審判的，不受追訴期限的限制。」「被害人在追訴期限內提出控告，人民法院、人民檢察院、公安機關應當立案而不予立案的，不受追訴期限的限制。」

第三節　赦免

一、赦免的概念

赦免，是指國家對於犯罪分子宣告免予追訴或者免除執行刑罰的全部或者一部分的法律制度。赦免分為大赦和特赦兩種。

所謂大赦，是指國家對不特定多數的罪犯的赦免。這種赦免的效力及於罪與刑兩個方面，即對於被宣布大赦的犯罪，不再認為是犯罪；對於實施這類犯罪行為的人，不再認為是罪犯，因而不再追究其刑事責任；已受罪刑宣告的，宣告歸於無效；已受追訴而未受罪刑宣告的，追訴歸於無效。大赦的適用對象既可能是國家某一時期的各種犯罪人，也可能是國家某一時期犯有特定罪行的罪犯，也可能是某一地區的全體犯罪人，還可能是參與某一事件的所有罪犯。大赦既可以赦免其罪，也可以赦免其刑。

所謂特赦，是指國家對特定的犯罪分子的赦免，即對於受罪刑宣告的特定罪犯免除其刑罰的全部或部分的執行。這種赦免只赦其刑，不赦其罪。

中國1954年憲法對大赦和特赦均作出了規定，並將大赦的決定權賦予全國人民代表大會，將特赦的決定權賦予全國人民代表大會常務委員會，大赦令和特赦令均由國家主席發布。但后來的憲法包括現行的憲法均只規定了特赦，而沒有規定大赦。

二、中國的特赦制度

中國刑法第六十五條、第六十六條提及的赦免均指特赦減免。根據現行憲法，特赦由全國人民代表大會常務委員會決定，由中華人民共和國主席發布特赦令實行。

中國的特赦具有以下特點：

(1) 特赦以一類或幾類犯罪分子為對象，而不是適用於個別的犯罪分子。除1959

年第一次特赦是對戰爭罪犯、反革命罪犯和普通刑事罪犯適用外，其餘6次都是對戰爭罪犯適用。①

（2）特赦對於經過一定時期的關押改造，確已改惡從善的犯罪分子適用。對於未經關押改造或者怙惡不悛的罪犯不適用特赦。

（3）特赦是根據罪犯的罪行輕重和悔改表現，區別對待，或者免除其刑罰中尚未執行的部分，予以釋放，或者減輕其原判的刑罰，而不是免除其全部刑罰。這表明，雖然執行了一定的刑期但沒有改惡從善表現的，不在特赦之列。

（4）特赦是由全國人民代表大會常務委員會決定，由中華人民共和國主席發布特赦令，再由最高人民法院和高級人民法院執行，而不是由罪犯本人及其家屬或者其他公民提出申請而實行。

（5）特赦的效力只是免除執行剩餘的刑罰或者減輕原判刑罰，而不是宣布其罪歸於消滅。

---

① 李潔. 刑法學 [M]. 2版. 北京：中國人民大學出版社，2014：265.

第十八章　刑法各論概述

第一節　刑法各論與刑法總論的關係

　　刑法的體系由總則和分則兩大部分組成。刑法總則對犯罪、刑事責任和刑罰作出一般性規定，刑法分則對各類、各種犯罪的刑事責任和刑罰作出具體規定。與刑法總則和分則相適應，刑法學體系由刑法總論和刑法各論兩大部分組成。刑法各論與刑法總論之間的關係，概言之，是一種密切聯繫、缺一不可、互相作用的關係。

一、刑法各論對刑法總論的意義

　　（1）貫徹與體現刑法總論。刑法總論闡述的是與犯罪、刑事責任和刑罰有關共性的一般原理、原則，較為抽象、概括。這些抽象的原理、原則只是通過刑法各論對具體犯罪的論述，才能得到實際的貫徹和體現。刑法各論的具體犯罪構成，是刑法總論關於犯罪構成一般規定的體現，正是通過刑法各論，才能充分發揮出刑法總論指導定罪量刑的作用。

　　（2）促進刑法總論發揮實踐效應。刑法總論在司法實踐中面對的是具體犯罪的認定和處罰問題。如果這種一般原理、原則不與具體分論相結合，則刑法總論的抽象性，將決定它無法發揮相應作用。[1]

　　（3）豐富刑法總則。刑法總論闡述的是抽象的原理、原則，由於其抽象性，往往給人以空洞的感覺。刑法各論通過對具體犯罪問題的研究，使總論的原理、原則有了深刻的內涵與廣博的外在表現，內容更加豐富。同時，通過刑法各論對具體犯罪問題的研究、探討，也往往會發現刑法總論原理、原則的不足，從而有助於刑法總論的發展與完善。

二、刑法總論對刑法各論的意義

　　（1）對刑法各論的概括。刑法總論可以對刑法各論闡述的各種各樣的具體犯罪問題進行科學的抽象和概括，提煉出有關的原理、原則和共性知識，從而使我們對具體的犯罪問題獲得更高層面的認識。

　　（2）對刑法各論的指導。刑法總論關於犯罪、刑事責任和刑罰的一般原理、原則，抽象、概括於刑法各論關於具體犯罪的理論，因而，也就具有了對罪刑各論各種具體

---

[1]　鄭高鍵. 刑法學 [M]. 北京：科學出版社，2009：184.

犯罪問題研究的指導作用。

（3）對刑法各論的制約。刑法總論對刑法各論的研究也具有一定的規範和約束作用，即刑法各論的研究不能違背總論中得到公認的原理、原則。①

三、研究刑法各論的意義

首先，對刑法各論的學習和研究有助於豐富和加深對刑法總論的理解和把握，能夠深入理解和正確貫徹刑法總則規定的原理、原則；其次，通過學習和研究刑法各論，可以掌握各種具體犯罪的定罪量刑標準，有助於在司法實踐中正確適用刑法；最後，通過刑法各論的學習和研究，可以發現刑事立法關於具體犯罪規定中的缺陷和不足，並提出修改和完善建議，從而有助於刑事立法的改革與健全。

第二節 刑法分則的體系

刑法分則體系，是指刑法分則根據一定的標準和規則，對所規定的各類犯罪及其所包含的各種具體犯罪，按照一定次序排列而形成的有機體。

一、犯罪的分類排列及其依據

中國刑法分則對犯罪採用的是簡明的分類方法，將犯罪共分為10類，其分別是：危害國家安全罪；危害公共安全罪；破壞社會主義市場經濟秩序罪；侵犯公民人身權利、民主權利罪；侵犯財產罪；妨害社會管理秩序罪；危害國防利益罪；貪污賄賂罪；瀆職罪；軍人違反職責罪。

中國刑法分則對犯罪進行分類的標準是犯罪的同類客體；對各類犯罪以及各種具體犯罪的排列標準主要是各類各種犯罪的社會危害程度。

1. 以同類客體為標準對犯罪進行分類

同類客體揭示的是同一類型犯罪在客體方面的共同本質，即一類犯罪不同於其他類型犯罪的危害性質，並在相當程度上反映出各類犯罪不同的危害程度。

2. 以犯罪的危害程度為標準對各類、各種犯罪進行排列

中國刑法分則對各類、各種犯罪，一般主要根據犯罪的危害程度，採取由重到輕的順序依次排列，並使之與犯罪分類法相結合，構建分則體系。首先，類罪的排列一般主要是以社會危害程度的大小進行。刑法分則包括的10類犯罪，就是主要根據個人犯罪的社會危害性的大小，由重到輕依次排列的；其次，各類罪中的具體犯罪也大體上是根據社會危害程度的大小，並適當考慮犯罪與犯罪之間性質是否具有近似性，基本上由重到輕依次進行排列的。②

---

① 鄭高鍵. 刑法學 [M]. 北京：科學出版社，2009：184.
② 鄭高鍵. 刑法學 [M]. 北京：科學出版社，2009：

二、犯罪分類的意義

從刑法立法上講，有助於建立比較科學的刑法分則體系，表明立法者對各種犯罪的歸納、認識水平，並為立法實踐奠定了基礎，同時犯罪的分類和排列也表明立法者對各類和各種具體社會關係進行刑事保護的價值取向，體現了刑法打擊犯罪的重點所在。

從刑事司法上講，有利於司法人員較為準確地認識各類犯罪的一般特徵和各種犯罪的具體特徵，把握各類及各種犯罪的危害程度，正確區分具體犯罪之間的界限，從而對犯罪人能夠準確適用刑罰。①

從刑法理論研究上講，有助於從理論上闡釋和探討各種各類犯罪的立法意圖、構成特徵和社會危害程度，從而正確地解決各類各種犯罪的定罪量刑問題，同時也有利於對類罪和個罪進行深入的專題研究，有助於提高刑法理論的研究水平，為司法實踐正確的定罪量刑提供理論上的指導。

第三節　刑法分則條文的結構

刑法分則條文的基本表現形式是規定具體的犯罪和刑罰，因而，具體條文一般由罪狀和法定刑兩部分組成，同時，由於罪狀與罪名密切相關，因此，對罪狀、罪名以及法定刑的研究、是刑法各論的重要內容。

一、罪狀

罪狀是指刑法分則條文對具體犯罪的基本構成特徵的描述。在刑法理論上通常根據條文對罪狀的描述方式的不同，將罪狀分為4種：敘明罪狀、簡單罪狀、引證罪狀和空白罪狀。根據條文對罪狀描述方式的多寡，可以將罪狀分為單一罪狀和混合罪狀。

1. 敘明罪狀、簡單罪狀、引證罪狀和空白罪狀

（1）敘明罪狀，指條文對具體犯罪的基本構成特徵作了詳細的描述。例如，中國刑法第一百八十二條操縱證券、期貨交易價格罪第一款規定：有下列情形之一，操縱證券、期貨交易價格，獲取不正當利益或者轉嫁風險，情節嚴重的，處5年以下有期徒刑或者拘役，並處或者單處違法所得1倍以上5倍以下罰金：①單獨或者合謀，集中資金優勢、持股優勢或者利用信息優勢聯合或者連續買賣或操縱證券、期貨交易價格的；②與他人串通，以事先約定的時間、價格和方式相互進行證券、期貨交易或者相互買賣並不持有的證券，影響證券、期貨交易價格或者證券期貨交易量的；③以自己為交易對象，進行不轉移證券所有權的自買自賣或以自己為交易對象、自買自賣期貨合約，影響證券、期貨交易價格或者證券、期貨交易量的；④以其他方式操縱證券、期貨交易價格的。對操縱證券、期貨交易價格罪的主觀方面和客觀方面的構成作了詳

---

① 鄭高鍵. 刑法學 [M]. 北京：科學出版社，2009：185.

細的描述，該罪狀即為敘明罪狀。

（2）簡單罪狀，指條文只簡單地規定罪名或者簡單描述犯罪的基本構成特徵。如中國刑法第二百三十二條規定：「故意殺人的，處死刑、無期徒刑或者 10 年以上有期徒刑，情節較輕的，處 3 年以上 10 年以下有期徒刑。」這裡只描述了故意殺人罪的主觀方面和客觀方面特徵，因而該罪狀是簡單罪狀。

（3）引證罪狀，指引用同一法律中的其他條款來說明和確定某一犯罪構成的特徵。例如中國刑法第一百二十四條第一款規定了破壞廣播電視設施、公用電信設施罪的罪狀和法定刑，其第二款規定：「過失犯前款罪的，處 3 年以上 7 年以下有期徒刑；情節較輕的，處 3 年以下有期徒刑或者拘役。」該款罪的特徵就是要引用第一款規定的罪狀，來說明和確定過失損毀廣播電視設施、公用電信設施罪的罪狀。採用引證罪狀，是為了避免條款之間文字上的重複。

（4）空白罪狀，指條文不直接具體規定某一犯罪的構成特徵，但指明了確定該罪構成特徵時需要參照的其他法律、法規。例如，中國刑法第三百四十條規定：「違反保護水產資源法規，在禁漁區、禁漁期或者使用禁用的工具、方法捕撈水產品，情節嚴重的，處 3 年以下有期徒刑、拘役、管制或者罰金。」採用空白罪狀，是因為有關法律、法規的規定往往內容較多，而刑法條文上又難以對其特徵作出具體表述。

2. 單一罪狀和混合罪狀

（1）單一罪狀，指條文同時採用簡單罪狀、敘明罪狀、引證罪狀、空白罪狀中的一種方式對犯罪的基本構成特徵進行描述。分則條文中的絕大多數罪狀，屬於簡單罪狀。

（2）混合罪狀，指條文同時採用簡單罪狀、敘明罪狀、引證罪狀、空白罪狀其中的兩種方式對犯罪的基本構成特徵進行描述。例如，中國刑法第三百三十八條規定：「違反國家規定，向土地、水體、大氣排放、傾倒或者處置有放射性的廢物、含傳染病病原體的廢物、有毒物質或者其他危險廢物，造成重大環境污染事故，致使公私財產遭受重大損失或者人身傷亡的嚴重后果的，處 3 年以下有期徒刑或者拘役，並處或者單處罰金；后果特別嚴重的，處 3 年以上 7 年以下有期徒刑，並處罰金。」在該罪狀中「違反國家規定」屬於空白罪狀，指出確定重大環境污染事故罪的構成需要參照國家規定的有關法規，后半段的規定則屬於敘明罪狀，詳細描述了構成重大環境污染事故罪的特定環境、對象、行為方式以及后果的要件。採用混合罪狀方式是由某些犯罪的特殊性決定的。刑法分則條文中的混合罪狀不多。[1]

二、罪名

罪名，有廣義和狹義之分。廣義的罪名包括類罪名，狹義的罪名僅指具體罪名。這裡講的是狹義的罪名。

（一）罪名的概念

罪名，是對犯罪本質特徵或者主要特徵的高度概括。正確規定和使用罪名，對於

---

[1] 鄭高鍵. 刑法學 [M]. 北京：科學出版社，2009：187.

準確區分罪與非罪、此罪與彼罪的界限，正確地定罪和量刑，都具有重要的意義。

(二) 罪名的分類

根據不同的標準，可以將罪名劃分為以下一些種類：

1. 根據罪名是否具有法律效應，可將罪名分為立法罪名、司法罪名、學理罪名

(1) 立法罪名，是指立法機關在刑法分則條文中明確規定的罪名。立法罪名具有普遍的法律效力，司法實踐不能對有關犯罪使用與立法罪名不同的罪名。

(2) 司法罪名，是指最高司法機關通過司法解釋所確定的罪名，如最高人民法院於 1997 年 12 月 9 日發布的《關於執行〈中華人民共和國刑法〉確定罪名的規定》所規定的罪名即為司法罪名。司法罪名對司法機關辦理刑事案件具有法律約束力。

(3) 學理罪名，是指理論上根據刑法分則條文規定的內容，對犯罪所概括出的罪名。學理罪名沒有法律效力，但對司法實踐具有指導和參考作用。

2. 根據條文罪名包含構成內容數量上的單復，可將罪名分為單一罪名和選擇罪名

(1) 單一罪名，是指罪狀包含的犯罪構成的具體內容單一的罪名，如故意殺人罪、故意傷害罪等。

(2) 選擇罪名，是指因罪狀所包含的犯罪構成的具體內容比較複雜，罪名形式上表現為並列特點的罪名。選擇罪名可以統一使用，也可以根據具體的犯罪行為分解使用，如中國刑法第二百九十四條規定的組織、領導、參加黑社會組織罪等。

3. 以罪名在刑法中是否確定不變為標準，可將罪名分為確定罪名與不確定罪名

(1) 確定罪名，是指在任何情況下都不能改變的罪名。如刑法規定的故意殺人罪、故意傷害罪等，無論案件的具體情況如何，都必須使用該罪名。

(2) 不確定罪名，是指可以根據案件的具體情況使用不同名稱的罪名，中國現行刑法中沒有不確定罪名。

三、法定刑

法定刑，是指刑法分則條文對具體犯罪所確定的適用刑罰的種類和刑罰幅度，刑罰的種類通常稱為刑種，刑罰幅度通常稱為刑度。法定刑是刑法分則條文重要的組成部分，是審判機關對犯罪人適用刑法的依據。對犯罪人判處刑罰時，除其具備法定的減輕情節外，必須在法定刑的範圍內進行。因此，研究法定刑問題對正確的量刑具有重要的意義。[①]

法定刑不同於宣告刑。法定刑是立法機關針對具體犯罪的性質和危害程度所制定的量刑標準，它著眼於該罪的共性；宣告刑是法定刑的實際應用，是審判機關對具體犯罪案件中的犯罪人依法判處並宣告的應當實際執行的刑罰，它著眼於具體犯罪案件及犯罪人的特殊性。

根據立法實踐，在刑法理論上通常根據法定刑的刑種、刑度是否確定為標準，將法定刑分為三種形式：絕對確定的法定刑、絕對不確定的法定刑和相對確定的法定刑。

---

① 鄭高鍵. 刑法學 [M]. 北京：科學出版社，2009：188.

（1）絕對確定的法定刑，是指在條文中對某種犯罪或某種犯罪的某種情形只規定單一、固定、無量刑幅度的刑種和刑度的法定刑。絕對確定的法定刑雖然單一、便於操作，但是使法官不能根據具體情況對犯罪人判處輕重適當的刑法，不利於收到良好的刑罰效果。

（2）絕對不確定的法定刑，是指在條文中對某種犯罪不規定具體的刑種和刑度，具體如何處罰完全由法官掌握。絕對不確定的法定刑，由於沒有統一的量刑標準，不能使罪責刑相適應原則得到貫徹。

（3）相對確定的法定刑，是指分則條文對某種犯罪規定了相對具體的刑種和刑度，即既有刑法的限度，也有一定的自由裁量餘地。該種形式的法定刑克服了前兩種形式的法定刑的弊端，便於法官在保證司法統一的基礎上，根據具體案情和犯罪人的具體情況，在法定刑的刑度內選擇適當的刑種和刑期，有利於刑法目的的實現，因而這種法定刑被世界各國刑法廣泛採用。

中國現行刑法分則中沒有絕對不確定的法定刑，但存在著少量的絕對確定的法定刑。例如，中國刑法第二百三十九條第一款后半段規定「致使被綁架人死亡或者殺害被綁架的人，處死刑，並處沒收財產」。這就是絕對確定的法定刑，但這類法定刑在中國刑法中比較少。

第十九章　危害國家安全罪

第一節　危害國家安全罪概述

一、危害國家安全罪的概念和特徵

危害國家安全罪是指故意危害中華人民共和國的主權、領土完整與安全，顛覆國家政權，推翻社會主義制度，依法應受刑罰處罰的行為。本類犯罪具有如下構成特徵：

（1）本類犯罪侵犯的客體是國家的安全。所謂國家的安全，是指中國主權、領土完整和安全以及人民民主專政的政權和社會主義制度的安全。

（2）本類犯罪在客觀方面表現為危害國家安全的行為，具體指危害中國主權、領土完整與安全以及人民民主專政的政權和社會主義制度的行為。本類犯罪在行為方式上既可是作為，也可是不作為。

（3）本類犯罪的主體多數為一般主體，無論是中國公民、外國公民或無國籍人，無論是有特定身分者還是無特定身分者，均可構成。但少數犯罪要求是特殊主體。如背叛國家罪、投敵叛變罪的主體只限於中國公民；叛逃罪必須由國家機關工作人員和掌管秘密的其他國家工作人員構成。

（4）本類犯罪的主觀方面是故意，且絕大多數是直接故意，即明知自己的行為會發生危害中華人民共和國國家安全的后果，並且希望這種結果發生。少數犯罪既可以直接故意，也可以是間接故意。

二、危害國家安全罪的共性問題

（1）犯危害國家安全罪必須被附加剝奪政治權利。如單獨判處剝奪政治權利的，則不再附加。

（2）犯危害國家安全罪，可以並處沒收財產。

（3）煽動分裂國家罪、煽動顛覆國家政權罪是煽動型犯罪，其作用相當於教唆，但法律明文規定為獨立的犯罪，不作為共同犯罪處理。

（4）資助危害國家安全犯罪活動罪是對危害國家安全犯罪活動的幫助，但也作為單獨犯罪處理。[①]

[①] 鄭高鍵. 刑法學 [M]. 北京：科學出版社，2009：191.

三、危害國家安全罪的種類

根據中國刑法分則第一章的規定,危害國家安全罪共有 12 種罪名。本章所說的犯罪具體可以分為三類:危害國家、顛覆政權的犯罪;叛變、叛逃的犯罪;間諜、資敵的犯罪。

第二節　重點罪名論述

一、危害國家、顛覆政權的犯罪

(一) 背叛國家罪

背叛國家罪,是指勾結外國或者境外機構、組織、個人,危害國家主權、領土完整和安全,依法應受刑罰處罰的行為。本罪侵犯的客體是國家的主權、領土完整和安全;本罪的客觀方面表現為勾結外國或者境外機構、組織、個人,危害國家主權、領土完整和安全。「勾結」和「危害」兩個方面必須同時具備,才能構成本罪;本罪的主體只能是中國公民,而且一般是位居黨政軍較高職位、握有實權或在社會上有一定政治影響力的人;本罪的主觀方面是故意,並且具有危害中華人民共和國主權、領土完整和安全的目的。

根據中國刑法第一百零二條、第一百零三條第一款規定,犯本罪的,處無期徒刑或者 10 年以上有期徒刑;對國家和人民危害特別嚴重,情節特別惡劣的,可以判處死刑。根據中國刑法第五十六條、第一百一十三條第二款的規定,犯本罪的,應當附加剝奪政治權利,可以並處沒收財產。

(二) 分裂國家罪

分裂國家罪,是指組織、策劃、實施分裂國家、破壞國家統一,依法應受刑罰處罰的行為。本罪是行為犯,只要行為人實施了組織、策劃、實施分裂國家、破壞國家統一的行為,就可以構成本罪的既遂,而不要求發生實際的危害結果。本罪的主體是一般主體,凡已滿 16 周歲且具有刑事責任能力的人均能構成本罪的主體,包括中國公民、具有外國國籍的人和無國籍人。本罪的主觀方面是故意,且只能是直接故意。其故意的內容可以表述為明知自己的行為會發生分裂國家、破壞國家統一的結果,並且希望這種結果發生。

根據中國刑法第一百零三條第一款、第一百零六條、第一百一十三條第一款規定,犯本罪的,對首要分子或者罪行重大者,處無期徒刑或者 10 年以上有期徒刑;對國家和人民危害特別嚴重、情節特別惡劣的,可以判處死刑。對積極參加者,處 3 年以上 10 年以下有期徒刑;對其他參加者,處 3 年以下有期徒刑、拘役、管制或者剝奪政治權利。與境外機構、組織、個人相勾結實施本罪的,從重處罰。根據中國刑法第五十六條、第一百一十三條第二款的規定,犯本罪的,應當附加剝奪政治權利,可以並處沒收財產。

(三) 顛覆國家政權罪

顛覆國家政權罪，是指組織、策劃、實施顛覆國家政權、推翻社會主義制度的行為。

根據中國刑法第一百零五條第一款規定，犯顛覆國家政權罪的，對首要分子或者罪行重大的處無期徒刑或者10年以上有期徒刑；對積極參加的，處3年以上10年以下有期徒刑；對其他參加者，處3年以下有期徒刑、拘役、管制或者剝奪政治權利。根據中國刑法第一百零六條的規定，與境外機構、組織、個人相勾結，實施顛覆國家政權罪的，從重處罰。根據中國刑法第一百一十三條的規定，犯顛覆國家政權罪的，可以並處沒收財產。

二、叛變、叛逃的犯罪

(一) 投敵叛變罪

投敵叛變罪，是指中國公民投奔敵人營壘，或者被捕、被俘后投降敵人危害國家安全，依法應受刑罰處罰的行為。本罪客觀方面表現為投敵叛變的行為。本罪的主觀方面是敵意，其具有危害國家安全的目的。如果行為人員雖然實際上投奔了敵占區，但並沒有危害國家安全的故意，也沒有危害國家安全的行為，就不能構成投敵叛變罪。

根據中國刑法第一百零八條規定，犯本罪的，處3年以上10年以下有期徒刑；情節嚴重或者帶領武裝部隊人員、人民警察、民兵投敵叛變的，處10年以上有期徒刑或者無期徒刑。根據中國刑法第一百一十三條的規定，犯本罪的，可以並處沒收財產。

(二) 叛逃罪

叛逃罪指國家機關工作人員在履行公務期間，擅離崗位，叛逃境外或者在境外叛逃，危害中華人民共和國國家安全的行為。本罪具有如下構成要件：

(1) 本罪侵犯的客體是中華人民共和國國家安全。

(2) 本罪的客觀方面表現為行為人在履行公務期間擅離崗位，叛逃境外或者在境外叛逃，危害中華人民共和國國家安全。其具體包括三個方面的內容：①行為發生在履行公務期間。所謂履行公務期間，是指在職國家機關工作人員執行公務期間或者執行某項工作任務期間。②行為人的具體表現形式有兩種：一是擅離崗位，叛逃境外；二是擅離崗位，在境外叛逃。擅離崗位，叛逃境外，是指行為人在境內執行公務期間，擅自離開工作崗位，叛變逃往境外；擅離崗位，在境外叛逃，是指行為人在境外旅行公職或者執行某項具體任務時，擅自離開工作崗位叛變逃走。例如，在中國駐外機構工作的人員，擅離崗位，投奔外國勢力；中國訪問外國代表團成員，擅離代表團，投奔外國等。③危害中華人民共和國國家安全。上述三方面的內容必須同時具備，才能構成叛逃罪。①

(3) 本罪的主體是特殊主體，即只能是國家機關工作人員和掌握國家秘密的國家機關工作人員以外的國家工作人員。

---

① 鄭高鍵. 刑法學 [M]. 北京：科學出版社，2009：194.

（4）本罪的主觀方面是故意，且只能是直接故意。

根據中國刑法第一百零九條規定，犯本罪的，處5年以下有期徒刑、拘役、管制或者剝奪政治權利；情節嚴重的，處5年以上10年以下有期徒刑；掌握國家秘密的國家工作人員犯本罪的，從重處罰。根據中國刑法第五十六條、第一百一十三條第二款的規定，犯本罪的，除單處剝奪政治權利的外，應當附加剝奪政治權利，可以並處沒收財產。

三、間諜罪

間諜罪，是指參加間諜組織或者接受間諜組織及其代理人的任務，或者為敵人指示轟擊目標的行為。本罪具有如下構成特徵：

（1）本罪侵犯的客體是中華人民共和國國家安全。

（2）本罪在客觀方面表現為，行為人參加間諜組織或者接受間諜組織及其代理人的任務，或者為敵人指示轟擊目標的行為。一是參加間諜組織，充當間諜；二是接受間諜組織及其代理人的任務；三是為敵人指示轟擊目標。行為人只要實施上述行為之一，就可構成間諜罪。[1]

（3）本罪的主體為一般主體，即任何達到負刑事責任年齡並具有刑事責任能力的自然人。

（4）本罪在主觀方面只能是故意，且明知是間諜組織還參加，或明知是間諜組織及其代理人還接受其任務，或明知是敵人還有意為其指示轟擊目標。

根據中國刑法第一百一十條、第一百一十三條、第五十六條規定，犯間諜罪的，處10年以上有期徒刑或者無期徒刑；情節較輕的，處3年以上10年以下有期徒刑；對國家和人民危害特別嚴重、情節特別惡劣的，可以判處死刑。對犯本罪的，可以並處沒收財產；應當附加剝奪政治權利。

---

[1] 鄭高鍵. 刑法學 [M]. 北京：科學出版社，2009：195.

第二十章　危害公共安全罪

第一節　危害公共安全罪概述

一、危害公共安全罪的概念和特徵

（一）危害公共安全罪的概念

危害公共安全罪，是指故意或者過失實施危害不特定多數人的生命、健康、重大公共財產安全以及其他公共利益安全，依法應受刑罰處罰的行為。

（二）危害公共安全罪的構成特徵

本類犯罪具有如下構成特徵：

（1）本類犯罪侵犯的客體是公共安全。所謂公共安全，是指不特定多數人的生命、健康和重大公共財產安全以及其他公共利益安全。如果犯罪行為指向特定的人身或者財產，而不直接危及不特定多數人的生命、健康和重大公司財產的安全，則不構成危害公共安全罪，而應當分別屬於侵犯人身權利或者侵犯財產權利的犯罪。

（2）本類犯罪在客觀方面表現為實施了危害公共安全的行為。此類行為可以是作為，也可以是不作為。[①] 例如放火罪，即可以用直接點燃的作為方式實施；也可以是在有發生火災危險時，有責任並有能力防止而不防止，故意使火災發生的不作為方式構成。本類犯罪的故意犯罪均為危險犯，只要足以造成危害公共安全的危險狀態，就構成犯罪既遂；過失犯罪的，必須造成嚴重后果才能構成犯罪既遂。

（3）本類犯罪的主體多數是一般主體，但也有少數是特殊主體。這裡的特殊主體，包括國家工作人員以及其他業務上、職務上的特定人員。例如重大飛行事故罪，其主體只能是航空人員。本章所規定的某些犯罪的主體可以是已滿14周歲不滿16周歲的未成年人，如放火、爆炸、投毒罪等。

（4）本類犯罪在主觀方面可能是故意，也可能是過失。

二、危害公共安全罪的種類

根據中國刑法分則第二章的規定，危害公共安全罪共有43個罪名，具體可以劃分為以下五類：

[①] 鄭高鍵. 刑法學 [M]. 北京：科學出版社，2009：200.

（1）以危險方法危害公共安全的犯罪；
（2）破壞公共設備、設施危害公共安全的犯罪；
（3）實施恐怖活動危害公共安全的犯罪；
（4）違反槍支、彈藥、爆炸物及危險物質管理危害公共安全的犯罪；
（5）造成重大責任事故危害公共安全的犯罪。

第二節　重點罪名論述

一、以危險方法危害公共安全的犯罪

（一）放火罪

放火罪，是指故意放火焚燒公私財物，危害公共完全，依法應受刑罰處罰的行為。本罪具有如下構成特徵：

（1）本罪侵犯的客體是公共安全，對象是體現著公共安全的公私財物。對於放火燒毀自己的財物是否定放火罪要作具體分析。如果放火行為不足以危害公共安全的，不應認為是放火罪；如果放火行為足以危害公共安全的，應以放火罪論處。

（2）本罪在客觀方面表現為行為人實施了危害公共安全的放火行為。所謂放火，是指故意使用引火物或其他方法使財物燃燒的行為。放火的方式，既可以是作為的方式，如利用各種引火物直接把焚燒對象點燃的行為；也可以是不作為的方式，如負有防火義務的油區安全員，發現油區有著火的危險，能夠採取措施防止而不防止，導致火災發生的行為。[①] 由於放火的社會危害性很大，所以只要實施了放火行為，使公共安全處於危險狀態，即使沒有造成實際的損害結果，也構成放火罪。

（3）本罪的主體是一般主體，即任何已滿 14 歲並具有刑事責任能力的自然人。

（4）本罪主觀方面是故意，即行為人明知道自己的放火行為會危害社會公共安全，並且希望或者放任這種結果的發生。動機如何不影響本罪的構成，但是可能影響量刑。

根據中國刑法第一百一十四條、第一百一十五條第一款規定，犯放火罪，尚未造成嚴重后果的，處 3 年以上 10 年以下有期徒刑；致人重傷、死亡或者使公私財產遭受重大損失的，處 10 年以上有期徒刑、無期徒刑或者死刑。

（二）爆炸罪

爆炸罪，是指故意引發爆炸物，危害公共安全，依法應受刑罰處罰的行為。本罪具有如下構成特徵：

（1）本罪客觀方面表現為，引發爆炸物危害公共安全的行為，即對公私財物或者人身實施爆炸，危害公共安全。引發爆炸物可以是作為，也可以是不作為。使用何種爆炸物、以何種方式引發爆炸物，不影響本罪的成立。實施爆炸的地點，主要是在人群集中或者財產集中的公共場所、交通路線、財物堆放處等處實施爆炸，如將爆炸物

---

① 鄭高鍵. 刑法學 [M]. 北京：科學出版社，2009：201.

放在船只、飛機、汽車、火車上定時爆炸，在商場、車站、影劇院、街道、群眾集會地製造爆炸。

（2）本罪的主體為已滿14周歲、具有刑事責任能力的自然人。

（3）本罪主觀方面是故意。動機不影響本罪成立。

根據中國刑法第一百一十四條、第一百一十五條第一款規定，犯本罪尚未造成嚴重后果的，處3年以上10年以下有期徒刑；致人重傷、死亡或者使公私財物遭受重大損失的，處10年以上有期徒刑、無期徒刑或者死刑。

二、破壞公共設備、設施危害公共安全的犯罪

（一）破壞交通工具罪

破壞交通工具罪，是指故意破壞火車、汽車、電車、船只、航空器，足以使之發生傾覆、毀壞危險，依法應受刑罰處罰的行為。本罪具有如下構成特徵：

（1）本罪侵犯的客體是交通運輸安全。本罪的對象是正在使用中的火車、汽車、電車、船只、航空器五種大型交通運輸工具。所謂「正在使用中的交通工具」，包括正在運行中的交通工具，也包括雖處於停放狀態但已經交付使用，隨時都可開動從事交通運輸的交通工具。作為本罪犯罪對象的交通工具應當具有以下特點：其一，該工具的使用目的必須是為了交通運輸。其二，針對該工具的破壞行為會危及公共安全。如破壞自行車的行為，雖然也可能對騎車人的人身安全乃至財產造成侵害，但對公共安全尚不能形成危險，因而不能視為本罪中的交通工具。其三，破壞交通工具罪中的「交通工具」具有法定性，只限於中國刑法第一百一十六條中規定的五種交通工具，即火車、汽車、電車、船只、航空器。[①]

（2）本罪在客觀方面表現為破壞正在使用的火車、汽車、電車、船只、航空器，足以使其發生傾覆、毀壞危險的行為。所謂傾覆，是指汽車、電車翻車，火車脫軌，船只翻沉，飛機墜落等。所謂毀壞，是指燒毀、炸毀、墜毀，或者造成其他無法修復的嚴重破壞，它不是指任何局部的損壞，而是指使交通工具完全毀壞，或者是嚴重毀壞而不能安全行駛。

（3）本罪的主體為一般主體，即任何達到刑事責任年齡並具有刑事責任能力的自然人。

（4）本罪主觀方面為故意。犯罪的動機並不影響定罪，只可能影響量刑。

根據中國刑法第一百一十六條和第一百一十九條規定，犯破壞交通工具罪，處3年以上10年以下有期徒刑；已經造成嚴重后果的，處10年以上有期徒刑、無期徒刑或者死刑。

（二）破壞交通設施罪

破壞交通設施罪，是指故意破壞軌道、橋樑、隧道、公路、機場、航道、燈塔、標誌等交通設施，足以造成或已經造成交通工具傾覆、毀壞等嚴重后果，危害公共安

[①] 鄭高鍵. 刑法學［M］. 北京：科學出版社，2009：206.

全的行為。

根據中國刑法第一百一十七條、第一百一十九條規定，犯本罪，尚未造成嚴重後果的，處3年以上10年以下有期徒刑；造成嚴重後果的，處10年以上有期徒刑、無期徒刑或者死刑。

(三) 破壞電力設備罪

破壞電力設備罪，是指故意破壞電力設備，足以造成或已經造成嚴重後果，危害公共安全，依法應受刑罰處罰的行為。客體是公共供電中的公共安全。對象為正在使用的電力設備。

根據中國刑法第一百一十八條、第一百一十九條規定，犯本罪，尚未造成嚴重後果的，處3年以上10年以下有期徒刑；造成嚴重後果的，處10年以上有期徒刑、無期徒刑或者死刑。

三、實施恐怖活動危害公共安全的犯罪

(一) 組織、領導、參加恐怖組織罪

組織、領導、參加恐怖組織罪，是指組織、領導、積極參加或者參加恐怖活動組織，依法應受刑罰處罰的行為。本罪為選擇性罪名。本罪具有如下構成要件：

(1) 本罪侵犯的客體為社會的公共安全。由於組織、領導和參加恐怖活動組織是以實施恐怖犯罪活動為目的，因此，是直接威脅到不特定或多人的生命、健康及財產安全，即社會的公共安全。

(2) 本罪的客觀方面，表現為組織、領導、參加恐怖活動組織的行為。所謂恐怖活動，是指引起社會、民眾的恐懼，專以從事殺人、傷害、投毒、綁架等有組織的犯罪活動。所謂恐怖組織，是指3人以上，以實施恐怖活動為目的，為長期有計劃地進行恐怖活動而建立的，嚴重危害社會安全的犯罪組織。首先，組織、領導、參加必須是恐怖組織；其次，必須實施組織、領導、參加的行為。所謂「組織」，是指召集多人為首發起或者實施招募、雇傭、拉攏、鼓動多人成立恐怖組織的行為；所謂「領導」是指對恐怖組織成立以及恐怖活動實施策劃、指揮和布置的行為；所謂「參加」，是指明知恐怖組織的性質，仍加入的行為。只要行為人實施組織、領導、參加行為之一，即可構成本罪。

(3) 本罪的主體，是一般主體，為年滿16周歲且具有刑事責任能力的自然人。

(4) 本罪的主觀方面是故意，應具有恐怖活動的目的，即明知是恐怖活動組織仍組織、領導、參加。

根據中國刑法第一百二十條規定，組織、領導恐怖活動組織的，處10年以上有期徒刑或者無期徒刑；積極參加的，處3年以上10年以下有期徒刑；其他參加的，處3年以下有期徒刑、拘役、管制或者剝奪政治權利。根據中國刑法第一百二十條第二款的規定，犯組織、領導和參加恐怖組織罪並施以殺人、爆炸、綁架等犯罪的，依據數罪並罰的規定處罰。

(二) 劫持航空器罪

劫持航空器罪，是指以暴力、脅迫或者其他方法劫持航空器，危害公共安全，依法應受刑罰處罰的行為。本罪具有如下構成特徵：

(1) 本罪侵犯的客體是航空器飛行安全。本罪的犯罪對象只限於航空器，且只能是正在使用中的航空器。所謂「正在使用中」，通常認為包括三種情況：航空器裝載完畢、機艙外部各門均已關閉時開始，直至打開任何一個機艙門以便卸載時為止的任何時間；如果航空器是被迫降落，在主管當局接管該機及所載人員和財產責任以前的任何時間；待飛狀態的航空器。[1] 只要是可載人的航空器，不管是民用航空器，還是使用於公務活動、警察、海關、軍用的國家航空器，都可以成為本罪的對象。

(2) 本罪在客觀方面表現為以暴力、脅迫或者其他方法劫持航空器的行為。

(3) 本罪的主體為一般主體，既包括中國人，也包括外國人或者無國籍的人。依照中國刑法第九條關於普通管轄權的規定，外國人劫持飛機後進入中國境內的，中國刑法具有管轄權。

(4) 本罪主觀方面只能是故意，而且只能是直接故意。

根據中國刑法第一百二十一條規定，犯劫持航空器罪，處10年以上有期徒刑或無期徒刑；致人重傷、死亡或者使航空器遭受嚴重破壞的，處死刑。

四、違反槍支、彈藥、爆炸物及危險物質管理危害公共安全的犯罪

(一) 非法製造、買賣、運輸、郵寄、儲存槍支、彈藥、爆炸物罪

非法製造、買賣、運輸、郵寄、儲存槍支、彈藥、爆炸物罪，是指違反國家槍支、彈藥、爆炸物管理法規，製造、買賣、運輸、郵寄、儲存槍支、彈藥、爆炸物，依法應受刑罰處罰的行為。本罪具有如下構成特徵：

(1) 本罪侵犯的客體是社會的公共安全和國家對槍支、彈藥、爆炸物的管理秩序。槍支、彈藥、爆炸物，是本罪法定的犯罪對象。所謂「槍支」是指《中華人民共和國槍支管理法》所規定的，以火藥或者壓縮氣體為動力，利用管狀器具發射金屬彈丸或者其他物質，足以致人傷亡或者喪失知覺的各種槍支，包括軍用槍支、民用槍支和仿真槍支；所謂「彈藥」，是指通過各種軍用、民用槍支或者仿真槍支發射的、本身無引爆裝置的各種彈藥。槍榴彈、手榴彈、炮彈等不屬於「彈藥」，而屬於「爆炸物」；所謂「爆炸物」，是指各種能夠爆裂，以及具有爆裂性和較大殺傷力、破壞性，能夠對公共安全構成威脅和危害的物品。從種類上看，爆炸物大致可以分為軍用爆炸物、民用爆炸物和其他利用爆裂原料配製成的炸藥與爆炸裝置三類。[2]

(2) 本罪在客觀方面表現為行為人實施了非法製造、買賣、運輸、郵寄、儲存槍支、彈藥、爆炸物的行為。所謂「非法」，是指行為人製造、買賣、運輸、郵寄、儲存槍支、彈藥、爆炸物的行為違反了國家有關槍支、彈藥、爆炸物管理的法律規定。所謂「製造」，應作廣義理解，即不僅包括以各種材料進行原始製作，還包括組裝、修

---

[1] 鄭高鍵. 刑法學 [M]. 北京：科學出版社，2009：210.
[2] 鄭高鍵. 刑法學 [M]. 北京：科學出版社，2009：213.

理、改裝和拼裝。所謂「買賣」，是指以金錢或實物作價，購買或銷售槍支、彈藥、爆炸物的行為。所謂「運輸」，是指將槍支、彈藥、爆炸物由一地運往另一地的行為。所謂「郵寄」，是指通過郵政系統以郵件形式寄運或者在郵件中夾帶槍支、彈藥、爆炸物，從空間範圍看，郵寄也僅限於國內運輸。所謂「儲存」，是指儲藏、存放槍支、彈藥、爆炸物的行為。

（3）本罪的主體是一般主體，包括自然人和單位。

（4）本罪在主觀方面只能是直接故意。如果行為人由於某種原因，的確不知其所製造、買賣、運輸、郵寄、儲存的是槍支、彈藥、爆炸物，不構成犯罪。

根據中國刑法第一百二十五條第一、第三款規定，犯非法製造、買賣、運輸、郵寄、儲存槍支、彈藥、爆炸物罪，處 3 年以上 10 以下有期徒刑；情節嚴重的，處 10 年以上有期徒刑、無期徒刑或者死刑。單位犯本罪的，對單位判處罰金，並對直接負責的主管人員和其他直接責任人員，處 3 年以上 10 年以下有期徒刑；情節嚴重的，處 10 年以上有期徒刑、無期徒刑或死刑。

（二）非法持有、私藏槍支、彈藥罪

非法持有、私藏槍支、彈藥罪，是指違反槍支管理規定，非法持有、私藏槍支、彈藥，依法應受刑罰處罰的行為。認定本罪的「非法持有」和「私藏」，應該是根據證據尚不能認定為是非法製造、買賣、運輸、盜竊、搶奪、搶劫的槍支、彈藥而「持有」和「私藏」，否則，以相應的犯罪論處，不構成本罪。

根據中國刑法第一百二十八條第一款規定，犯本罪的，處 3 年以下有期徒刑、拘役或者管制；情節嚴重的，處 3 年以上 7 年以下有期徒刑。

五、造成重大責任事故危害公共安全的犯罪

（一）交通肇事罪

交通肇事罪，是指違反交通管理法規，因而發生重大交通事故，致人重傷、死亡或者使公私財產遭受重大損失，依法應受刑罰處罰的行為。本罪具有如下構成特徵：

（1）本罪侵犯的客體是交通運輸安全。

（2）本罪在客觀方面表現為行為人實施了違反《中華人民共和國交通運輸管理法》，因而發生重大事故，致人重傷、死亡或者使公私財產遭受重大損失的行為。

最高人民法院於 2000 年 11 月 15 日通過的《關於審理交通肇事刑事案件具體應用法律若干問題的解釋》對構成本罪的結果有特別的規定。根據該解釋第二條的規定，構成本罪，在重傷結果方面的要求是具備下列兩種情況之一：一是重傷 3 人以上並負事故全部或者主要責任的。二是重傷 1 人以上並負事故全部或者主要責任且具有以下 6 種情形之一的：酒後、吸食毒品後駕駛機動車輛的；無駕駛資格駕駛機動車輛的；明知是安全裝置不全或者安全機件失靈的機動車輛而駕駛的；明知是無牌證或者已報廢的機動車輛而駕駛的；嚴重超載駕駛的；為逃避法律追究逃離事故現場的。構成本罪在死亡結果方面的要求是具備下列兩種情況之一：一是死亡 1 人，負事故全部或者主要責任的。二是死亡 3 人以上負事故同等責任的。構成本罪在財產損失結果方面的要

求是：造成公共財產或者他人財產直接損失，負事故全部或者主要責任，無能力賠償數額在 30 萬元以上；嚴重后果必須是行為人違反交通運輸管理法規的行為引起的，兩者之間存在刑法上的因果關係。

（3）本罪主體為一般主體，即任何達到刑事責任年齡並具有刑事責任能力的自然人，既可以是從事交通運輸的人員，也可以是其他人。所謂「從事交通運輸的人員」，是指一切從事交通運輸業務、同保障交通運輸安全有直接關係的人員。其具體包括：直接操縱各種交通工具的駕駛人員或者協助駕駛人員，如汽車駕駛員以及輪船上的大副、二副、三副和水手；直接操縱各種交通設施的業務人員，如信號員、吊橋操縱人員；直接領導、指揮交通運輸活動的領導、指揮人員，如船長、交警；負責交通運輸安全工作的管理人員，如道口管理人員。[①]

（4）本罪在主觀方面只能是過失，即行為人對自己違反交通運輸管理法規行為可能導致人員重大傷亡或者公私財產重大損失的后果應當預見，由於疏忽大意而未預見，或者雖然已經預見，但輕信能夠避免。

根據中國刑法第一百三十三條規定，犯交通肇事罪的，處 3 年以下有期徒刑或者拘役；交通運輸肇事后逃逸或者有其他特別惡劣情節的，處 3 年以上 7 年以下有期徒刑；因逃逸致人死亡的，處七年以上有期徒刑。

(二) 重大責任事故罪

重大責任事故罪，是指在生產作業中違反有關安全管理的規定，因而發生重大傷亡事故或者造成其他嚴重后果，依法應受刑罰處罰的行為。

本罪與失火罪、過失爆炸罪的區別在於：本罪限於在生產、作業活動中違反有關安全管理的規定，因而發生重大傷亡事故或者造成其他嚴重后果。失火罪、過失爆炸罪則是在日常生活中因忽視安全而發生事故。

根據中國刑法第一百三十四條第二款規定，犯本罪的，處 5 年以下有期徒刑或者拘役；情節特別惡劣的，處 5 年以上有期徒刑。

---

① 鄭高鍵. 刑法學 [M]. 北京：科學出版社，2009：218.

第二十一章　破壞社會主義市場經濟秩序罪

第一節　破壞社會主義市場經濟秩序罪概述

一、破壞社會主義市場經濟秩序罪的概念與構成要件

破壞社會主義市場經濟秩序罪，是指違反國家經濟管理法規，破壞國家經濟管理活動，使社會主義市場遭受嚴重損害，依法應受刑罰處罰的行為。本類犯罪具有如下構成特徵：

（1）本類犯罪的客體是社會主義市場經濟秩序。本類犯罪中相當多數的犯罪屬複雜客體犯罪，如生產、銷售偽劣商品犯罪，不僅破壞國家產品質量管理制度，也危害公民的生命、健康與安全。

（2）本類犯罪的客觀方面表現為實施破壞國家對市場經濟秩序管理的行為。由於此類犯罪大都涉及財產性利益，因而罪犯涉案數額常常成為罪與非罪的重要界限。[1]

（3）本類犯罪的主體包括自然人和單位，且在性質上具有複合性，包括一般主體和特殊主體，如國家工作人員、公司、企業人員、仲介組織的工作人員、國有公司、企事業單位的負責人員、納稅義務人、扣繳義務人、投保人、被保險人、受益人、公司的發起人、股東等。

（4）本類犯罪的主觀方面多為故意，且具有牟取經濟利益或者佔有公私財物的目的。但非法牟利或佔有目的一般不是犯罪構成的要件，只有部分犯罪以具有特定目的為犯罪成立的要件。

二、破壞社會主義市場經濟秩序罪的種類

中國刑法分則第三章將破壞社會主義市場經濟秩序罪共分為8類，共規定罪名102個。其具體包括：生產、銷售偽劣商品罪；走私罪；妨害對公司、企業的管理秩序罪；破壞金融管理秩序罪；金融詐騙罪；危害稅收徵管罪；侵犯知識產權罪；擾亂市場秩序罪。

---

[1] 孫國祥. 刑法學［M］. 北京：科學出版社，2008：344.

第二節　重點罪名論述

一、生產銷售偽劣商品罪

（一）生產銷售偽劣產品罪

　　生產銷售偽劣產品罪，是指生產者、銷售者故意在產品中摻雜、摻假、以假充真、以次充好或者以不合格產品冒充合格產品，銷售金額 5 萬元以上，依法應受刑罰處罰的行為。本罪具有如下構成特徵：

　　（1）本罪侵犯的客體是國家對產品質量的監督管理制度。

　　（2）本罪在客觀方面表現為四種行為方式。根據 2001 年 4 月 9 日最高人民法院、最高人民檢察院公布的《關於辦理生產、銷售偽劣商品刑事案件具體應用法律若干問題的解釋》第一條的規定：本罪的四種行為方式為在產品中摻雜摻假、以假充真、以次充好、以不合格產品冒充合格產品。[1]

　　（3）所謂「銷售金額」，根據《關於辦理生產、銷售偽劣商品刑事案件具體應用法律若干問題的解釋》第二條的規定，指生產者、銷售者出售偽劣產品后所得和應得的全部違法收入。多次實施生產、銷售偽劣產品行為，未經處理的，偽劣產品的銷售金額或者貨幣金額累計計算。

　　（4）構成本罪的主體可以是自然人，也可以是單位。本罪的主觀方面是故意，且一般具有營利的目的。

　　根據中國刑法第一百四十條的規定，生產、銷售偽劣產品，銷售金額 5 萬元以上不滿 20 萬元的，處 2 年以下有期徒刑或者拘役，並處或者單處銷售金額 50% 以上 2 倍以下罰金；銷售金額 20 萬元以上不滿 50 萬元的，處 2 年以上 7 年以下有期徒刑，並處銷售金額 50% 以上 2 倍以下罰金；銷售金額 50 萬元以上不滿 200 萬元的，處 7 年以上有期徒刑，並處銷售金額 50% 以上 2 倍以下罰金；銷售金額在 200 萬元以上的，處 15 年有期徒刑或者無期徒刑，並處銷售金額 50% 以上 2 倍以下罰金或者沒收財產。根據中國刑法第一百五十條的規定，單位犯生產、銷售偽劣產品罪的，對單位判處罰金，並對其直接負責的主管人員和其他直接責任人員，依照中國刑法第一百四十條規定處罰。《關於辦理生產、銷售偽劣商品刑事案件具體應用法律若干問題的解釋》第十二條規定，國家工作人員參與生產銷售偽劣商品犯罪的，從重處罰。

（二）生產銷售假藥罪

　　生產、銷售假藥罪，是指違反國家藥品管理法規，生產銷售假藥，足以危害人體健康的行為。其構成特徵為：犯罪客體是國家對藥品的管理制度和不特定多數人的生命健康、生命安全。犯罪對象只限於假藥。客觀方面表現為違反國家藥品管理法規，

---

[1] 於阜民. 刑法學［M］. 北京：科學出版社，2008：249.

生產、銷售假藥，足以嚴重危害人體健康的行為。由此可見本罪是危險犯。[1] 主體是一般主體，自然人和單位都可以成為本罪主體。主觀方面只能是故意。

根據中國刑法第一百四十一條和第一百五十條的規定，犯本罪的，處 3 年以下有期徒刑或者拘役，並處或者單處銷售金額 50% 以上 2 倍以下罰金；對人體健康造成嚴重危害的，處 3 年以上 10 年以下有期徒刑，並處銷售金額 50% 以上 2 倍以下罰金；致人死亡或者對人體健康造成特別嚴重危害的，處 10 年以上有期徒刑、無期徒刑或者死刑，並處銷售金額 50% 以上 2 倍以下罰金或者沒收財產。單位犯本罪的，單位判處罰金，並對其直接負責的主管人員和其他責任人員依照上述規定處罰。

(三) 生產、銷售有毒、有害食品罪

生產、銷售有毒、有害食品罪，是指在生產、銷售的食品中摻入有毒、有害的非食品原料，或者銷售明知摻有有毒、有害的非食品原料的食品的行為。

本罪侵犯的客體是國家食品衛生管理制度和公民健康、生命權。

本罪在客觀方面表現為在生產銷售的食品中摻入有毒、有害的非食品原料或者銷售明知摻有有毒、有害的非食品原料的食品的行為。其具體為：其一，摻入了有毒、有害物質，即對人體有生理毒性，食用後會引起不良反應，損害機體健康的物質。所謂有毒的物質，是指進入人體後能與人體內的一些物質發生化學變化，從而對人體的組織和生理機能造成破壞的物質。所謂有害的物質，是指被攝入人體後，對人體的組織、機能產生影響、損害之物質。其二，摻入的有毒、有害物質是非食品原料，即這些物質是根本不能食用的原料。如在牛奶中摻入石灰水等。其三，摻入的對象應為所生產、銷售的食品。雖有摻入有毒、有害的非食品原料的行為，但是不是在自己所生產或銷售的食品中，如在他人食用的食品中摻入有毒、有害的非食品原料，不構成本罪，構成犯罪的，應以其他犯罪論處。[2]

本罪為行為犯，只要行為人出於故意實施了在所生產、銷售的食品中摻入有毒、有害的非食品原料之行為，無論是否出現了危害結果，均可構成本罪。

本罪的主體是一般主體，即只要達到刑事責任年齡且具有刑事責任能力的自然人都可以構成本罪。依中國刑法第一百五十條之規定，單位也可以成為本罪主體。單位犯本罪的，實行雙罰制。

本罪在主觀方面是故意犯罪。行為人明知是有毒、有害的非食品原料而故意摻入或明知是摻入有毒有害的非食品原料的食品而故意銷售。至於行為人對生產、銷售有毒有害食品可能會造成的嚴重後果，則是採取放任的心理態度。其動機一般是節省原料，降低成本，牟取暴利。

根據中國刑法第一百四十四條的規定，犯本罪的，處 5 年以下有期徒刑或者拘役，並處或者單處銷售金額 50% 以上 2 倍以下罰金；造成嚴重食物中毒事故或其他嚴重食源性疾患，對人體健康造成嚴重危害的，處 5 年以上 10 以下有期徒刑，並處銷售金額 50% 以上 2 倍以下罰金；致人死亡或對人體健康構成特別嚴重危害的，依

---

[1] 於阜民. 刑法學 [M]. 北京：科學出版社，2008：253.
[2] 於阜民. 刑法學 [M]. 北京：科學出版社，2008：255.

照本法第一百四十一條規定處罰。

二、走私罪

(一) 走私假幣罪

走私假幣罪，是指違反海關法規和國家禁止假幣進出境的規定，逃避海關監管，非法運輸、攜帶或者郵寄進出境的行為。

所謂假幣，根據中國刑法第一百七十、一百七十三條的規定，主要有兩種表現形式：一是偽造的貨幣，即仿照真貨幣的形狀、圖案、色彩、防偽技術等特徵，冒充真貨幣的假幣；二是變造的貨幣，即對真幣採用挖補、剪貼、揭層、拼湊、塗改等方法進行加工處理，改變貨幣的真實形狀、圖案、面值或張數，增大票面面額或者票張數量而制成的假幣。

根據中國刑法第一百五十一條第一款、第四款規定，犯本罪的，處7年以上有期徒刑，並處罰金或者沒收財產；情節較輕的，處3年以上7年以下有期徒刑，並處罰金；情節特別嚴重的，處無期徒刑或者死刑，並處沒收財產。單位犯本罪的，對單位判處罰金，並對其直接負責的主管人員和其他直接責任人員，依照本條第一款、第四款的規定即按自然人犯本罪處罰。

(二) 走私文物罪

走私文物罪，是指行為人違反海關法規和國家有關文物保護的法律法規，逃避海關監管，非法運輸、攜帶、郵寄國家禁止出口的文物出境的行為。本罪的行為方式，只限於出口，不包括進口，因為進口文物對中國不具有社會危害性。[1] 根據《中華人民共和國文物保護法》，所謂文物是指：①具有歷史、藝術、科學價值的文化遺址、古墓葬、古建築、石窟寺和石刻；②與重大歷史事件、革命運動、著名人物有關的、具有紀念意義、教育意義和史料價值的建築物、遺址、紀念物；③歷史上各時代的珍貴藝術品、工藝品、美術品；④反映歷史上各個時代的、各民族社會制度、生產、生活的代表性實物；⑤具有科學價值的古脊椎動物和古人類化石。

根據中國刑法第一百五十一條第二款、第四款、第五款的規定，犯本罪的，處5年以上有期徒刑，並處罰金；情節較輕的，處5年以下有期徒刑，並處罰金；情節特別嚴重的，處無期徒刑或者死刑，並處沒收財產；單位犯走私文物罪，處罰金，並對直接負責的主管人員和其他直接責任人員依照上述規定處罰。

(三) 走私普通貨物、物品罪

走私普通貨物、物品罪是指違反海關法規，非法運輸、攜帶、郵寄普通貨物、物品進出國（邊）境，偷逃應繳稅額較大的行為；以及未經海關許可並且未補繳應繳稅額，擅自將保稅貨物、特定減免稅貨物在境內銷售牟利，數額較大、情節嚴重，依法應受刑罰處罰的行為。本罪具有如下構成特徵：

(1) 本罪侵犯的客體是國家對外貿易管制，其犯罪對象是除武器、彈藥、偽造的

---

[1] 於阜民. 刑法學 [M]. 北京：科學出版社，2008：259.

貨幣、國家禁止出口的文物、黃金、白銀和其他貴重金屬，國家禁止進出口的珍貴動物及其製品、珍稀植物及其製品、淫穢物品、毒品、固體廢物以外的一切貨物與物品。對於普通物品，國家並不禁止或限制進出口，但根據國民經濟發展和社會發展的需要，又必須通過徵收關稅對其需求進行適當的調節。[1]

（2）本罪客觀方面表現為違反海關法規，逃避海關監管，運輸、攜帶、郵寄普通貨物、物品進出國（邊）境，偷逃應繳稅額較大的行為。

（3）本罪的主體要件為一般主體，即達到刑事責任年齡且具有刑事責任能力的自然人均能構成本罪，單位也可以成為本罪主體。

（4）本罪的主觀方面只能由故意構成，過失不構成本罪，並且本罪在犯罪目的上是牟利。

根據中國刑法規定，走私貨物、物品偷逃應繳稅額在 50 萬元以上的，處 10 年以上有期徒刑或者無期徒刑，並處偷逃應繳稅額 1 倍以上 5 倍以下罰金或者沒收財產；情節特別嚴重的，處無期徒刑或者死刑，並處沒收財產；走私貨物、物品偷逃應繳稅額在 15 萬元以上不滿 50 萬元的，處 3 年以上 10 年以下有期徒刑，並處偷逃應繳稅 1 倍以上 5 倍以下的罰金；情節特別嚴重的，處 10 年以上有期徒刑或者無期徒刑，並處偷逃應繳稅額 1 倍以上 5 倍以下罰金或者沒收財產；走私貨物、物品偷逃應繳稅額在 5 萬元以上不滿 15 萬元的，處 3 年以下有期徒刑，並處偷逃應繳稅額 1 倍以上 5 倍以下罰金；對多次走私未經處理的，按照累計走私貨物、物品的偷逃應繳稅額處罰。在累計應繳稅額時，應根據各次走私的貨物、物品的完稅價格和走私行為發生時的稅率分別計算然後相加；單位犯本罪的，判處罰金，並對直接負責的主管人員和其他直接責任人員，處 3 年以下有期徒刑或者拘役；情節嚴重的，處 3 年以上 10 年以下有期徒刑；情節特別嚴重的，處 10 年以上有期徒刑。

三、妨害對公司、企業的管理秩序罪

（一）虛報註冊資本罪

虛報註冊資本罪，是指申請公司登記的個人或者單位，使用虛假證明文件或者採取其他欺詐手段，虛報註冊資本，欺騙公司登記主管部門，取得公司登記，虛報註冊資本數額巨大、后果嚴重或者有其他嚴重情節，依法應受刑罰處罰的行為。本罪可以由任何公司或者申請公司登記的個人構成。

根據中國刑法第一百五十八條的規定，犯本罪的，處 3 年以下有期徒刑或者拘役，並處或者單處虛報註冊資本金額 1% 以上 5% 以下罰金；單位犯本罪的，對單位判處罰金，並對其直接負責的主管人員和其他直接責任人員，處 3 年以下有期徒刑或者拘役。

（二）非國家工作人員受賄罪

非國家工作人員受賄罪，是指公司、企業或其他單位的工作人員利用職務上的便利，索取他人財物或者非法收受他人財物，為他人牟取利益，數額較大，依法應受刑

---

[1] 於阜民. 刑法學 [M]. 北京：科學出版社，2008：261.

罰處罰的行為。本罪具有如下構成特徵：

（1）本罪侵犯的客體是公司、企業的正常管理活動，也侵犯社會經濟的正常秩序。

（2）本罪在客觀上表現為利用職務上的便利，索取或者收受賄賂的行為，為他人謀取利益數額較大的行為。[1] 其具體為：索取賄賂或收受賄賂的行為人利用了職務上的便利，否則，雖有索取或收受他人財物或財產性利益的行為，但沒有利用職務上的便利，也不能構成本罪；索賄的形式，則可以多種多樣，既可以採取口頭形式，也可以採取書面形式；既可以當面索取，也可能通過第三者轉告索要。此外，根據中國刑法規定，公司、企業或其他單位的工作人員在經濟往來中，違反國家規定，收受各種名義的回扣手續費，歸個人所有的，以本罪論處。

（3）「為他人謀取利益」是本罪客觀要件的重要內容之一，即指行為人利用職務之便，為他人或允諾為他人實現某種利益，既包括非法利益，也包括合法利益。利益是否實際謀取到，不是本罪的構成要件。

（4）數額較大，根據 2001 年 4 月 18 日最高人民檢察院、公安部發布的《關於經濟犯罪案件追訴標準的規定》第八條規定，公司、企業人員受賄罪之數額較大的具體標準是 5,000 元以上。

本罪是特殊主體，包括公司、企業的工作人員或者其他單位的工作人員。本罪的主觀方面必須為故意，過失不能構成本罪。

犯本罪的，處 5 年以下有期徒刑或者拘役；數額巨大的，處 5 年以上有期徒刑，可以並處沒收財產。

四、破壞金融管理秩序罪

（一）偽造貨幣罪

偽造貨幣罪，是指擅自仿照真貨幣的外觀和質料特徵，使用各種工藝方法或技術手段，製造假貨幣、冒充真貨幣，依法應受刑罰處罰的行為。本罪具有如下構成特徵：

（1）本罪侵犯的客體是國家的貨幣管理制度和貨幣的公共信譽。犯罪對象是指可在國內流通或者兌換的人民幣和境外貨幣。在實踐中，偽造下列貨幣不屬於本罪犯罪對象中的貨幣範疇：

①偽造古錢和其他已經廢止的貨幣的。但是對於國家宣布廢止的通貨，在一定兌換期間仍可在市場上流通、使用的，在此期間，加以偽造的仍可構成偽造貨幣罪。[2]

②偽造根本不可以在中國國內流通的外國現行有效貨幣的，因為這種外幣不在國內流通，也不會衝擊中國貨幣的流通秩序。[3]

③製作行為人自行杜撰出的與現行流行真貨幣不對應的所謂「貨幣」的，如面值 300 元的人民幣。

④臨摹貨幣不是為了冒充真幣進入流通領域，而是作為藝術品供個人和親友欣賞，

---

[1] 於阜民. 刑法學［M］. 北京：科學出版社，2008：266.
[2] 王作富. 刑法分則實務研究（上）［M］. 北京：中國方正出版社，2003：469.
[3] 於阜民. 刑法學［M］. 北京：科學出版社，2008：274.

不能認為是偽造貨幣。①

（2）本罪客觀要件為擅自仿照真貨幣的外觀和質料特徵，使用各種工藝方法或技術手段，製造貨幣、冒充真貨幣的行為。當前大量的偽造貨幣更多的是在高科技條件下實施的，手工偽造的日漸稀少。行為人製造假幣版樣或者與他人通謀，為他人偽造假幣提供版樣的行為，以本罪論處。

（3）本罪主體只能是自然人。

（4）本罪主觀要件是出於故意。實踐中通常是為了獲取非法利益，但出於其他目的的或者動機的不影響本罪的成立。

根據中國刑法第一百七十條規定，犯本罪的，處3年以上10年以下有期徒刑，並處5萬元以上50萬元以下罰金；有下列情形之一的，處10年以上有期徒刑、無期徒刑或者死刑，並處5萬元以上50萬元以下罰金或者沒收財產：①偽造貨幣集團的首要分子；②偽造貨幣數額特別巨大的；③有其他特別嚴重情節的。

（二）非法吸收公眾存款罪

非法吸收公眾存款罪，是指非法吸收公眾存款或者變相吸收公眾存款，擾亂金融秩序，依法應受刑罰處罰的行為。本罪具有如下構成特徵：

（1）本罪侵犯的客體是國家的金融管理秩序。

（2）本罪客觀要件為非法吸收公眾存款或者變相吸收公眾存款，擾亂金融秩序的行為。所謂非法吸收公眾存款，是指違反國家法律規定或者未經國家有關管理部門的批准，擅自以到期還本付息的存款形式面向社會公眾吸納資金，主要包括兩種情形：一是不具備吸收存款的犯罪主體資格違反國家法律規定，擅自面向社會吸收公眾存款；二是依法設立的商業銀行或其他金融機構違反國家規定吸收社會公眾存款。對於在本單位內部職工範圍內的集資入股或者借貸關係，不屬於吸收公眾存款行為。②

（3）本罪主體既可以是自然人，也可以是單位。

（4）本罪主觀要件是出於故意。

根據中國刑法第一百七十六條的規定，犯本罪的，處3年以下有期徒刑或者拘役，並處或者單處2萬元以上20萬元以下罰金；數額巨大或者有其他嚴重情節的，處3年以上10年以下有期徒刑，並處5萬元以上50萬元以下罰金。單位犯本罪的，對單位判處罰金，並對其直接負責的主管人員和其他直接責任人員，依照上述規定處罰。

（三）洗錢罪

洗錢罪，是指明知是毒品犯罪、黑社會性質的組織犯罪、恐怖活動犯罪、走私犯罪、貪污賄賂犯罪、破壞金融管理秩序犯罪、金融詐騙犯罪的所得及其產生的收益，而實施的掩飾、隱瞞其來源和性質，依法應受刑罰處罰的行為。本罪具有如下構成特徵：

（1）犯罪客體是國家金融管理制度和國家正常司法活動秩序。

---

① 李文燕，楊忠民．刑法學 [M]．北京：中國人民公安大學出版社，2005：340．
② 於阜民．刑法學 [M]．北京：科學出版社，2008：278．

（2）犯罪客觀要件為對毒品犯罪、黑社會性質的組織犯罪、恐怖活動犯罪、走私犯罪、貪污賄賂犯罪、破壞金融管理秩序罪、金融詐騙犯罪的所得及其產生的收益實施的掩飾其來源和性質的行為。中國刑法規定的具體洗錢手段主要有以下幾種：①提供資金帳戶；②協助將財產轉換為現金、金融票據、有價證券；③通過轉帳或者其他結算方式協助資金轉移；④協助將資金匯往境外；⑤以其他方法掩飾、隱瞞犯罪所得及其收益的來源和性質。[1]

（3）犯罪主體是一般犯罪主體，包括自然人和單位。

（4）犯罪主觀要件是出於故意。

根據中國刑法第一百九十一條規定，犯本罪的，處5年以下有期徒刑或者拘役，並處或者單處洗錢數額的5%以上20%以下罰金；情節嚴重的，處5年以上10年以下有期徒刑，並處洗錢數額5%以上20%以下罰金。單位犯本罪的，對單位判處罰金，並對其直接負責的主管人員和其他直接責任人員，處5年以下有期徒刑或者拘役；情節嚴重的，處5年以上10年以下有期徒刑。

五、金融詐騙罪

（一）集資詐騙罪

集資詐騙罪，是指以非法佔有為目的，以詐騙方法，非法向社會公開募集資金，數額較大，依法應受刑罰處罰的行為。本罪具有如下構成特徵：

（1）犯罪客體是國家金融管理制度和公私財產權。

（2）犯罪客體要件為以詐騙方法非法集資，數額較大的行為。[2] 非法集資，是指公司、企業或者其他組織、個人未經國家有關機關批准，違反法律、法規，通過各種渠道或者方法向社會公眾或者單位、組織等募集資金的行為。實踐中，非法集資的方式通常表現為：違反國家有關規定，擅自發行股票、債券，或者變相發行股票、債券進行非法集資；用虛構事實、編造謊言的欺騙手段向社會公眾非法集資，如非法設立所謂「互助會」；利用高利息、高回報引誘社會公眾參與投資、入股或者借貸關係進行非法集資。這裡的「數額較大」，是指個人集資詐騙數額在10萬元以上，或者單位集資詐騙數額在50萬元以上。

（3）犯罪主體是自然人或者單位。

（4）犯罪主觀要件是故意，並且要求具有非法佔有的目的。在實踐中，對於行為人通過詐騙的方法非法獲取資金，造成數額較大資金不能歸還，並具有下列情形之一的，可以認定為具有非法佔有的目的：①明知沒有歸還能力而大量騙取資金；②非法取得資金后逃跑的；③肆意揮霍騙取資金的；④使用騙取的資金進行違法犯罪活動的；⑤抽逃、轉移資金、隱匿財產，以逃避返還資金的；⑥隱匿、銷毀帳目，或者搞假破產、假倒閉，以逃避返還資金的；⑦其他非法佔有資金、拒不返還的行為。如果在集資過程中雖然在某些方面誇大了集資回報條件，但主觀上並無非法佔有他人財物的目

---

[1] 於阜民. 刑法學 [M]. 北京：科學出版社，2008：285.
[2] 於阜民. 刑法學 [M]. 北京：科學出版社，2008：286.

的，只是客觀原因或者經營不善導致無力或者不能及時償還集資款及利息的，不構成犯罪。①

根據中國刑法第一百九十二條、第一百九十九條、第二百條的規定，犯本罪的，處5年以下有期徒刑或者拘役，並處2萬元以上20萬元以下罰金；數額巨大或者有其他嚴重情節的，處5年以上10年以下有期徒刑，並處5萬元以上50萬元以下罰金；數額特別巨大或者有其他特別嚴重情節的，處10年以上有期徒刑或者無期徒刑，並處5萬元以上50萬元以下罰金或者沒收財產；數額特別巨大並且給國家和人民利益造成特別重大損失的，處無期徒刑或者死刑，並處沒收財產。單位犯本罪的，對單位判處罰金，並對其直接負責的主管人員和其他直接責任人員處5年以下有期徒刑或者拘役；數額巨大或者有其他嚴重情節的，處5年以上10年以下有期徒刑；數額特別巨大或者有其他特別嚴重情節的，處10年以上有期徒刑或者無期徒刑。

(二) 信用卡詐騙罪

信用卡詐騙罪，是指使用偽造、作廢、騙取的信用卡，或者冒用他人的信用卡，或者利用信用卡惡意透支進行詐騙活動，數額較大，依法應受刑罰處罰的行為。本罪具有如下構成特徵：

(1) 本罪侵犯的客體是國家金融管理制度和公私財產權。

(2) 本罪侵犯的客體要件為使用信用卡進行詐騙活動的行為。其具體表現為以下幾種情形：使用偽造的信用卡，或者使用以虛假的身分證明騙取的信用卡；使用作廢的信用卡；冒用他人的信用卡；惡意透支。本罪的「數額較大」，是指進行信用卡詐騙活動，數額在5,000元以上。

(3) 本罪主體只能是自然人，單位不能構成本罪的犯罪主體。

(4) 本罪主觀要件是出於故意。

根據中國刑法第一百九十六條的規定，犯本罪的，處5年以下有期徒刑或者拘役，並處2萬元以上10萬元以下罰金；數額巨大或者有其他嚴重情節的，處5年以上10年以下有期徒刑，並處5萬元以上50萬元以下罰金；數額特別巨大或者有其他特別嚴重情節的，處10年以上有期徒刑或者無期徒刑，並處5萬元以上50萬元以下罰金或者沒收財產。

六、危害稅收徵管罪

(一) 偷稅罪

偷稅罪，是指納稅人、扣繳義務人違反國家稅收徵管法規，採取偽造、變造、隱匿、擅自銷毀帳簿、記帳憑證，在帳簿上多列支出或者不列、少列收入，經稅務機關通知申報而拒不申報或者進行虛假的納稅申報等手段，不繳或者少繳應納稅款，數額較大或者有其他嚴重情節，依法應受刑罰處罰的行為。本罪具有如下構成特徵：

(1) 犯罪客體是國家的稅收徵管制度。

---

① 於阜民. 刑法學 [M]. 北京：科學出版社，2008：

（2）犯罪客觀要件為採取偽造、變造、隱匿、擅自銷毀帳簿、記帳憑證，在帳簿上多列支出或者不列、少列收入，經稅務機關通知申報而拒不申報或者進行虛假的納稅申報等手段，不繳或者少繳應納稅款，數額較大或者有其他嚴重情節的行為。

（3）犯罪主體是特殊主體，即具有納稅和扣繳義務的自然人或者單位。犯罪主觀要件是出於故意。

根據中國刑法第二百零一條、第二百一十一條的規定，犯本罪的，處3年以下有期徒刑或者拘役，並處偷稅額1倍以上5倍以下罰金；偷稅數額占應納稅額的30%以上並且偷稅數額在10萬元以上的，處3年以上7年以下有期徒刑，並處偷稅數額1倍以上5倍以下罰金。單位犯本罪的，對單位判處罰金，並對其直接負責的主管人員和其他直接責任人員，依照以上規定處罰。

(二) 騙取出口退稅罪

騙取出口退稅罪，是指以假報出口或者其他騙取手段，騙取出口退稅款，數額較大，依法應受刑罰處罰的行為。本罪具有如下構成特徵：

（1）犯罪客觀要件是國家稅收徵管制度和國家財產所有權。犯罪對象是出口退稅款。

（2）犯罪客觀要件為以假報出口或者其他欺騙手段，騙取出口退稅款，數額較大的行為。

（3）犯罪主體是自然人或者單位。

（4）犯罪主觀要件是出於故意。

根據中國刑法第二百零四條、第二百一十一條的規定，犯本罪的，處5年以下有期徒刑或者拘役，並處騙取稅款1倍以上5倍以下罰金；數額巨大或者有其他嚴重情節的，處5年以上10年以下有期徒刑，並處騙取稅款1倍以上5倍以下罰金；數額特別巨大或者有其他嚴重情節的，處10年以上有期徒刑或者無期徒刑，並處騙取稅款1倍以上5倍以下罰金或者沒收財產。單位犯本罪的，對單位判處罰金，並對其直接負責的主管人員和其他直接責任人員，依照上述規定處罰。

七、侵犯知識產權罪

(一) 假冒註冊商標罪

假冒註冊商標罪，是指違反商標管理法規，未經註冊商標所有人許可，在同一種商品上使用與其註冊商標相同的商標，情節嚴重，依法應受刑罰處罰的行為。本罪具有如下構成特徵：

（1）本罪侵犯的客體既包括國家對商標的管理秩序，又包括註冊商標所有人的註冊商標專用權。

（2）本罪的客觀方面表現為違反商標管理法規，未經註冊商標所有人許可，在同

一種商品上使用與其註冊商標相同的商標，情節嚴重的行為。根據「兩個司法解釋」[①]，所謂「相同的商標」是指與被假冒的註冊商標完全相同，或者與被假冒的註冊商標在視覺上基本無差別、足以對公眾產生誤導的商標。「使用」是指將註冊商標或者假冒的註冊商標用於商品、商品包裝或者容器以及產品說明書、商品交易文書，或者將註冊商標、假冒的註冊商標用於廣告宣傳、展覽以及其他商業活動等行為。所謂「情節嚴重」是指：非法經營數額在5萬元以上或者違法所得數額在3萬元以上的；或者假冒兩種以上註冊商標，非法經營數額在3萬元以上或者違法所得數額在2萬元以上的；或者有其他情節嚴重的情形。所謂「情節特別嚴重」是指：非法經營數額在25萬元以上或者違法所得數額在15萬元以上的；或者假冒兩種以上註冊商標，非法經營數額在15萬元以上或者違法所得數額在10萬元以上的；或者有其他情節特別嚴重的情形。

（3）本罪的主體可以是自然人，也可以是單位。

（4）本罪的主觀方面是故意。

根據中國刑法第二百一十三條規定：「未經註冊商標所有人許可，在同一種商品上使用與其註冊商標相同的商標，情節嚴重的，處3年以下有期徒刑或者拘役，並處或者單處罰金；情節特別嚴重的，處3年以上7年以下有期徒刑，並處罰金。」又根據第二百二十條規定，單位犯本罪的，實行雙罰制，即對單位判處罰金，並對其直接負責的主管人員和其他直接責任人員，按照第二百一十三條規定處罰。

（二）假冒專利罪

假冒專利罪，是指違反專利管理法規，未經專利權人許可，假冒他人專利，情節嚴重，依法應受刑罰處罰的行為。本罪具有如下構成特徵：

（1）本罪侵犯的客體既包括國家對專利的管理秩序，又包括專利權人的專利權。

（2）本罪的客觀方面是「假冒他人專利」行為。其具體包括：未經許可，在其製造或者銷售的產品、產品的包裝上標註他人專利號的；未經許可，在廣告或者其他宣傳材料中使用他人的專利號，使人將所涉及的技術誤認為是他人專利技術的；未經許可，在合同中使用他人的專利號，使人將合同涉及的技術誤認為是他人專利技術的；偽造或者變造他人的專利證書、專利文件或者專利申請文件的。

（3）本罪的主體可以是自然人，也可以是單位。

（4）本罪的主觀方面是故意。

根據中國刑法第二百一十六條規定：「假冒他人專利，情節嚴重的，處3年以下有期徒刑或者拘役，並處或者單處罰金。」又根據第二百二十條規定，單位犯本罪的，實行雙罰制，即對單位判處罰金，並對其直接負責的主管人員和其他直接責任人員，按照第二百一十六條規定處罰。

（三）侵犯著作權罪

侵犯著作權罪，是指以營利為目的，違反著作權管理法規，未經著作權人許可，

[①] 本節中稱最高人民法院、最高人民檢察院2004年12月公布施行的《關於辦理侵犯知識產權刑事案件具體應用法律若干問題的解釋》和2007年4月公布施行的《關於辦理侵犯知識產權刑事案件具體應用法律若干問題的解釋（二）》為「兩個司法解釋」。

侵犯他人的著作權，違法所得數額較大或者有其他嚴重情節，依法應受刑罰處罰的行為。本罪具有如下構成特徵：

（1）本罪侵犯的客體既包括國家對文化市場的管理秩序，又包括著作權人對其作品依法享有的著作權，還包括著作鄰接權人對其傳播作品依法享有的權利。所謂「著作鄰接權人」是指作品傳播者，如圖書、報刊、錄音、錄像製品出版者以及藝術表演者等。

（2）本罪客觀方面表現為中國刑法第二百一十七條規定的四種情形之一。

（3）本罪的主體可以是自然人，也可以是單位。

（4）本罪的主觀方面是故意。

根據中國刑法第二百一十七條規定：「以違法所得數額較大或者有其他嚴重情節的，處3年以下有期徒刑或者拘役，並處或者單處罰金；違法所得數額巨大或者有其他特別嚴重情節的，處3年以上7年以下有期徒刑，並處罰金。」又根據第二百二十條規定，單位犯本罪的，實行雙罰制，即對單位判處罰金，並對其直接負責的主管人員和其他直接責任人員，按照第二百一十七條規定處罰。

（四）侵犯商業秘密罪

侵犯商業秘密罪，是指採取不正當手段，獲取、使用、披露或者允許他人使用權利人的商業秘密，給商業秘密的權利人造成重大損失，依法應受刑罰處罰的行為。本罪具有如下構成特徵：

（1）本罪侵犯的客體既包括國家對商業秘密的管理制度，又包括商業秘密的權利人享有的合法權利。

（2）本罪在客觀方面表現為中國刑法第二百一十九條第一款規定的三種情形。根據「兩個司法解釋」，所謂「給商業秘密的權利人造成重大損失」是指給商業秘密的權利人造成的損失數額在50萬元以上。「造成特別嚴重後果」是指給商業秘密的權利人造成的損失數額在250萬元以上。

（3）本罪的主體可以是自然人，也可以是單位。

（4）本罪的主觀方面通常是故意。但是，我們認為：據中國刑法第二百一十九條第二款，「應知」的主觀心理態度可以構成本罪，即本罪的主觀方面不僅可以是故意，在特定情況下也可以是過失。

根據中國刑法第二百一十九條第一款規定：「給商業秘密的權利人造成重大損失的，處3年以下有期徒刑或者拘役，並處或者單處罰金；造成特別嚴重後果的，處3年以上7年以下有期徒刑，並處罰金。」又根據第二百二十條規定，單位犯本罪的，實行雙罰制，即對單位判處罰金，並對其直接負責的主管人員和其他直接責任人員，按照第二百一十九條規定處罰。

八、擾亂市場秩序罪

（一）虛假廣告罪

虛假廣告罪，是指廣告主、廣告經營者、廣告發布者違反國家規定，利用廣告對

商品或者服務作虛假宣傳，情節嚴重，依法應受刑罰處罰的行為。本罪具有如下構成特徵：

（1）本罪侵犯的客體是國家對廣告的管理制度和消費者的合法權益。這裡的廣告，是指中國廣告法和反不正當競爭法中所指的商業廣告。

（2）本罪在客觀方面表現為違反國家規定，利用廣告對商品或者服務作虛假宣傳，情節嚴重的行為。首先，虛假廣告行為必須違反了國家法律規定，即違反中國廣告法、反不正當競爭法、消費者權益保護法以及國家有關廣告管理的行政法規中關於廣告應當真實、合法、符合社會主義精神文明建設的要求、不得含有虛假的內容、不得欺騙和誤導消費者等相關規定；其次，行為人實施了利用虛假廣告對其商品、經營和服務進行宣傳的行為，即通過報刊、電臺、電視臺、招貼、電影、幻燈、櫥窗布置、商品陳列和表演等形式，向社會公眾對商品、經營或服務內容等進行虛假的介紹。如果行為人發布的不是虛假廣告，或者雖然製作了虛假廣告而沒有向社會公眾發布，不能以本罪論處。[1]

（3）本罪的主體是特殊主體，即必須是廣告主、廣告經營者、廣告發布者；既可能是單位，也可能是個人。

（4）本罪在主觀方面表現為故意，但因主體的不同身分故意的內容有所不同。廣告主作為本罪的主體時，其主觀要件表現為直接故意，即明知利用廣告對自己生產和經營的商品或者提供的服務作虛假宣傳的行為違反國家規定，會破壞廣告管理秩序、誤導消費者，但是為了牟取非法利益而希望這樣的結果發生。廣告經營者、廣告發布者既可以表現為直接故意，也可以是間接故意，即明知自己的行為可能或必然會發生危害社會的結果，並希望或者放任該結果發生。但是，如果對廣告的虛假內容不是明知，即使有過失，也不能以本罪論處。

根據中國刑法第二百二十二條和第二百三十一條的規定，個人犯本罪的，處 2 年以下有期徒刑或者拘役，並處或者單處罰金；單位犯本罪的，對單位判處罰金，並對其直接負責的主管人員和其他直接負責人員，依照上述規定處罰。

（二）合同詐騙罪

合同詐騙罪，是指以非法佔有為目的，在簽訂、履行合同過程中採取各種虛構事實的方法，騙取對方當事人財物，數額較大，依法應受刑罰處罰的行為。本罪具有如下構成特徵：

（1）本罪的犯罪客體是複雜客體，包括市場交易秩序和他人的財產權利。

（2）本罪在客觀方面表現為以欺騙手段與他人簽訂合同，在接受對方貨物、貨款、預付款、保證金以後，根本不履行合同或者通過履行部分合同騙取財物，數額較大的行為。本罪在客觀方面的具體行為主要包括：以虛構的單位或冒用他人名義簽訂合同的；以偽造、變造、作廢的票據或者其他虛假的產權證明作擔保的；沒有實際履行能力，以先履行小額合同或部分履行合同的方法，誘騙對方當事人繼續簽訂和履行合同

---

[1] 李潔. 刑法學 [M]. 2 版. 北京：中國人民大學出版社，2014：394.

的；收受對方當事人給付的貨物、貨款、預付款或者擔保財產后逃匿的；以其他方法騙取對方當事人財物的。這裡所說的「其他方法」，是指前述 4 種合同詐騙行為外，其他利用合同騙取對方當事人財產的行為。①

（3）本罪的犯罪主體是一般主體，自然人和單位均可構成。

（4）本罪的主觀方面只能是故意，並且具有非法佔有公私財物的目的。利用合同進行詐騙的犯罪，行為人詐騙的故意既可以產生在簽訂合同之前，也可以產生在簽訂合同之后。

根據中國刑法第二百二十四條和第二百三十一條的規定，個人犯本罪的，處 3 年以下有期徒刑或者拘役，並處或者單處罰金；數額巨大或者有其他嚴重情節的，處 3 年以上 10 年以下有期徒刑，並處罰金；數額特別巨大或者有其他特別嚴重情節的，處 10 年以上有期徒刑或無期徒刑，並處罰金或者沒收財產。單位犯本罪的，對單位判處罰金，並對其直接負責的主管人員和其他直接負責人員，依照上述規定處罰。

（三）非法經營罪

非法經營罪，是指違反國家規定，實施非法經營活動，擾亂市場秩序，情節嚴重，依法應受刑罰處罰的行為。本罪具有如下構成特徵：

（1）本罪侵犯的客體是由國家市場管理法規所確定的正常的市場管理秩序。

（2）本罪在客觀方面表現為行為人違反國家規定，進行非法經營活動，擾亂市場秩序，情節嚴重的行為。具體行為表現如下：未經許可經營法律、行政法規規定的專營專賣物品或者其他限制買賣的物品；買賣進出口許可證、進出口原產地證明以及其他法律、行政法規規定的經營許可證或批准文件；未經國家行政主管部門批准，非法經營證券、期貨、保險業務的，或者非法從事資金支付結算業務的；其他嚴重擾亂市場秩序的非法經營行為。②

（3）本罪的犯罪主體是一般主體，個人和單位均可構成。

（4）本罪在主觀方面表現為故意，過失不能構成本罪。

根據中國刑法第二百二十五條和第二百三十一條的規定，個人犯本罪的，處 5 年以下有期徒刑或者拘役，並處或者單處違法所得 1 倍以上 5 倍以下罰金；情節特別嚴重的，處 5 年以上有期徒刑，並處違法所得 1 倍以上 5 倍以下罰金或者沒收財產。單位犯本罪的，對單位判處罰金，並對其直接負責的主管人員和其他直接責任人員，依照上述規定處罰。

---

① 李潔. 刑法學 [M]. 2 版. 北京：中國人民大學出版社，2014：396.
② 李潔. 刑法學 [M]. 2 版. 北京：中國人民大學出版社，2014：398.

第二十二章　侵犯公民人身權利、民主權利罪

第一節　侵犯公民人身權利、民主權利罪概述

一、侵犯公民人身權利、民主權利罪的概念和特徵

（一）侵犯公民人身權利、民主權利罪的概念

侵犯公民人身權利、民主權利罪，是指侵犯公民人身和與人身直接有關的權利，非法剝奪或者妨害公民自由行使依法享有的管理國家事務和參加社會政治活動，以及妨害婚姻家庭，依法應當受到刑罰處罰的行為。

（二）侵犯公民人身權利、民主權利罪的特徵

侵犯公民人身權利、民主權利罪具有以下幾個特徵：

（1）這類犯罪侵犯的客體，是公民的人身權利、民主權利和與人身有關的其他權利。人身權利主要是指人的生命、健康、人格、名譽和自由的權利。民主權利是指憲法、法律規定公民依法享有的選舉權和被選舉權；對任何國家工作人員的違法失職行為，向有關國家機關進行檢舉、控告或者申訴的權利。與人身有關的其他權利，是指除人身權利、民主權利以外的與人身直接有關的婚姻家庭、宗教信仰自由、通信自由等權利。

（2）這類犯罪在客觀方面，表現為侵犯公民人身權利、民主權利的行為。從行為表現形式看，有些犯罪既可以由作為形式構成，也可以由不作為形式構成。

（3）這類犯罪的主體，絕大部分是一般主體，即任何達到法定年齡，具有刑事責任能力的公民；少數犯罪為特殊主體，例如刑訊逼供罪只能由司法工作人員構成。

（4）這類犯罪在主觀方面，除過失致人死亡、過失重傷由過失構成外，其他各種犯罪都只能由故意構成。

二、侵犯公民人身權利、民主權利的種類

根據中國刑法分則第四章的規定，侵犯公民人身權利、民主權利罪共有31個條文，37個罪名，具體規定在第二百三十二條至二百六十二條。根據各具體犯罪侵犯的直接客體和各罪之間的相互關係，可以分為如下幾個方面的犯罪：

（1）侵犯公民生命權利的犯罪：故意殺人罪、過失致人死亡罪。

（2）侵犯公民健康權利的犯罪：故意傷害罪、過失致人重傷罪。

（3）侵犯婦女、兒童身心健康的犯罪：強姦罪、強制猥褻、侮辱罪、猥褻兒童罪。

（4）侵犯公民人身自由的犯罪：非法拘禁罪、綁架罪、拐賣婦女、兒童罪，收買被拐賣的婦女、兒童罪，強迫勞動罪，非法侵入住宅罪等。

（5）侵犯公民人格、名譽的犯罪：侮辱罪、誹謗罪、誣告陷害罪。

（6）侵犯公民民主權利的犯罪：破壞選舉罪，侵犯通信自由罪，報復陷害罪，打擊報復會計、統計人員罪等。

（7）司法工作人員侵犯公民權利的犯罪：刑訊逼供罪、暴力取證罪、虐待被監管人罪。

（8）破壞民主平等、宗教信仰的犯罪：煽動民族仇恨、民族歧視罪，出版歧視、侮辱少數民族作品罪，侵犯少數民族風俗習慣罪。

（9）侵犯公民婚姻家庭的犯罪：暴力干涉婚姻自由罪、重婚罪、破壞軍婚罪、虐待罪、遺棄罪、拐賣兒童罪。

第二節　重點罪名論述

一、故意殺人罪

（一）故意殺人罪的概念和特徵

故意殺人，是指故意非法剝奪他人生命，依法應當受到刑罰處罰的行為。本罪具有如下構成特徵：

（1）本罪侵犯的客體，是他人的生命權利。

這是殺人罪區別於其他犯罪的本質特徵。人的生命，始於出生，終於死亡，即從胎兒與母體分離出來獨立呼吸時起，到大腦機能停止活動時結束。至於該人是嬰兒還是大人，是健康的人還是病人，都不影響本罪的成立。殺死母腹中的胎兒（即墮胎）和掘墓毀屍，都不能構成殺人罪。

（2）本罪在客觀上表現為非法剝奪他人生命的行為。

「非法」指違反國家法律的不法行為。如果是合法剝奪他人生命的行為，例如正當防衛殺死不法侵犯者，法警依法對罪犯執行槍決等，不構成故意殺人罪。

（3）本罪主體是年滿14周歲及以上且有刑事責任能力的人。

（4）本罪在主觀上必須具有殺人的故意。

這是指行為人明知自己的非法行為會造成他人死亡的結果，而希望或放任死亡結果的發生。對死亡結果抱有希望態度的是直接故意殺人，對死亡結果報有放任態度的是間接故意殺人。二者都屬於故意殺人罪。

(二) 故意殺人罪的認定

1. 實踐中雖是自殺案件但定故意殺人罪的情形

(1) 以暴力、威脅方法逼迫他人自殺或者以相約自殺的方式欺騙他人自殺而本人不自殺的，應當以故意殺人罪定罪處罰；

(2) 誘騙幫助不滿14周歲的人或者喪失辨認或者控制能力的人自殺的，應當以故意殺人罪定罪處罰；

(3) 實施了刑法所規定的作為或者不作為而造成他人自殺身亡的，應當將他人自殺身亡的結果作為行為人構成的某種犯罪的量刑情節予以考慮；

(4) 教唆、幫助意志完全自由的人自殺的，不以犯罪論處。

2. 本罪與危害公共安全罪（以放火、爆炸、決水、投放危險物質等危險方法造成被害人死亡）的區別

兩者區別的關鍵在於針對對象是否特定及是否危及公共安全：本罪針對的是特定的犯罪對象，可能是一個人，也可能是幾個人；而后罪針對的不特定的多數人的生命、健康和重大公私財產的安全。

(三) 對故意殺人罪的處罰

根據中國刑法第二百三十二條規定：「故意殺人的，處死刑、無期徒刑或者10年以上有期徒刑；情節較輕的，處3年以上10年以下有期徒刑。」

二、過失致人死亡罪

(一) 過失致人死亡罪的概念和特徵

過失致人死亡罪，是指行為人因疏忽大意沒有預見到或者已經預見到而輕信能夠避免造成的剝奪他人生命權，依法應當受到刑罰處罰的行為。本罪具有如下構成特徵：

(1) 本罪侵犯的客體是他人的生命權。

(2) 本罪在客觀方面表現為過失致使他人死亡的行為。且須同時具備以下三要素：行為人具有致人死亡的行為、客觀上必須發生了致人死亡的結果、行為人的過失行為與被害人死亡結果之間有因果關係。

(3) 本罪的犯罪主體是一般主體，即年滿16周歲以上且具有刑事責任能力的自然人；已滿14周歲不滿16周歲的自然人不能成為本罪主體。

(4) 本罪主觀上只能是過失，包括疏忽大意的過失和過於自信的過失，且過失針對的是死亡結果。

(二) 過失致人死亡罪的認定

本罪與故意殺人罪的危害結果相同，最大的區別在於主觀方面不同。過失行為只有已經造成他人死亡時，才構成過失致人死亡罪。且如果中國刑法上針對過失致人死亡另有明確規定的，依照相關規定處罰。比如司機駕車不慎撞死他人，應按交通肇事罪處理，而非過失致人死亡罪。

(三) 對過失致人死亡罪的處罰

中國刑法第二百三十三條規定：「過失致人死亡的，處3年以上7年以下有期徒

刑；情節較輕的，處 3 年以下有期徒刑。」

三、故意傷害罪

(一) 故意傷害罪的概念和特徵

故意傷害罪，是指故意非法損害他人健康，依法應當受到刑罰處罰的行為。本罪具有如下構成特徵：

(1) 本罪侵犯的客體是他人的身體健康，主要表現在他人的肢體、器官或身體其他部位組織的完整，或者身體內部和外部器官的正常機能。

(2) 本罪在客觀上表現為非法損害他人健康的行為。實施傷害行為的手段是多種多樣的——無論是暴力手段，還是非暴力手段；使用了凶器，還是沒有使用凶器；自己動手傷人，還是利用第三人或動物去傷人——都構成故意傷害罪。

(3) 本罪的犯罪主體是一般主體，即年滿 16 周歲以上且具有刑事責任能力的自然人。

(4) 本罪在主觀上必須具有傷害的故意，即行為人明知自己的行為會發生損害他人健康的結果，並且希望或放任這種結果發生。

(二) 故意傷害罪的認定

(1) 故意傷害自己的健康，不構成故意傷害罪。但是如果這種傷害行為危害了社會利益而觸犯中國刑法其他規定的，應按有關規定定罪處罰。例如，軍人戰時自傷身體，以逃避執行軍事義務，應按中國刑法第四百三十四條戰時自傷罪論處；為了誣陷他人而自傷身體，應按中國刑法第二百四十三條誣告陷害罪論處。

(2) 醫生為保全患者的生命截去其壞死的肢體、實行正當防衛的人將不法侵犯者打傷、司法人員將無視開槍警告的逃犯擊傷等，都是合法行為，不構成故意傷害罪。

(3) 認定重傷的標準。[①] 按照《人體重傷鑒定標準》，重傷是指以下情形：使人肢體殘廢或毀人容貌（使人面部變成難以恢復的醜陋形狀）的，使人喪失聽覺、視覺或者其他器官功能的，其他對於人體健康有重大傷害的。在一般情況下，判斷傷勢輕重，以傷害當時的情況為主，結合考慮案件判處前的治療情況。

(三) 對故意傷害罪的處罰

(1) 中國刑法第二百三十四條規定：「故意傷害他人身體的，處 3 年以下有期徒刑、拘役或者管制。犯前款罪，致人重傷的，處 3 年以上 10 年以下有期徒刑；致人死亡或者以特別殘忍手段致人重傷造成嚴重殘疾的，處 10 年以上有期徒刑、無期徒刑或者死刑。」

(2) 根據 2017 年 4 月 1 日實施的最高人民法院《關於常見犯罪的量刑指導意見》（以下簡稱《量刑指導意見》）的規定，構成故意傷害罪的，可以根據下列不同情形在相應的幅度內確定量刑起點：

[①] 中國刑法第九十五條對重傷的標準做了原則性的規定。根據這一規定，1990 年 3 月 29 日，司法部、最高人民法院、最高人民檢察院、公安部聯合發佈了《人體重傷鑒定標準》。

①故意傷害致一人輕傷的，可以在 2 年以下有期徒刑、拘役幅度內確定量刑起點。

②故意傷害致一人重傷的，可以在 3 年至 5 年有期徒刑幅度內確定量刑起點。

③以特別殘忍手段故意傷害致一人重傷，造成六級嚴重殘疾的，可以在 10 年至 13 年有期徒刑幅度內確定量刑起點。依法應當判處無期徒刑以上刑罰的除外。

四、強姦罪

（一）強姦罪的概念和特徵

強姦罪，是指以暴力、脅迫或者其他手段，違背婦女意志，強行與其發生性關係，依法應當受到刑罰處罰的行為。本罪具有如下構成特徵：

（1）本罪侵犯的客體，是婦女的性的自主權，即婦女按照自己的意志決定正當性行為的權利。

（2）本罪在客觀上表現為違背婦女意志，使用暴力、脅迫或者其他手段，實施強行奸淫的行為。

「違背婦女意志」，是指違背婦女當時的真實意願；「實施強行奸淫的行為」，是指行為人使用暴力、脅迫或者其他手段，使被害人處於不能反抗、不敢反抗或者不知反抗的情況下，對其實施奸淫行為。需要注意的是違背婦女意志和實施強行奸淫的行為是互相聯繫、互相依存的：違背婦女意志而實施奸淫行為，必然是借助暴力、脅迫或者其他手段；違背婦女意志是構成強姦婦女罪的本質特徵，而實施強行奸淫的行為則是本質特徵的客觀表現。

（3）本罪的主體是特殊主體，即年滿 14 周歲具有刑事責任能力的男子。婦女可以成為教唆、幫助男子實施強姦的共犯。

（4）本罪在主觀上只能由故意構成，並具有奸淫的目的。

（二）強姦罪的認定

1. 本罪與通姦的區別

通姦是指一方或雙方有配偶的男女自願發生性關係的行為。它和強姦罪的根本區別在於沒有違背婦女的意志，也沒有採取暴力、脅迫等強制手段。

2. 本罪與未婚男女在戀愛過程中發生的不正當性行為的區別

未婚男女在戀愛過程中發生的不正當性行為雙方是自願的，不發生違背女方意志的問題，不構成犯罪。

3. 輪姦與男女之間亂搞兩性關係的區別

輪姦是指二男或以上，在同一時間，輪流對同一婦女強行奸淫的行為，屬於情節嚴重的強姦罪。男女多人，在同一時間、地點亂搞兩性關係，並不違背婦女意志，不能定為強姦罪。

（三）對強姦罪的處罰

（1）中國刑法第二百三十六條規定：「以暴力、脅迫或者其他手段強姦婦女的，處 3 年以上 10 年以下有期徒刑。奸淫不滿 14 周歲的幼女的，以強姦論，從重處罰。」

中國刑法第二百三十六條第二款規定：「強姦婦女、奸淫幼女，有下列情形之一

的，處 10 年以上有期徒刑、無期徒刑或者死刑：（一）強姦婦女、姦淫幼女情節惡劣的；（二）強姦婦女、姦淫幼女多人的；（三）在公共場所當眾強姦婦女的；（四）二人以上輪姦的；（五）致使被害人重傷、死亡或者造成其他嚴重后果的。」

（2）根據《量刑指導意見》的規定，構成強姦罪的，可以根據下列不同情形在相應的幅度內確定量刑起點：

①強姦婦女一人的，可以在 3 年至 6 年有期徒刑幅度內確定量刑起點。姦淫幼女一人的，可以在 4 年至 7 年有期徒刑幅度內確定量刑起點。

②有下列情形之一的，可以在 10 年至 13 年有期徒刑幅度內確定量刑起點：強姦婦女、姦淫幼女情節惡劣的；強姦婦女、姦淫幼女 3 人的；在公共場所當眾強姦婦女的；2 人以上輪姦婦女的；強姦致被害人重傷或者造成其他嚴重后果的。依法應當判處無期徒刑以上刑罰的除外。

五、綁架罪

（一）綁架罪的概念和特徵

綁架罪，是指以勒索財物為目的或者出於其他目的，採用暴力、脅迫或者麻醉方法，劫持他人作為人質，依法應當受到刑罰處罰的行為。本罪具有如下構成特徵：

（1）本罪侵犯的客體是複雜客體，既侵犯被害人的財產所有權，又侵犯被害人的人身權利。

（2）本罪在客觀方面表現為使用暴力、脅迫或者麻醉的方法，劫持他人或者綁架他人作為人質的行為。

（3）本罪是一般主體。由於本罪的危害性嚴重，已滿 14 周歲的人，便可成為本罪主體。

（4）本罪主觀方面必須出於故意，並具有勒索財物的目的或者其他目的。

（二）綁架罪的認定

1. 本罪與搶劫罪的區別

區別	綁架罪	搶劫罪
侵犯方法	綁架人質，然后以傷害或者殺害人質相威脅而勒索	當場對被害人施加暴力或者威脅而劫取財物
強取財物的時間與手段	按犯罪分子指定的時間、地點送交錢財	當場劫取或者令其交出財物
強取錢財數額	必須按犯罪分子的要求交付	以當場搶到多少為限

2. 本罪與為討債而綁架人質的區別

實踐中，經常會發生為討還債務、追回借出物品等其他目的而扣押人質的行為，如果情節較輕，危害不大，可以不以犯罪論處；如果情節嚴重，危害較大，構成犯罪的，可定為非法拘禁罪。

3. 本罪的既遂與未遂的區別

本罪的既遂與未遂不以是否勒索財物為標準，因為勒索財物只是行為人的主觀目的，只要實施了相關犯罪行為，即可構成既遂。

根據中國刑法第二百三十九條第二款規定，以勒索財物為目的，偷盜嬰幼兒的（秘密抱走或者哄騙領走、帶走不滿6周歲的嬰、幼兒脫離家庭或者監護人，勒令以財物贖回人質的行為），依照綁架罪處罰。

(三) 對綁架罪的處罰

中國刑法第二百三十九條規定：「以勒索財物為目的綁架他人的，或者綁架他人作為人質的，處10年以上有期徒刑或者無期徒刑，並處罰金或者沒收財產；致使被綁架人死亡或者殺害被綁架人的，處死刑，並處沒收財產。」

其中，「致使被綁架人死亡」是指在綁架過程中使用暴力故意傷害致人死亡；「殺害綁架人」包括先將人質殺死，然后隱瞞事實真相向人質親友勒索贖金；或者在勒索目的達到或未達目的以后殺死人質（撕票）。

六、拐賣婦女、兒童罪

(一) 拐賣婦女、兒童罪的概念和特徵

拐賣婦女、兒童罪，是指以出賣為目的，有拐騙、綁架、收買、販賣、接送、中轉婦女或兒童，依法應當受到刑罰處罰的行為。本罪具有如下構成特徵：

(1) 本罪侵犯的客體是婦女、兒童的人身自由權利。本罪侵犯的對象，僅限於婦女和兒童。

(2) 本罪在客觀方面表現為實施拐騙、收買、販賣、接送或者中轉婦女或兒童的行為。「拐騙」指用欺騙、利誘等手段使婦女、兒童脫離家庭或者監護人，以便販賣的行為；「收買」指為了再轉手高價賣出而從拐賣、綁架婦女兒童的犯罪分子手中買來被害婦女、兒童的行為；「販賣」指拐賣婦女、兒童的犯罪分子將拐騙、收買來的婦女、兒童賣與他人的行為。

(3) 本罪是一般主體，即年滿16周歲且具有刑事責任能力的自然人。

(4) 本罪在主觀方面，只能是直接故意，並且具有出賣的目的，即為了出賣而拐騙、收買、販賣、接送、中轉婦女或兒童等。

(二) 本罪與拐騙兒童罪的區別

兩罪最主要的區別在於以下兩個方面：一是侵犯的客體不同，本罪侵犯的客體是被拐賣兒童的人身自由權利，拐騙兒童罪侵犯的是他人的家庭關係和兒童的合法權益；二是目的不同，本罪拐賣兒童的目的一般是為了圖財，而拐騙兒童罪是為了收養、使喚等。

(三) 對拐賣婦女、兒童罪的處罰

中國刑法第二百四十條規定：「拐賣婦女、兒童的，處5年以上10年以下有期徒刑，並處罰金。拐賣婦女、兒童犯罪情節嚴重的，處10年以上有期徒刑或者無期徒刑，並處罰金或者沒收財產。」

該條還規定了本罪應當處以死刑的情形：「情節特別嚴重的，處死刑，並處沒收財產：①拐賣婦女、兒童集團的首要分子；②拐賣婦女、兒童三人以上的；③奸淫被拐賣的婦女的；④誘騙、強迫被拐賣的婦女賣淫或者將被拐賣的婦女賣給他人迫使其賣淫的；⑤以出賣為目的，使用暴力、脅迫或者麻醉方法綁架婦女、兒童的；⑥以出賣為目的，偷盜嬰幼兒的；⑦造成被拐賣的婦女、兒童或者其親屬重傷、死亡或者其他嚴重后果的；⑧將婦女、兒童賣往境外的。」

七、侮辱罪、誹謗罪

(一) 侮辱罪、誹謗罪的概念和特徵

侮辱罪，是指使用暴力或者其他方法，公然貶低他人人格，破壞他人名譽，情節嚴重，依法應當受到刑罰處罰的行為；誹謗罪，是指捏造並散布虛構的事實，損害他人人格，破壞他人名譽，情節嚴重，依法應當受到刑罰處罰的行為。

侮辱罪、誹謗罪在侵犯的客體、犯罪主體和犯罪主觀方面都相同，主要區別就在犯罪的客觀方面，中國刑法將這兩種犯罪規定在一個條文中，適用同一法定刑。這兩種犯罪具有如下構成特徵：

(1) 本罪侵犯的客體是公民的人格尊嚴，包括姓名權（公民依法決定、使用、改變自己姓名和保護自己姓名的權利）與肖像權（公民對自己的肖像加以認可、利用和保護的權利）。

(2) 本罪在客觀方面，須具有以暴力或者其他方法公然侮辱他人或者捏造事實誹謗他人的行為。

(3) 本罪是一般主體，即年滿16周歲以上且具有刑事責任能力的自然人。法人不能成為本罪的主體。

(4) 本罪在主觀方面，只能由故意構成，並且具有侮辱他人或者誹謗他人的目的。

(二) 侮辱罪、誹謗罪的認定

1. 本罪與一般侮辱、誹謗違法行為

根據中國刑法第二百四十六條規定，侮辱、誹謗他人的行為，必須情節嚴重的，才構成犯罪。一般的侮辱、誹謗行為，情節較輕的，不以犯罪論處。根據《治安管理處罰條例》有關規定，尚不夠刑事處罰，可處15日以下的拘留、200元以下的罰款或者警告。

2. 誹謗罪與誣告陷害罪

區別	誹謗罪	誣告陷害罪
捏造的內容	足以損害他人的人格、名譽的事實	犯罪事實
行為方式	向社會擴散或者讓眾多的人知道	必須向國家機關或者有關部門告發
主觀方面	意圖損害他人的人格、名譽	意圖使他人受刑事處分
侵犯的客體	他人的人格和名譽權利	公民的人身權利和司法機關的正常活動

（三）對侮辱罪、誹謗罪的處罰

中國刑法第二百四十六條規定：「以暴力或者其他方法公然侮辱他人或者捏造事實誹謗他人，情節嚴重的，處3年以下有期徒刑、拘役、管制或者剝奪政治權利。」

同時第二款規定，犯本罪的，告訴的才處理，但是嚴重危害社會秩序和國家利益的除外。所謂「告訴的才處理」，根據中國刑法第九十八條規定，是指被害人告訴才處理，即被害人直接向人民法院告發的，人民法院才受理，屬於自訴案件。另也強調規定如果被害人因受強制、威嚇無法告訴的，人民檢察院和被害人的近親屬也可以告訴。

第三款更明確規定：「通過信息網路實施第一款規定的行為，被害人向人民法院告訴，但提供證據確有困難的，人民法院可以要求公安機關提供協助。」

八、刑訊逼供罪

（一）刑訊逼供罪的概念和特徵

刑訊逼供罪，是指司法工作人員對犯罪嫌疑人、被告人使用肉刑或者變相肉刑，逼取口供，依法應當受到刑罰處罰的行為。本罪具有如下構成特徵：

（1）本罪侵犯的客體是公民的人身權利和司法機關的正常活動。犯罪對象包括犯罪嫌疑人；正在偵查起訴、審判過程中的刑事被告人；已經判決有罪、正在服刑中的罪犯。

（2）本罪在客觀方面，表現為使用肉刑或者變相肉刑逼取口供的行為。

（3）本罪的主體只能是司法工作人員，而且主要指有審訊職權的司法工作人員。

（4）本罪在主觀方面，只能由故意構成，並具有逼取口供的目的。

（二）對刑訊逼供罪的處罰

中國刑法第二百四十七條規定：「司法工作人員對犯罪嫌疑人、被告人實行刑訊逼供或者使用暴力逼取證人證言的，處3年以下有期徒刑或者拘役。致人傷殘、死亡的，依照本法第二百三十四條（故意傷害罪）、第二百三十二條（故意殺人罪）的規定定罪從重處罰。」

九、暴力干涉婚姻自由罪

（一）暴力干涉婚姻自由罪的概念和特徵

暴力干涉婚姻自由罪，是指以暴力手段干涉他人行使結婚和離婚自由權利，依法應當受到刑罰處罰的行為。本罪具有如下構成特徵：

（1）本罪侵犯的客體，包括他人的婚姻自由權利及他人的人身權利。婚姻自由權利，包括結婚自由和離婚自由的權利。

（2）本罪在客觀方面，表現為使用暴力方法干涉他人婚姻自由的行為。

（3）本罪是一般主體，即年滿16周歲以上且具有刑事責任能力的自然人。

（4）本罪在主觀方面，只能是直接故意，過失不構成本罪。

（二）對暴力干涉婚姻自由罪的處罰

中國刑法第二百五十七條規定：「犯暴力干涉婚姻自由罪的，處2年以下有期徒刑

或者拘役；致使被害人死亡的，處 2 年以上 7 年以下有期徒刑。」其中，「致使被害人死亡」包括暴力干涉婚姻自由導致被干涉者自殺和過失致被干涉者死亡兩種情況。

特別需要注意的是，本罪如果未引起被害人死亡的，那麼被干涉者告訴的才處理。

十、重婚罪

(一) 重婚罪的概念與特徵

重婚罪，是指有配偶而又與他人結婚，或者明知他人有配偶而與之結婚，依法應當受到刑罰處罰的行為。本罪具有如下構成特徵：

(1) 本罪侵犯的客體，是中國一夫一妻制的婚姻制度。

(2) 本罪在客觀方面，表現為有配偶而又重婚，或者明知他人有配偶而與之結婚的行為。「有配偶而重婚」，指已經結婚的自然人，在沒有依法解除婚姻關係之前，又與他人結婚；「明知他人有配偶而與之結婚」指本人雖然沒有結婚，但明知對方是有夫之婦，或者有婦之夫而與其結婚。

(3) 本罪的主體包括兩種：一種是已有配偶的人；另一種是本人雖無配偶，但明知他人有配偶而與之結婚者。

(4) 本罪在主觀方面，只能是故意。

(二) 重婚罪的認定

(1) 對已履行結婚登記手續，而尚未同居的男女一方又與他人結婚的，應認定為重婚行為。

(2) 對夫妻雙方或其中任何一方雖提出離婚要求，但尚未辦理解除婚姻關係即取得離婚證之前，又與他人結婚的，應認定為重婚行為。

(三) 對重婚罪的處罰

中國刑法第二百五十八條規定：「有配偶而重婚的，或者明知他人有配偶而與之結婚的，處 2 年以下有期徒刑或者拘役。」

十一、虐待罪

(一) 虐待罪的概念和特徵

虐待罪，是指對共同生活的家庭成員，經常以打罵、強迫過度勞動等方法，從肉體上和精神上進行殘害，情節惡劣，依法應當受到刑罰處罰的行為。本罪具有如下構成特徵：

(1) 本罪侵犯的客體，既包括共同生活的家庭成員依法享有的合法權利，也包括被害人的人身權利。

(2) 本罪在客觀方面，表現為實施虐待行為。虐待行為既可以是積極的作為方式，也可以是消極的不作為方式。比如打罵、不給吃飯、強迫勞動等。

(3) 虐待罪的主體，要求具有特定身分，即指與被虐待者具有一定的親屬關係或收養關係，並在一個家庭內部共同生活的自然人。

(4) 本罪在主觀方面，只能是故意。

（二）對虐待罪的處罰

根據中國刑法第二百六十條第一款規定，虐待家庭成員，情節惡劣的，處 2 年以下有期徒刑、拘役或者管制。而且規定告訴的才處理，但也明確規定了除外情形，即被害人沒有能力告訴，或者因受到強制、威嚇無法告訴。

本條第二款規定，因虐待引起被害人重傷、死亡的，處 2 年以上 7 年以下有期徒刑。

第二十三章　侵犯財產罪

第一節　侵犯財產罪概述

一、侵犯財產罪的概念和特徵

(一) 侵犯財產罪的概念

侵犯財產罪，是指故意非法地將公共財產和公民私有財產據為己有，或者故意毀壞公私財物的，依法應當受到刑罰處罰的行為。

(二) 侵犯財產罪的特徵

(1) 本類犯罪侵犯的客體是公私財產的所有權。

侵犯的對象是公共財產和公民私人所有的財產。「公共財產」的範圍包括：國有財產；勞動群眾集體所有的財產；用於扶貧和其他公益事業的社會捐助或者專項基金的財產；在國家機關、國有公司、企業和人民團體管理、使用或者運輸中的私人財產。「公民私人所有的財產」的範圍包括：公民的合法收入、儲蓄、房屋和其他生活資料；依法歸個人、家庭所有的生產資料；個體戶和私營企業的合法財產；依法歸個人所有的股份、股票、債券和其他財產。[①]

另外須注意，本類犯罪侵犯的財產必須具有經濟價值，必須具有所有權關係。所以如果是無主物，或者遺棄物，就不能成為本類犯罪的犯罪對象。

(2) 本類犯罪的主體除少數是特殊主體外，其餘皆為一般主體。

多數犯罪是一般主體，如盜竊罪、詐騙罪、搶奪罪、故意毀壞財物罪等；少數犯罪是特殊主體，要求由具備一定身分的人員構成，如職務侵占罪和挪用資金罪的主體必須是公司、企業或者其他單位的人員，如貪污罪的主體必須是國家機關工作人員等。

(3) 本類犯罪的主觀方面只能是出於故意，而且除故意毀壞財物罪外，都具有非法佔有的目的，即明知是公共的或者他人的財物而意圖把它非法轉歸已有或者歸第三者（既包括公民個人，也包括集體）佔有。

(4) 本類犯罪的客觀方面表現為侵犯公私財產關係的行為。

大多表現為以暴力或非暴力、以公開或者秘密的方法，攫取公私財物，挪用單位財物，或者毀壞公私財物的行為。行為表現大多為兩類：一是以各種手段非法佔有公

[①] 根據刑法典第九十一條的和九十二條的規定。

私財物的行為；二是故意毀壞公私財物的行為。

二、侵犯財產罪的種類

根據中國刑法第五章的規定，侵犯財產罪包括：搶劫罪；盜竊罪；搶奪罪；詐騙罪；聚眾哄搶公私財物罪；侵占罪；職務侵占罪；挪用資金罪；挪用特定款物罪；敲詐勒索罪；故意毀壞財物罪；破壞生產經營罪。

第二節　重點罪名論述

一、搶劫罪

（一）搶劫罪的概念和特徵

搶劫罪，是指以非法佔有為目的，當場施用暴力、脅迫或者其他方法，劫取公私財物，依法應當受到刑罰處罰的行為。本罪具有如下構成特徵：

（1）本罪侵犯的客體是複雜客體，是公私財物的所有權和公民的人身權利。

（2）本罪在客觀方面表現為對公私財物的所有人、持有人或者保管人等當場使用暴力、脅迫或者其他方法強行劫取財物，或者迫使其當場交出財物的行為。「暴力」是指對被害人的身體施以打擊或強制，比如毆打、捆綁、傷害等強暴行為；「脅迫」指以暴力相威脅；「其他方法」指行為人實施暴力、脅迫方法以外的其他使被害人不知反抗或不能反抗的方法。

（3）本罪在主觀方面必須出於直接故意，並且具有非法佔有公私財物的目的。

（4）本罪的主體是一般主體。而且凡年滿14周歲以上且具有刑事責任能力的自然人[1]，均可以構成本罪的主體。

（二）搶劫罪的認定

（1）行為人先是實行盜竊，在盜竊過程中由於遭到反抗而施用暴力，將財物搶走的，應按搶劫定罪。

（2）行為人事先攜帶並身藏凶器，準備進行搶劫，但進入現場後，發現無人看管而將財物偷走的，應按盜竊定罪。

（3）搶劫賭資、犯罪所得的贓款贓物的，以搶劫罪定罪。但是行為人僅以其自己所輸的賭資或所贏的賭債為搶劫對象，一般不以搶劫罪定罪處罰。構成其他犯罪的，依照刑法的相關規定處罰。[2]

（4）行為人先盜竊、詐騙、搶奪財物，而後為了掩藏贓物、抗拒抓捕或毀滅罪證又當場使用暴力或者以暴力相威脅的，則是由原來犯的盜竊罪、詐騙罪、搶奪罪轉化為搶劫罪，應以搶劫罪定罪量刑。

---

[1] 中國刑法第十七條規定。
[2] 《最高人民法院關於審理搶劫、搶奪刑事案件適用法律若干問題的意見》第七條第二款規定。

(三) 對搶劫罪的處罰

中國刑法第二百六十三條規定：

(1) 以暴力、脅迫或者其他方法搶劫公私財物的，處3年以上10年以下有期徒刑、並處罰金。

(2) 本罪加重處罰即處10年以上有期徒刑、無期徒刑或者死刑，並處罰金或者沒收財產的情形包括：入戶搶劫的；在公共交通工具上搶劫的；搶劫金融機構的；多次搶劫或搶劫數額巨大的；搶劫致人重傷、死亡的；冒充軍警人員搶劫的；持槍搶劫的；搶劫軍用物資或者搶險、救災、救濟物資的。

需要注意的是，根據中國刑法第二百六十九條規定，犯盜竊、詐騙、搶奪罪，為窩藏贓物、抗拒抓捕或者毀滅罪證而當場使用暴力或者以暴力相威脅的，依照本法第二百六十三條的規定定罪處罰。攜帶凶器搶奪的，依照本法第二百六十三條（搶劫罪）的規定定罪處罰。

根據《量刑指導意見》的規定，構成搶劫罪的，可以根據下列不同情形在相應的幅度內確定量刑起點：

(1) 搶劫一次的，可以在3年至6年有期徒刑幅度內確定量刑起點。

(2) 有下列情形之一的，可以在10年至13年有期徒刑幅度內確定量刑起點：入戶搶劫的；在公共交通工具上搶劫的；搶劫銀行或者其他金融機構的；搶劫3次或者搶劫數額達到數額巨大起點的；搶劫致一人重傷的；冒充軍警人員搶劫的；持槍搶劫的；搶劫軍用物資或者搶險、救災、救濟物資的。依法應當判處無期徒刑以上刑罰的除外。

二、搶奪罪

(一) 搶奪罪的概念和特徵

搶奪罪，是指以非法佔有為目的，乘人不備，公然奪取數額較大的公私財物，依法應當受到刑罰處罰的行為。本罪有如下構成特徵：

(1) 本罪侵犯的客體是公私財物的所有權。本罪的對象是一般的財物，如金錢、物品等，不包括槍支、彈藥、公文、證件、印章等特殊物品，否則不構成本罪，會涉及其他具體犯罪。

(2) 本罪在客觀方面表現為乘人不備，公開奪取公私財物，且取得數額較大的財物的行為。

(3) 本罪主體為一般主體，即年滿16周歲以上且具備刑事責任能力的自然人。

(4) 本罪在主觀方面表現為故意，且具有非法佔有公私財物的目的。行為人明知自己的行為會發生侵犯公私財產的結果，並且希望這種結果發生。

(二) 搶奪罪的認定

1. 本罪與搶劫罪的區別

搶奪罪與搶劫罪最關鍵的區別在於犯罪客觀方面表現是否「使用暴力或脅迫」。搶奪罪是不採用暴力、脅迫等強制方法而公然奪取財物；搶劫罪是行為人採取暴力、脅

迫或者其他手段迫使被害人交出財物或者直接將財物搶走。

2. 本罪與盜竊罪的區別

區別搶奪罪和盜竊罪的關鍵在於「公然奪取」。盜竊罪是秘密竊取公私財物的行為，即行為人用自以為不會被財物控製人發覺的手段竊走財物；而搶奪罪的客觀方面是公然搶奪他人財物的行為，即行為人當著財物管理者的面，公開奪走其財物。

(三) 對搶奪罪的處罰

中國刑法第二百六十七條規定：

(1) 數額較大的，處 3 年以下有期徒刑、拘役或者管制，並處或者單處罰金。

(2) 數額巨大或者有其他嚴重情節的，處 3 年以上 10 年以下有期徒刑，並處罰金。

(3) 數額特別巨大或者有其他特別嚴重情節的，處 10 年以上有期徒刑或者無期徒刑，並處罰金或者沒收財產。其中，「情節特別嚴重」主要指搶奪財物數額特別巨大的；搶奪救災款物、軍用物資，后果特別嚴重的等，則從重處罰。

根據《量刑指導意見》的規定，構成搶奪罪的，可以根據下列不同情形在相應的幅度內確定量刑起點：

(1) 達到數額較大起點的，或者 2 年內 3 次搶奪的，可以在 1 年以下有期徒刑、拘役幅度內確定量刑起點。

(2) 達到數額巨大起點或者有其他嚴重情節的，可以在 3 年至 5 年有期徒刑幅度內確定量刑起點。

(3) 達到數額特別巨大起點或者有其他特別嚴重情節的，可以在 10 年至 12 年有期徒刑幅度內確定量刑起點。依法應當判處無期徒刑的除外。

三、盜竊罪

(一) 盜竊罪的概念和特徵

盜竊罪，是指以非法佔有為目的，盜竊公私財物數額較大或者多次盜竊、入戶盜竊、攜帶凶器盜竊、扒竊公私財物，依法應當受到刑罰處罰的行為。本罪具有如下構成特徵：

(1) 本罪侵犯的客體是公私財物的所有權。侵犯的對象，是國家、集體或個人的財物。

(2) 本罪在客觀方面表現為行為人具有竊取數額較大的公私財物或者多次竊取公私財物的行為。「竊取」指行為人違反被害人的意志，將他人佔有的財物轉移為自己或第三者（包括單位）佔有。

(3) 本罪主體是一般主體，即年滿 16 周歲以上且具備刑事責任能力的人。

(4) 本罪在主觀方面表現為直接故意，且具有非法佔有的目的。

(二) 盜竊罪的認定

司法實踐中，以下情況均以盜竊罪定罪處罰：盜竊信用卡並使用的；盜竊增值稅專用發票或者可以用於騙取出口退稅、抵扣稅款的其他發票的；郵政工作人員私自開

拆或者隱匿、毀棄郵件、電報而竊取財物的；以牟利為目的，盜接他人通信線路、複製他人電信碼號或者明知是盜接、複製的電信設備、設施而使用的；將電信卡非法充值后使用，造成電信資費損失數額較大；盜用他人公共信息網路上網帳號、密碼上網，造成他人電信資費損失數額較大的。

(三) 對盜竊罪的處罰

中國刑法第二百六十四條規定：

(1) 盜竊公私財物，數額較大或者多次盜竊的，處3年以下有期徒刑、拘役或者管制，並處或者單處罰金。

(2) 數額巨大或者有其他嚴重情節的，處3年以上10年以下有期徒刑，並處罰金。

(3) 數額特別巨大或者有其他特別嚴重情節（主要指盜竊數額巨大的盜竊集團的首要分子；盜竊數額特別巨大的；盜竊金庫、珍貴文物、重要軍事物資、救災物資數額巨大的等）的，處10年以上有期徒刑或者無期徒刑，並處罰金或者沒收財產。

(4) 有下列情形之一的，處無期徒刑或者死刑，並處沒收財產：盜竊金融機構，數額特別巨大的；盜竊珍貴文物，情節嚴重的。

根據《量刑指導意見》的規定，構成盜竊罪的，可以根據下列不同情形在相應的幅度內確定量刑起點：

(1) 達到數額較大起點的，2年內3次盜竊的，入戶盜竊的，攜帶凶器盜竊的，或者扒竊的，可以在1年以下有期徒刑、拘役幅度內確定量刑起點。

(2) 達到數額巨大起點或者有其他嚴重情節的，可以在3年至4年有期徒刑幅度內確定量刑起點。

(3) 達到數額特別巨大起點或者有其他特別嚴重情節的，可以在10年至12年有期徒刑幅度內確定量刑起點。依法應當判處無期徒刑的除外。

四、詐騙罪

(一) 詐騙罪的概念和特徵

詐騙罪，是指以非法佔有為目的，用虛構事實或者隱瞞真相的方法，騙取數額較大的公私財物，依法應當受到刑罰處罰的行為。本罪具有如下構成特徵：

(1) 本罪侵犯的客體是公私財物所有權。本罪侵犯的對象不包括非法利益，也應排除金融機構的貸款（已在中國刑法分則中規定為貸款詐騙罪）。

(2) 本罪在客觀上表現為使用欺詐方法騙取數額較大的公私財物。即用虛構事實或隱瞞真相欺騙方法使被害人產生錯誤認識，且基於錯誤認識處分財產，使行為人取得財產，被害人損失財產。

(3) 本罪主體是一般主體，即年滿16周歲以上且具有刑事責任能力的自然人。

(4) 本罪在主觀方面為直接故意，並且具有非法佔有公私財物的目的。

(二) 對詐騙罪的處罰

中國刑法第二百六十六條規定：

(1) 數額較大的（詐騙公私財物價值3,000元至10,000元以上），處3年以下有

期徒刑、拘役或者管制，並處或者單處罰金。

（2）數額巨大（詐騙公私財物價值 3 萬元至 10 萬元以上）或者有其他嚴重情節的，處 3 年以上 10 年以下有期徒刑，並處罰金。

（3）數額特別巨大（詐騙公私財物價值 50 萬元以上的）或者有其他特別嚴重情節的，處 10 年以上有期徒刑或者無期徒刑，並處罰金或者沒收財產。

根據《量刑指導意見》的規定，構成詐騙罪的，可以根據下列不同情形在相應的幅度內確定量刑起點：

（1）達到數額較大起點的，可以在 1 年以下有期徒刑、拘役幅度內確定量刑起點。

（2）達到數額巨大起點或者有其他嚴重情節的，可以在 3 年至 4 年有期徒刑幅度內確定量刑起點。

（3）達到數額特別巨大起點或者有其他特別嚴重情節的，可以在 10 年至 12 年有期徒刑幅度內確定量刑起點。依法應當判處無期徒刑的除外。

五、敲詐勒索罪

（一）敲詐勒索罪的概念和特徵

敲詐勒索罪，是指以非法佔有為目的，對被害人使用威脅或要挾的方法，強行索要公私財物，依法應當受到刑罰處罰的行為。本罪具有如下構成特徵：

（1）本罪侵犯的客體不僅包括公私財物的所有權，還包括他人的人身權利或者其他權益。這是本罪與盜竊罪、詐騙罪不同的顯著特點之一。

（2）本罪在客觀方面表現為行為人採用威脅、要挾、恐嚇等手段，迫使被害人交出財物的行為。

（3）本罪的主體為一般主體，即年滿 16 周歲以上且具有刑事責任能力的自然人。

（4）本罪在主觀方面表現為直接故意，必須具有非法強索他人財物的目的。

（二）敲詐勒索罪的認定

（1）行為人使用了威脅或要挾手段，非法取得了他人的財物，就構成了敲詐勒索罪的既遂。如果行為人僅僅使用了威脅或要挾手段，被害人並未產生恐懼情緒，因而沒有交出財物，或者被害人雖然產生了恐懼，但並未交出財物，均屬於敲詐勒索罪的未遂。

（2）如果行為人不具有非法強索他人財物這種目的，或者索取財物的目的並不違法，比如債權人為討還久拖不還的債務，而使用帶有一定威脅成分的語言，催促債務人加快償還等，不構成敲詐勒索罪。

（3）本罪與招搖撞騙罪的區別。

區別	敲詐勒索罪	招搖撞騙罪
行為特徵	以威脅或要挾為特徵	以騙為特徵，完全以假象蒙蔽被害人
心理狀態	造成被害人精神上的恐懼，出於無奈，被迫交出財物或出讓其他財產性利益	被害人在受騙后，「自願」交出財物或出讓其他合法權益

（續表）

區別	敲詐勒索罪	招搖撞騙罪
獲取利益的範圍	僅限於財物	比較廣泛，既包括財物或財產性利益，又包括非財產性利益，如騙取某種職稱或職務、政治待遇或榮譽稱號等
侵犯的客體	公私財物的所有權和公民人身權利以及其他合法權益	國家機關的威信及社會管理秩序

（三）對敲詐勒索罪的處罰

中國刑法第二百七十四條規定：

（1）敲詐勒索公私財物，數額較大或者多次敲詐勒索的，處 3 年以下有期徒刑、拘役或者管制，並處或者單處罰金。

（2）數額巨大或者有其他嚴重情節的，處 3 年以上 10 年以下有期徒刑，並處罰金。

（3）數額特別巨大或者有其他特別嚴重情節的，處 10 年以上有期徒刑，並處罰金。

（4）關於「數額較大」「數額巨大」「數額特別巨大」「多次敲詐勒索」的認定標準及「其他嚴重情節」「其他特別嚴重情節」的認定等，參見最高人民法院、最高人民檢察院聯合發布的《關於辦理敲詐勒索刑事案件適用法律若干問題的解釋》。

根據《量刑指導意見》的規定，構成敲詐勒索罪的，可以根據下列不同情形在相應的幅度內確定量刑起點：

（1）達到數額較大起點的，或者 2 年內 3 次敲詐勒索的，可以在 1 年以下有期徒刑、拘役幅度內確定量刑起點。

（2）達到數額巨大起點或者有其他嚴重情節的，可以在 3 年至 5 年有期徒刑幅度內確定量刑起點。

（3）達到數額特別巨大起點或者有其他特別嚴重情節的，可以在 10 年至 12 年有期徒刑幅度內確定量刑起點。

六、侵占罪

（一）侵占罪的概念和特徵

侵占罪，是指以非法佔有為目的，將他人交給自己保管的財物、遺忘物或者埋藏物非法占為己有，數額較大，拒不交還，依法應當受到刑罰處罰的行為。本罪具有如下構成特徵：

（1）本罪侵犯的客體是他人財物的所有權。本罪的犯罪對象僅針對為代為保管的他人財物、他人的遺忘物、他人的埋藏物。

（2）本罪的客觀方面表現為將他人的交由自己代為保管的財物、遺忘物或者埋藏物非法占為己有，數額較大，拒不交還的行為。所以，「合法持有他人財物」是本罪成立的必要前提。

（3）本罪的主體為一般主體，凡年滿 16 周歲以上且具有刑事責任能力的自然人。

（4）本罪在主觀方面為直接故意，並且具有非法佔有他人財物的目的。即明知屬於他人交由自己保管的財物、遺忘物或者埋藏物而非法占為己有。

(二) 侵占罪的認定

1. 本罪與盜竊罪的區別

侵占罪與盜竊罪都是一般主體，區別主要為犯罪對象：盜竊罪是秘密竊取公私財物的行為，而且盜竊的是並不在行為人控製之下的財物；而侵占罪則是行為人實施侵占行為時，被侵占之物已在其實際控製之下，即侵占的是其已合法持有的財物。

2. 本罪與貪污罪的區別

區別	侵占罪	貪污罪
犯罪對象	不僅可以是公共財物，還可以是私人財物，且包括不動產	只限於公共財產，且不能是不動產
犯罪主體	一般主體，只要是代為保管他人財物且對其加以侵占的人	特殊主體，即國家工作人員
客觀方面	是否利用職務上的便利，並不影響該罪的成立	必須利用職務上的便利，即利用自己職務範圍內的權力和地位所形成的經手管理公共財物的便利條件
訴訟類型	自訴案件	公訴案件

3. 本罪與詐騙罪的區別

侵占罪與詐騙罪的區別主要是：詐騙罪是以他人持有的財物為侵犯的對象，且通過虛構事實或者隱瞞真相的方法將他人持有的財物轉移到行為人實際控制之下，並占為己有；而侵占罪則是以自己已經合法持有的他人財物為侵犯的對象，是把本來合法的持有變為非法所有。

4. 本罪與職務侵占罪的區別

區別	侵占罪	職務侵占罪
犯罪主體	一般主體	特殊主體，即公司、企業或者其他單位的人員
客觀方面表現	將他人的財物占為己有，其佔有與職務上的便利無關	利用職務上的便利，即利用主管、經管或經手財物的便利條件，將本單位的財物非法占為己有
行為對象	代為保管的他人財物、拾得的他人遺忘物或者發掘的埋藏物	本單位的財物

(三) 對侵占罪的處罰

中國刑法第二百七十條規定：「數額較大，拒不退還的，處 2 年以下有期徒刑、拘役或者罰金；數額巨大或者有其他嚴重情節的，處 2 年以上 5 年以下有期徒刑，並處罰金。本罪，告訴的才處理。」

第二十四章　妨害社會管理秩序罪

第一節　妨害社會管理秩序罪概述

一、妨害社會管理秩序罪的概念和特徵

(一) 妨害社會管理秩序罪的概念

妨害社會管理秩序罪，是指危害國家機關的管理活動，破壞公共秩序、公共衛生、歷史文化遺產、環境自然資源以及危害公共健康和社會風化，依法應當受到刑罰處罰的犯罪行為。

(二) 妨害社會管理秩序罪的特徵

本類犯罪的基本特徵是：

(1) 本類犯罪侵犯的客體是社會管理秩序，即國家機關依法對社會進行管理而形成的正常的社會秩序。

提請大家注意的是，由於中國刑法分則的其他章節對侵犯或者破壞國家安全、社會公共安全、市場經濟、人身權利、家庭婚姻、公私財產、國防與軍事利益以及國家機關正常活動等社會秩序的行為做了特別規定，故本章所規定的本類犯罪所侵犯的同類客體是刑法分則其他各章規定之罪所侵犯的同類客體以外的國家對社會的日常管理活動與秩序。

(2) 本類犯罪客觀方面表現為妨害國家機關對社會的管理活動、破壞社會秩序，情節嚴重的行為。

(3) 本類犯罪在主觀方面，除少數犯罪以外多數犯罪都是由故意構成，即行為人明知自己的行為會發生妨害國家對社會的管理活動和社會管理秩序的危害結果，而希望或放任這種結果的發生。

(4) 本類犯罪的主體，多數犯罪為一般主體，少數犯罪為特殊主體，其中一些犯罪的主體既可以是自然人也可以是單位。例如非法出售、私贈文物藏品罪的主體僅限於單位；脫逃罪的主體只能是依法被關押的罪犯、被告人和犯罪嫌疑人；醫療事故罪的主體只能是醫務人員。

二、妨害社會管理秩序罪的種類

根據中國刑法分則第六章的規定，妨害社會管理秩序罪包括以下 9 類：

(1) 擾亂公共秩序罪；
(2) 妨害司法罪；
(3) 妨害國（邊）境管理罪；
(4) 妨害文物管理罪；
(5) 危害公共衛生罪；
(6) 破壞環境資源保護罪；
(7) 走私、販賣、運輸、製造毒品罪；
(8) 組織、強迫、引誘、容留、介紹賣淫罪；
(9) 製作、販賣、傳播淫穢物品罪。

第二節　重點罪名論述

一、賭博罪

(一) 賭博罪的概念與特徵

賭博罪，是指以營利為目的，聚眾賭博或者以賭博為業，依法應當受到刑罰處罰的行為。本罪具有如下構成特徵：

(1) 本罪侵犯的客體是社會秩序。賭博不僅危害社會秩序，影響生產、工作和生活，而且往往是誘發其他犯罪的溫床，對社會危害很大，應予嚴厲打擊。

(2) 本罪客觀方面表現為聚眾賭博或者以賭博為業的行為。

「聚眾賭博」指組織、招引多人進行賭博，犯罪嫌疑人從中抽頭漁利；「以賭博為業」指嗜賭成性，且以賭博所得為其生活來源。只要具備聚眾賭博或以賭博為業的其中一種行為即可。

(3) 本罪主體為一般主體，即年滿16周歲以上且具備刑事責任能力的自然人。

(4) 本罪在主觀方面表現為故意，並且以營利為目的。即行為人聚眾賭博或者參加賭博，是為了獲取錢財，而不是為了消遣、娛樂；但是要注意的是，以營利為目的並不是賭博結果一定要贏得錢財，實際是否獲取錢財不影響行為人具備賭博罪的主觀要件。

(二) 賭博罪的認定

1. 本罪與一般違法行為的區別

主要考慮主觀上是否以營利為目的，客觀上是否具有聚眾賭博、開設賭場、以賭博為業的行為。對於雖然多次參加賭博，但不是以賭博為生活來源或主要經濟來源的；或者行為人雖然提供賭場、賭具，本人未從中漁利的，都不能認定賭博罪。以上這些行為若情節嚴重，可依中國治安管理處罰法有關規定處理。

2. 本罪與詐騙罪的區別

詐騙罪是以非法佔有為目的，以欺騙的手段非法取得公私財物的行為。雖然都有

賭的行為，但詐騙罪是製造虛假事實、引誘他人參加賭博，以非法佔有為目的；賭博活動本身則是憑偶然之事實決定輸贏，其目的仍在於通過賭博達到營利的目的，而不是以非法佔有為目的。所以如果以賭博為名，行詐騙之實，詐騙對方的財物的行為應構成詐騙罪。

(三) 對賭博罪的處罰

中國刑法第三百零三條規定：

(1) 以營利為目的，聚眾賭博或者以賭博為業的，處 3 年以下有期徒刑、拘役或者管制，並處罰金。

(2) 開設賭場的，處 3 年以下有期徒刑、拘役或者管制，並處罰金；情節嚴重的，處 3 年以上 10 年以下有期徒刑，並處罰金。

二、偽證罪

(一) 偽證罪的概念與特徵

偽證罪，是指在刑事訴訟中，證人、鑒定人、記錄人和翻譯人對與案件有重要關係的情節，故意作虛假證明、鑒定、記錄、翻譯，意圖陷害他人或者隱匿罪證，依法應當受到刑罰處罰的行為。本罪具有如下構成特徵：

(1) 本罪侵犯的客體是司法機關的正常活動，且特指司法機關的刑事訴訟活動。司法機關的民事訴訟活動、行政訴訟活動不能成為偽證罪的客體要件。本罪侵犯的對象，可以是有罪的人，也可以是被懷疑有罪而實際上無罪的人。

(2) 本罪在客觀方面表現為在刑事偵查、起訴、審判中，對與案件有重要關係的情節，作虛假的證明、鑒定、翻譯的行為，或者隱匿罪證的行為。

「作虛假」包括證人作了虛假的證明、鑒定人作了不符合事實真相的鑒定、記錄人作了不真實的記錄、翻譯人作了歪曲原意的翻譯等；「隱匿罪證」指掩蓋歪曲事實真相、毀滅證據，將應該提供的證據予以隱匿。至於偽證行為是否造成了錯判，不影響定罪，可作為量刑的情節予以考慮。

(3) 本罪的主體是特殊主體，即在刑事訴訟中的證人、鑒定人、記錄人和翻譯人。

「證人」是根據司法機關的要求，陳述自己所知道的案件情況的人；「鑒定人」是司法機關為鑑別案件中某些情節的真偽和事實真相而指派或聘請的、具有專門知識或者特殊技能的人；「記錄人」是為案件的調查取證、詢問證人、被害人或審問犯罪嫌疑人、被告人等記錄的人；「翻譯人」是司法機關指派或聘請為案件中的外籍、少數民族或聾啞人等訴訟參與人充當翻譯的人員，以及為案件中的法律文書或者證據材料等有關資料做翻譯的人員。

(4) 本罪在主觀方面必須出於直接故意，即行為人明知虛假陳述或隱匿的是與案件有重要關係的情節，但為了陷害他人或者隱匿罪證故意為之。

(二）偽證罪的認定

1. 本罪與誣告陷害罪的區別

區別	偽證罪	誣告陷害罪
主體	特殊主體	一般主體
對象	在與案件有重要關係的個別情節上提供偽證	捏造整個犯罪事實
發生階段	整個刑事訴訟中	立案偵查之前實行的，並且是引起案件偵查的原因
犯罪目的	可以是陷害他人，也可以是包庇罪犯	只能是陷害他人

2. 本罪與包庇罪的區別

區別	偽證罪	包庇罪
主體要件	特殊主體	一般主體
實施犯罪的時間	只能在偵查、審判階段實施	可以在犯罪分子被逮捕、關押前實施，也可以在被逮捕、判刑之後實施
犯罪的內容	與案件有重要關係的犯罪情節	可以是全部罪行或者重要犯罪事實
對象	在偵查、審判中，未被逮捕或未被判決的未決犯罪嫌疑人	可以是未決犯罪嫌疑人，也可以是已決犯人，或者是服刑中逃跑的犯罪分子

（三）對偽證罪的處罰

中國刑法第三百零五條規定：「在刑事訴訟中，證人、鑒定人、記錄人、翻譯人對與案件有重要關係的情節，故意作虛假證明、鑒定、記錄、翻譯，意圖陷害他人或者隱匿罪證的，處3年以下有期徒刑或者拘役；情節嚴重的，處3年以上7年以下有期徒刑。」

三、醫療事故罪

（一）醫療事故罪的概念與特徵

醫療事故罪，是指醫務人員嚴重不負責任，造成就診人（病人）死亡或者嚴重損害就診人（病人）身體健康，依法應當受到刑罰處罰的行為。本罪具有如下構成特徵：

（1）本罪侵犯的客體是醫療單位的正常工作秩序，以及公民的生命健康權利。

（2）本罪在客觀方面表現為違反醫療規章制度，對工作嚴重不負責任，造成就診人（病人）死亡或者嚴重損害就診人（病人）身體健康的行為，包括以下三個方面：醫務人員在診療護理工作中有嚴重不負責任的行為；嚴重不負責任行為導致就診人（病人）嚴重損害身體健康或死亡的結果；嚴重不負責任行為與就診人（病人）重傷、死亡之間必須存在刑法上的因果關係。

（3）本罪主體為特殊主體，是達到刑事責任年齡並具有刑事責任能力的實施了違章醫療行為的醫務人員，具體包括從事診療、護理的人員，藥劑人員及經批准的個體

行醫人員。實踐中既無醫療技能又未取得行醫許可證的非法行醫者，不屬於醫療事故罪的主體。

（4）本罪在主觀方面表現為過失，且須強調的是行為人主觀上對病人傷亡存在重大業務過失。

（二）醫療事故罪的認定

1. 本罪與醫療差錯的區別

兩者區別在於所造成的后果不同：醫療差錯未造成就診人（病人）死亡、殘廢、組織器官損傷導致功能障礙的不良后果；本罪則造成了就診人（病人）死亡或身體健康嚴重損害的后果。

2. 本罪與醫療意外的區別

兩者最關鍵的區別在於主觀上有無過失：如果是由醫務人員責任心不強，違反規章制度或診療常規造成的，則構成醫療事故罪，是疏忽大意過失，對嚴重後果的發生是應當預見而沒有預見；如果是由醫務人員難以預料或難以防範的因素所引起，屬於醫療意外，對嚴重後果的發生是難以預見而沒有預見，不能以犯罪論處。

（三）對醫療事故罪的處罰

中國刑法第三百三十五條規定：「醫務人員嚴重不負責任，造成就診人死亡或者嚴重損害就診人身體健康的，處3年以下有期徒刑或者拘役。」

四、污染環境罪

（一）污染環境罪的概念與特徵

污染環境罪，是指違反防治環境污染的法律規定，排放有害物質，造成環境污染，后果嚴重，依法應受到刑罰處罰的行為。本罪具有如下構成特徵：

（1）本罪侵犯的客體為國家環境保護和環境污染防治的管理制度。

（2）本罪在客觀方面表現為違反國家規定，向土地、水體和大氣排放危險廢物，造成環境污染，致使公私財產遭受重大損失或者人身傷亡的嚴重後果的行為。其中，相關國家規定包括：《中華人民共和國環境保護法》《中華人民共和國大氣污染防治法》《中華人民共和國水污染防治法》《中華人民共和國海洋環境保護法》《中華人民共和國固體廢物污染環境防治法》等法律，以及《放射防護條例》《工業「三廢」排放試行標準》等一系列專門法規。

（3）本罪的主體為一般主體。自然人主體即年滿16周歲以上且具有刑事責任能力的人，均可構成本罪。單位也可以成為本罪主體。

（4）本罪在主觀方面表現為故意。

（二）對污染環境罪的處罰

最高人民法院、最高人民檢察院對《中華人民共和國刑法修正案（八）》罪名作出補充規定，取消原「重大環境污染事故」罪名，改為「污染環境罪」，從2011年5月1日起施行。對本罪的處罰如下：「違反國家規定，排放、傾倒或者處置有放射性的廢物、含傳染病病原體的廢物、有毒物質或者其他有害物質，嚴重污染環境的，處3

年以下有期徒刑或者拘役，並處或者單處罰金；后果特別嚴重的，處3年以上7年以下有期徒刑，並處罰金。」

五、走私、販賣、運輸、製造毒品罪

(一) 走私、販賣、運輸、製造毒品罪的概念與特徵

走私、販賣、運輸、製造毒品罪，是指明知是毒品而故意實施走私、販賣、運輸、製造，依法應受到刑罰處罰的行為。本罪具有如下構成特徵：

(1) 本罪侵犯的客體是國家對毒品的管理制度和人民的生命健康。

本罪的對象是毒品，包括鴉片、海洛因、甲基苯丙胺（冰毒）、嗎啡、大麻、可卡因以及國務院規定管制的其他能夠使人形成癮癖的麻醉藥品和精神藥品。[①] 由於毒品既有醫用價值，又能使人成癮、產生依賴性，因而犯罪分子利用其來牟取非法利潤。

(2) 本罪客觀方面表現為行為人進行走私、販賣、運輸、製造毒品的行為。「走私毒品」是非法運輸、攜帶、郵寄毒品進出國（邊）境的行為；「販賣毒品」是有償轉讓毒品或者以販賣為目的而非法收購毒品；「運輸毒品」是採用攜帶、郵寄、利用他人或者使用交通工具等方法在中國領域內將毒品轉移地點；「製造毒品」是使用原材料而製作成原材料以外的物。

(3) 本罪的主體是一般主體，即年滿16周歲以上且具有刑事責任能力的自然人。另，本罪特殊的情況為：已滿14周歲未滿16周歲的未成年人販賣毒品的[②]，應當負刑事責任。

(4) 本罪在主觀方面表現為故意，且是直接故意，即明知是毒品而走私、販賣、運輸、製造，過失不構成本罪。

(二) 走私、販賣、運輸、製造毒品罪的認定

1. 本罪與其他犯罪的區別

行為人在既走私毒品又走私其他貨物、物品的，一般實行數罪並罰；行為人故意以非毒品冒充毒品或者明知是假毒品而販賣營利的，應定詐騙罪；行為人在生產、銷售的食品中摻入微量毒品的，應定生產、銷售有毒、有害食品罪。

2. 本罪的既遂與未遂

由於本罪有四種行為方式——走私、販賣、運輸、製造，所以既遂的標準因行為不同而有異：走私毒品的使毒品進入國內領域內、裝載毒品的船舶到達本國港口或航空器到達本國領土內時為既遂；販賣毒品的以毒品實際上轉移給買方為既遂；運輸毒品的以毒品到達目的地時是犯罪既遂；製造毒品的以實際上製造毒品為既遂，但毒品數量、純度等都不影響既遂的成立。

(三) 對走私、販賣、運輸、製造毒品罪的處罰

根據中國刑法第三百四十七條等的規定，對本罪的處罰如下：

---

① 根據《中華人民共和國刑法》第三百五十七條規定。
② 根據《中華人民共和國刑法》第十七條第二款規定。

（1）處十五年有期徒刑、無期徒刑或者死刑，並處沒收財產：①走私、販賣、運輸、製造鴉片1,000克以上、海洛因或者甲基苯丙胺50克以上或者其他毒品數量大的；②走私、販賣、運輸、製造毒品集團的首要分子；③武裝掩護走私、販賣、運輸、製造毒品的；④以暴力抗拒檢查、拘留、逮捕，情節嚴重的；⑤參與有組織的國際販毒活動的。

（2）走私、販賣、運輸、製造鴉片200克以上不滿1,000克、海洛因或者甲基苯丙胺10克以上不滿50克或者其他毒品數量較大的，處7年以上有期徒刑，並處罰金。

（3）走私、販賣、運輸、製造鴉片不滿200克、海洛因或者甲基苯丙胺不滿10克或者其他少量毒品的，處3年以下有期徒刑、拘役或者管制，並處罰金；情節嚴重的，處3年以上7年以下有期徒刑，並處罰金。

（4）單位犯本罪的，對單位判處罰金，並對其直接負責的主管人員和其他直接責任人員，依照自然人犯本罪的規定處罰。

（5）利用、教唆未成年人走私、販賣、運輸、製造毒品，或者向未成年人出售毒品的，從重處罰。

另，本罪是選擇性罪名，以實施的行為確定罪名。實施了其中兩種以上行為的，不實行數罪並罰。

根據《量刑指導意見》的規定，構成走私、販賣、運輸、製造毒品罪的，可以根據下列不同情形在相應的幅度內確定量刑起點：

（1）走私、販賣、運輸、製造鴉片1,000克、海洛因、甲基苯丙胺50克或者其他毒品數量達到數量大起點的，量刑起點為15年有期徒刑。依法應當判處無期徒刑以上刑罰的除外。

（2）走私、販賣、運輸、製造鴉片200克、海洛因、甲基苯丙胺10克或者其他毒品數量達到數量較大起點的，可以在7年至8年有期徒刑幅度內確定量刑起點。

（3）走私、販賣、運輸、製造鴉片不滿200克、海洛因、甲基苯丙胺不滿10克或者其他少量毒品的，可以在3年以下有期徒刑、拘役幅度內確定量刑起點；情節嚴重的，可以在3年至4年有期徒刑幅度內確定量刑起點。

再根據《量刑指導意見》的規定，有下列情節之一的，可以增加基準刑的10%～30%：①利用、教唆未成年人走私、販賣、運輸、製造毒品的；②向未成年人出售毒品的；③毒品再犯。有下列情節之一的，可以減少基準刑的30%以下：①受雇運輸毒品的；②毒品含量明顯偏低的；③存在數量引誘情形的。

第二十五章　危害國防利益罪

第一節　危害國防利益罪概述

一、危害國防利益罪的概念及特徵

(一) 危害國防利益罪的概念

危害國防利益罪，是指違反國防法律、法規，拒不履行國防義務或以其他形式危害國防利益，依法應當受到刑罰處罰的行為。

(二) 危害國防利益罪的特徵

(1) 本類犯罪所侵犯的客體，是中華人民共和國的國防利益。

(2) 本類犯罪主體既可以是公民個人，也可以是單位，還有極個別的軍職人員。

(3) 本類犯罪客觀上表現為行為人實施了危害國防利益的行為。危害國防利益的行為具體規定在《中華人民共和國國防法》《中華人民共和國兵役法》《中華人民共和國軍事設施保護法》《中華人民共和國預備役軍官法》《中華人民共和國人民防空法》《中華人民共和國徵兵工作條例》等法律法規中。

(4) 本類犯罪主觀上既可以是故意，也可以是過失。

二、危害國防利益罪的種類

根據中國刑法第七章的規定，危害國防利益罪按其所侵犯的直接客體的不同，分為五個方面的犯罪，即：

(一) 危害國防安全方面的犯罪

該罪包括：阻礙軍人執行職務罪和阻礙武裝部隊軍事行動罪；破壞武器裝備罪、破壞軍事設施罪和破壞軍事通信罪；妨害軍事禁區管理秩序罪、妨害軍事管理區管理秩序罪。

(二) 危害軍隊作戰利益方面的犯罪

該罪包括：提供虛假敵情罪、戰時造謠惑眾罪；為逃離部隊軍人提供隱蔽處所財物罪；戰時拒絕或者故意延誤軍事訂貨罪；戰時拒絕軍事徵用罪。

(三) 危害軍隊戰鬥力方面的犯罪

該罪包括：提供不合格武器裝備、軍事設施罪；煽動軍人逃離部隊或者故意雇用

逃離部隊軍人罪；接送不合格兵員罪。

(四) 危害戰爭動員秩序和兵役制度方面的犯罪

該罪包括：戰時拒絕、逃避徵召或者軍事訓練罪；戰時拒絕、逃避服役罪。

(五) 損害軍隊聲譽方面的犯罪

該罪包括：冒充軍人招搖撞騙罪；偽造、變造、買賣或者盜竊、搶奪武裝部隊公文、證件、印章罪。

第二節　重點罪名論述

一、危害國防安全方面的犯罪

(一) 妨害軍事行動罪

妨害軍事行動罪，是指行為人以暴力、威脅的方法阻礙軍人依法執行職務或者阻礙武裝部隊軍事行動，依法應受到刑罰處罰的行為。

1. 妨害軍事行動罪罪名

妨害軍事行動罪包括兩個罪名，即阻礙軍人執行職務罪和阻礙武裝部隊軍事行動罪。

「阻礙軍人執行職務罪」，是指使用暴力或者以暴力手段相威脅等方法設置障礙，阻礙軍人履行職責，依法應受到刑罰處罰的行為。本罪侵犯的客體是軍人依法執行職務的活動；本罪客觀方面表現是行為人實施了以暴力、威脅方法阻礙軍人執行職務的行為；本罪主體為一般主體，特定情況下，軍人也可以構成本罪主體；本罪主觀方面須故意。

「阻礙武裝部隊軍事行動罪」，是指故意阻礙武裝部隊軍事活動，造成嚴重后果，依法應受到刑罰處罰的行為。本罪侵犯的客體是武裝部隊的軍事活動；本罪客觀方面表現為以暴力或者威脅方式阻礙武裝部隊軍事活動；本罪主體是一般主體；本罪主觀方面為故意。

2. 對妨害軍事行動罪的處罰

中國刑法第三百六十八條規定，構成此罪的，處 3 年以下有期徒刑、拘役、管制或者罰金；故意阻礙武裝部隊軍事行動，造成嚴重后果的，處 5 年以下有期徒刑或者拘役。

(二) 破壞武器裝備、軍事設施、軍事通信罪

破壞武器裝備、軍事設施、軍事通信罪，是指行為人出於泄憤報復或者其他個人目的，對武器裝備、軍事設施或者軍事通信進行破壞，依法應受刑罰處罰的行為。

本罪侵犯的客體是軍隊戰鬥力的物質基礎和通信保障；本罪客觀方面表現為破壞武器裝備、軍事設施、軍事通信的行為；本罪主體是一般主體；本罪主觀方面是故意（如果是過失，則構成中國刑法分則所規定的過失損壞武器裝備、軍事設施、軍事通

信罪)。

破壞武器裝備、軍事設施或軍事通信的犯罪行為，不僅嚴重危害武器裝備和軍事設施的安全，也嚴重損害國家的財產。以放火、爆炸等危險方法破壞武器裝備、軍事設施、軍事通信的，從一重罪處罰。

根據中國刑法第三百六十九條規定，「破壞武器裝備、軍事設施、軍事通信的，處3年以下有期徒刑、拘役或者管制；破壞重要武器裝備、軍事設施、軍事通信的，處3年以上10年以下有期徒刑；情節特別嚴重的，處10年以上有期徒刑、無期徒刑或者死刑」；「過失犯前款罪，造成嚴重後果的，處3年以下有期徒刑或者拘役；造成特別嚴重後果的，處3年以上7年以下有期徒刑。」「戰時犯前兩款罪的，從重處罰。」

二、危害軍隊作戰利益方面的犯罪

(1) 提供虛假敵情罪，是指行為人在戰時故意向武裝部隊提供虛假敵情，造成嚴重後果，依法應受刑罰處罰的行為。

中國刑法第三百七十七條規定，構成此罪的，處3年以上10年以下有期徒刑；造成特別嚴重後果的，處10年以上有期徒刑或者無期徒刑。

(2) 戰時造謠惑眾罪，是指行為人出於主觀上的故意和個人目的，在戰時造謠惑眾、擾亂軍心，依法應受刑罰處罰的行為。

中國刑法第三百七十八條規定，構成此罪的，處3年以下有期徒刑、拘役或者管制；情節嚴重的，處3年以上10年以下有期徒刑。

三、危害軍隊戰鬥力方面的犯罪

(一) 提供不合格武器裝備、軍事設施罪

提供不合格武器裝備、軍事設施罪，是指行為人出於主觀上的故意，向武裝部隊提供不合格武器裝備和軍事設施，依法應受刑罰處罰的行為。它包括故意提供不合格武器裝備罪和故意提供不合格軍事設施罪。

中國刑法第三百七十條規定，構成此罪的，處5年以下有期徒刑或者拘役；情節嚴重的，處5年以上10年以下有期徒刑；情節特別嚴重的，處10年以上有期徒刑、無期徒刑或者死刑。屬於過失構成此罪，造成嚴重後果的，處3年以下有期徒刑或者拘役；造成特別嚴重後果的，處3年以上7年以下有期徒刑。單位故意犯此罪的，對單位判處罰金，並對其直接負責的主管人員和其他直接責任人員，依照本條第一款的規定處罰。

(二) 接送不合格兵員罪

接送不合格兵員罪，是指行為人違反兵員徵集法規，在徵兵工作中徇私舞弊，接送不合格兵員，情節嚴重，依法應受刑罰處罰的行為。「不合格兵員」指身體條件、文化條件和政治條件不符合法定標準的兵員。

中國刑法第三百七十四條規定，構成此罪的，處3年以下有期徒刑或者拘役；造成特別嚴重後果的，處3年以上7年以下有期徒刑。

四、危害戰爭動員秩序和兵役制度方面的犯罪

戰時拒絕、逃避服役罪，是指在戰時情況下或國家進行戰爭動員後，公民違反兵役法，拒絕、逃避服役，情節嚴重，依法應受刑罰處罰的行為。它包括戰時拒絕服役罪和戰時逃避服役罪。

根據中國刑法第三百七十六條第二款規定，構成此罪的，處 2 年以下有期徒刑或拘役。

五、損害軍隊聲譽方面的犯罪

冒充軍人招搖撞騙罪，是指非軍職人員為牟取非法利益，冒充軍人招搖撞騙，依法應受刑罰處罰的行為。這種犯罪行為嚴重損害了軍隊聲譽，侵犯了軍人的合法權益，也嚴重擾亂了社會的治安秩序。

本罪侵犯的客體是軍隊的聲譽、威信及其正常活動；本罪客觀方面表現為實施了假冒軍人進行招搖撞騙的行為；本罪主體是一般主體，非軍職人員；本罪主觀方面是故意，並須具有非法牟利的目的。

根據中國刑法第三百七十二條規定，構成此罪的，處三年以下有期徒刑、拘役、管制或者剝奪政治權利；情節嚴重的，處 3 年以上 10 年以下有期徒刑。

第二十六章　貪污賄賂罪

第一節　貪污賄賂罪概述

一、貪污賄賂罪的概念和特徵

(一) 貪污賄賂罪的概念

貪污賄賂罪，是指國家工作人員或國有單位實施的貪污、受賄等侵犯國家廉政建設制度，以及與貪污、受賄犯罪密切相關的侵犯職務廉潔性，依法應受刑事處罰的行為。

(二) 貪污賄賂罪的特徵

貪污賄賂罪具有以下幾個特徵：

(1) 本類犯罪侵犯的客體是國家的廉政建設制度。國家的廉政建設制度包括恪盡職守、廉潔奉公、吏治清明、反對腐敗等。

(2) 本類犯罪在客觀方面表現為侵犯國家廉政制度情節嚴重的行為。大多數為國家工作人員利用職務之便貪污、受賄、挪用公款，其他是與國家工作人員職務密切相關的行為，如拒不說明巨額財產來源、隱瞞境外存款，還有部分是對向性的行賄、介紹賄賂的行為。本類犯罪除巨額財產來源不明罪、隱瞞境外存款罪表現為不作為之外，其他犯罪通常表現為作為。

(3) 本類犯罪的主體包括自然人和單位。自然人大多數要求是特殊主體，即國家工作人員；少數犯罪的主體，如行賄罪、介紹賄賂罪等犯罪主體為一般主體。

(4) 本類犯罪在主觀方面均由故意構成，即明知自己的行為會損害國家工作人員職務的廉潔性，並且希望或放任這種結果發生。

二、貪污賄賂罪的種類

根據中國刑法第八章的規定，貪污賄賂罪共有13個具體罪名，並可分為兩類：

(一) 貪污犯罪

貪污犯罪包括貪污罪、挪用公款罪、巨額財產來源不明罪、隱瞞境外存款罪、私分國有資產罪和私分罰沒財產罪。

(二) 賄賂犯罪

賄賂犯罪包括受賄罪、單位受賄罪、利用影響力受賄罪、行賄罪、對單位行賄罪、介紹賄賂罪、單位行賄罪。

第二節　重點罪名論述

一、貪污罪

(一) 貪污罪的概念和特徵

貪污罪，是指國家工作人員和受國家機關、國有公司、企業事業單位、人民團體委託管理、經營國有財產的人員，利用職務上的便利，侵吞、竊取、騙取或者以其他手段非法佔有公共財物，依法應受刑事處罰的行為。本罪具有如下構成特徵：

（1）本罪的客體是複雜客體，即本罪既侵犯國家工作人員的職務廉潔性，也侵犯公共財產的所有權。

（2）本罪的客觀方面表現為行為人利用職務上的便利，侵吞、竊取、騙取或者以其他手段非法佔有公共財物的行為。在這裡，利用職務上的便利和非法佔有公共財物二者缺一不可。

（3）本罪的主體是特殊主體。具體包括兩類人員：

一類是國家工作人員（本章所述以下罪中國家工作人員均同於此），包括[①]：國家機關從事公務的人員；國有公司、企業、事業單位、人民團體中從事公務的人員；國家機關、國有公司、企業、事業單位委派到非國有公司、企業、事業單位、社會團體從事公務的人員；其他依照法律從事公務的人員。另一類是國家機關、國有公司、企業、事業單位、人民團體委託管理、經營國有財產的人員。

（4）本罪的主觀方面是直接故意，並且以非法佔有為目的。即行為人明知自己的行為侵犯了職務行為的廉潔性，會發生侵犯公共財產的結果，並且希望這種結果的發生。

(二) 貪污罪的認定

根據《最高人民法院、最高人民檢察院關於辦理商業賄賂刑事案件適用法律若干問題的意見》第十條規定：辦理商業賄賂犯罪案件，要注意區分賄賂與饋贈的界限。主要分析判斷如下因素：發生財物往來的背景，如雙方是否存在親友關係及歷史上交往的情形和程度；往來財物的價值；財物往來的緣由、時機和方式；提供財物方對於接受方有無職務上的請托；接受方是否利用職務上的便利為提供方謀取利益；等等。

(三) 對貪污罪的處罰

根據中國刑法第三百八十三條規定，對犯貪污罪的，根據情節輕重，分別依照下列規定處罰：

（1）個人貪污數額在10萬元以上的，處10年以上有期徒刑或者無期徒刑，可以並處沒收財產；情節特別嚴重處死刑，並處沒收財產。

[①]　根據《中華人民共和國刑法》第九十三條的規定。

(2) 個人貪污數額在 5 萬元以上不滿 10 萬元，處 5 年以上有期徒刑，並處沒收財產；犯罪情節特別嚴重的，判處無期徒刑，並處沒收財產。

(3) 個人的貪污數額在 5,000 元以上不滿 5 萬元，處 1 年以上 7 年以下有期徒刑；犯罪情節嚴重的，處 7 年以上 10 年以下有期徒刑。

(4) 個人的貪污數額在 5,000 元以上不滿 1 萬元，犯罪之後有悔改表現、積極退贓的，減輕處罰或者免予刑事處罰，建議由其所在單位或者上級主管機關給予行政處分。

(5) 個人的貪污數額不滿 5,000 元，情節較重，判處 2 年以下有期徒刑或者拘役；情節較輕，建議由其所在單位或者上級主管機關酌情給予行政處分處罰。

(6) 對多次貪污未經處理的，按照累計貪污數額處罰。

二、挪用公款罪

(一) 挪用公款罪的概念和特徵

挪用公款罪，是指國家工作人員利用職務上的便利，挪用公款歸個人使用，進行非法活動，或者挪用公款數額較大進行營利活動，或者挪用公款數額較大，超過 3 個月未還的，依法應受刑事處罰的行為。本罪具有如下構成特徵：

(1) 本罪侵犯的客體既包括國家工作人員的職務廉潔性，也包括公共財產的佔有使用收益權。

(2) 本罪的客觀方面表現為行為人利用職務上的便利，挪用公款歸個人使用，進行非法活動，或者挪用公款數額較大進行營利活動，或者挪用公款數額較大超過三個月未還的。

(3) 本罪的主體是特殊主體，即只能由國家工作人員構成。

(4) 本罪的主觀方面是直接故意。

(二) 本罪與貪污罪的區別

兩罪都是利用職務之便、都是出於直接故意。主要區別如下：

區別	挪用公款罪	貪污罪
犯罪對象	公款和特定公物	公共財產
侵犯程度	佔有、使用、收益權	佔有、使用、收益、處分權
行為方式	使用公款	佔有財物
犯罪目的	暫時使用	永久佔有
構成犯罪的時限要求	數額較大歸個人進行非營利性的合法使用的，必須非法控製公款超過 3 個月未還才構成犯罪	只要非法佔有了公物即構成犯罪
法律後果	未超過 1 萬元歸個人進行非營利性的合法使用時，超過 3 個月後在案發前全部歸還本息的，可不認為犯罪	貪污行為一經實施，即使在案發前全部退贓也不影響其犯罪的構成

區別	挪用公款罪	貪污罪
量刑程度	處罰較輕	處罰較重

（三）對挪用公款罪的處罰

中國刑法第三百八十四條規定：

（1）國家工作人員利用職務上的便利，挪用公款歸個人使用的，進行非法活動，或者挪用公款數額較大、進行營利活動，或者挪用公款數額較大、超過 3 個月未還，為挪用公款罪，處 5 年以下有期徒刑或者拘役。

（2）情節嚴重，處 5 年以上有期徒刑。

（3）挪用公款數額巨大不退還，處 10 年以上有期徒刑或者無期徒刑。

（4）挪用用於救災和搶險與防汛、優撫、扶貧、移民、救濟款物歸個人使用，從重處罰。

三、巨額財產來源不明罪

（一）巨額財產來源不明罪的概念和特徵

巨額財產來源不明罪，是指國家工作人員的財產或者支出明顯超過合法收入，差額巨大，本人不能說明其來源是合法的，依法應受刑事處罰的行為。本罪具有如下構成特徵：

（1）本罪侵犯的首要客體是國家工作人員職務行為的廉潔性；其次侵犯了國有財產、集體財產和公民個人的財產所有權。

（2）本罪在客觀方面表現為國家工作人員的財產或支出明顯超過合法收入，且差額巨大，並且本人不能說明其合法來源。本罪的行為狀態，表現為國家工作人員對數額巨大的不合法財產的佔有和支配。

（3）本罪的主體是特殊主體，即只能由國家工作人員構成。

（4）本罪在主觀上是故意，即行為人明知財產不合法而故意佔有，案發後又故意拒不說明財產的真正來源，或者有意編造財產來源的合法途徑。

（二）巨額財產來源不明罪的認定

首先，國家工作人員的合法收入是計算非法所得數額的基礎。國家工作人員的合法收入，包括工資、獎金、各種補貼、本人的其他勞動收入、親友的饋贈和依法繼承的財產等。如果行為人能夠說明財產的來源是合法的，並經查證屬實，應作為本人的合法收入。

其次，本罪雖然作為一個獨立的罪名，但與貪污罪、受賄罪有著密切的聯繫，因為很多巨額財產來源不明就是還沒被查明證實的貪污罪和受賄罪。也就是行為人擁有的來源不明的巨額財產既可能來自於貪污、受賄，也可能來自於其他犯罪行為。

（三）對巨額財產來源不明罪的處罰

中國刑法第三百九十五條規定：「國家工作人員的財產、支出明顯超過合法收入，

差額巨大的，可以責令該國家工作人員說明來源，不能說明來源的，差額部分以非法所得論，處5年以下有期徒刑或者拘役；差額特別巨大的，處5年以上10年以下有期徒刑。財產的差額部分予以追繳。」

《關於人民檢察院直接受理立案偵查案件立案標準的規定（試行）》規定：「涉嫌巨額財產來源不明，數額在30萬元以上的，應予立案。」

四、受賄罪

(一) 受賄罪的概念和特徵

受賄罪，是指國家工作人員利用職務上的便利，索取他人財物的，或者非法收受他人財物，為他人謀取利益，依法應受刑事處罰的行為。本罪具有如下構成特徵：

(1) 本罪侵犯的客體是國家機關、國有公司、企事業單位、人民團體的正常管理活動及國家工作人員的職務廉潔性。

(2) 本罪的客觀方面表現為利用職務上的便利，索取他人財物或者非法收受他人財物，為他人謀取利益的行為。「利用職務上的便利」是指利用本人職務上主管、負責或者承辦某項公共事務的權利所形成的便利條件，包括利用職務上的便利和利用與職務有關的便利條件。

受賄罪的行為方式有以下四種：一是索賄，即主動向他人索取財物；二是收受賄賂，即非法收受他人財物，並為他人謀取利益（可以是不正當利益，也可以是正當利益）；三是收受回扣、手續費等[1]；四是斡旋受賄[2]。

(3) 本罪的主體是特殊主體，即只能由國家工作人員構成。但是請注意，在特殊情況下，國家工作人員的親屬，可以成為受賄罪的共犯，而無論該親屬本身是否具有國家工作人員身分。

(4) 本罪的主觀方面是直接故意。即只有行為人是出於故意所實施的受賄犯罪行為才構成受賄罪，過失行為不構成本罪。

(二) 受賄罪的認定

(1) 對於索取他人財物的，不論是否「為他人謀取利益」，均可構成受賄罪。

(2) 對於非法收受他人財物的，須同時具備「為他人謀取利益」，才能構成受賄罪。但為他人謀取的利益是否為正當的利益以及該利益是否實現，均不影響受賄罪的成立。

(3) 根據《全國法院審理經濟犯罪案件工作座談會紀要》規定，非國家工作人員與國家工作人員勾結伙同受賄的，應當以受賄罪的共犯追究刑事責任。

(三) 對受賄罪的處罰

中國刑法第三百八十六條規定：「對犯受賄罪的，根據受賄所得數額及情節，依照本法第三百八十三條的規定處罰。索賄的從重處罰。」

---

[1] 《中華人民共和國刑法》第三百八十五條第二款規定。
[2] 《中華人民共和國刑法》第三百八十八條規定。

中國刑法第三百八十三條規定：「對犯貪污罪的，根據情節輕重，分別依照下列規定處罰：貪污數額較大或者有其他較重情節的，處3年以下有期徒刑或者拘役，並處罰金；貪污數額巨大或者有其他嚴重情節的，處3年以上10年以下有期徒刑，並處罰金或者沒收財產；貪污數額特別巨大或者有其他特別嚴重情節的，處10年以上有期徒刑或者無期徒刑，並處罰金或者沒收財產；數額特別巨大，並使國家和人民利益遭受特別重大損失的，處無期徒刑或者死刑，並處沒收財產。對多次貪污未經處理的，按照累計貪污數額處罰。」

五、單位行賄罪

(一) 單位行賄罪的概念和特徵

單位行賄罪，是指單位為謀取不正當利益而行賄，或者違反國家規定，給予國家工作人員以回扣、手續費，情節嚴重，依法應受刑罰處罰的行為。本罪具有如下構成特徵：

(1) 本罪侵犯的客體，主要是國家機關、公司、企業、事業單位和團體的正常管理活動、職能活動及聲譽。本罪的犯罪對象是財物。該財物一般是公司、企業、事業單位、機關、團體的財物，而非某個人的財物。同時，也包括一些具有財產性質的利益，如國內外旅遊等。

(2) 本罪在客觀方面表現為公司、企業、事業單位、機關、團體為了謀取不正當利益，給予國家工作人員以數額較大的財物，或者違反國家規定，給予上述人員「回扣」「手續費」，情節嚴重的行為。

(3) 本罪的主體必須是單位[①]，不僅包括公司、企業、事業單位、機關、團體，還包括集體所有制企業、中外合作企業、有限公司、外資公司、私營公司等。

(4) 本罪在主觀方面表現為直接故意，並且具有為本單位謀取不正當利益的目的。

(二) 單位行賄罪的認定

實踐中要注意某些單位沒有行賄的故意，而是因被勒索被迫給予國家工作人員（即國家機關、國有公司、企業、事業單位中從事公務的人員和國家機關、國有公司、企業、事業單位委派到非國有公司、企業、事業單位、社會團體中從事公務的人員）以財物的，沒有獲得不正當利益的，不能認定為單位行賄。

公司、機關、事業單位等及其分支機構、內設職能部門都能成為單位犯罪主體。但是個體工商戶不能成為單位犯罪主體。

(三) 對單位行賄罪的處罰

中國刑法第三百九十三條規定：「單位為謀取不正當利益而行賄，或者違反國家規定，給予國家工作人員以回扣、手續費，情節嚴重的，對單位判處罰金，並對其直接負責的主管人員和其他直接責任人員，處五年以下有期徒刑或者拘役。」

[①] 根據《中華人民共和國刑法》第三十條及最高人民法院《關於審理單位犯罪案件具體應用法律有關問題的解釋》的規定。

第二十七章 瀆職罪

第一節 瀆職罪概述

一、瀆職罪的概念及特徵

（一）瀆職罪的概念

瀆職罪，是指國家機關工作人員利用職務上的便利或者徇私舞弊、濫用職權、玩忽職守，妨害國家機關的正常活動，損害公眾對國家機關工作人員職務活動客觀公正性的信賴，致使國家與人民利益遭受重大損失，依法應受刑罰處罰的行為。

（二）瀆職罪的特徵

（1）本類犯罪的犯罪主體限定為國家機關工作人員。但在依照法律、法規規定行使國家行政管理職權的組織中從事公務的人員，或者在受國家機關委託代表國家機關行使職權的組織中從事公務的人員，或者雖未列入國家機關人員編制但在國家機關中從事公務的人員在代表國家機關行使職權時有瀆職行為，構成犯罪的，依照刑法關於瀆職罪的規定追究刑事責任。[1] 比如協管、協警及治安聯防人員等。

（2）本類犯罪侵犯的客體是國家機關的正常活動。國家機關包括權力機關、行政機關、審判機關、檢察機關等。

（3）本類犯罪的主觀方面大多數出於故意，少數出於過失。且故意與過失的具體內容因具體犯罪不同而不同。

（4）本類犯罪的客觀方面表現為利用職務上的便利或者徇私舞弊、濫用職權、玩忽職守，致使國家和人民利益遭受重大損失的行為。

二、瀆職罪的種類

中國刑法第九章規定有35個罪名。根據客觀表現可分為三類犯罪：

（一）濫用職權型瀆職罪

該類罪包括濫用職權罪、故意洩露國家秘密罪、私放在押人員罪、違法發放林木採伐許可證罪、辦理偷越國（邊）境人員出入境證件罪、放行偷越國（邊）境人員罪、阻礙解救被拐賣、綁架婦女、兒童罪、幫助犯罪分子逃避處罰罪。

---

[1] 全國人大常委會關於《中華人民共和國刑法》第九章瀆職罪主體適用問題的立法解釋。

(二) 玩忽職守型瀆職罪

該類罪包括玩忽職守罪，過失洩露國家秘密罪，失職致使在押人員脫逃罪，國家機關工作人員簽訂、履行合同失職被騙罪，環境監管失職罪，傳染病防治失職罪，商檢失職罪，動植物檢疫失職罪，不解救被拐賣、綁架婦女、兒童罪，失職造成珍貴文物損毀、流失罪。

(三) 徇私舞弊型瀆職罪

該類罪包括徇私枉法罪，民事、行政枉法裁判罪，執行裁判玩忽職守、濫用職權罪，徇私舞弊減刑、假釋、暫予監外執行罪，徇私舞弊不移交刑事案件罪，濫用管理公司、證券職權罪，徇私舞弊不徵、少徵稅款罪，徇私舞弊發售發票、抵扣稅款、出口退稅罪，違法提供出口退稅憑證罪，非法批准徵用、占用土地罪，非法低價出讓國有土地使用權罪，放縱走私罪，商檢徇私舞弊罪，動植物檢疫徇私舞弊罪，放縱制售偽劣商品犯罪行為罪，招收公務員、學生徇私舞弊罪。

第二節　重點罪名論述

一、濫用職權罪

(一) 濫用職權罪的概念和特徵

濫用職權罪，是指國家機關工作人員超越職權，違反法律決定、處理其無權決定、處理的事項，或者違反法定程序處理公務，致使公共財產、國家和人民利益遭受重大損失，依法應受刑罰處罰的行為。本罪具有如下構成特徵：

(1) 本罪侵犯的客體是國家機關的正常活動。侵犯的對象可以是公共財產或者公民的人身及其財產。

(2) 本罪客觀方面表現為濫用職權，致使公共財產、國家和人民利益遭受重大損失的行為。濫用職權，是指不法行使職務上的權限的行為。

(3) 本罪主體特定為國家機關工作人員。

(4) 本罪在主觀方面表現為故意，行為人明知自己濫用職權的行為會發生致使公共財產、國家和人民利益遭受重大損失的結果，並且希望或者放任這種結果發生。

(二) 濫用職權罪的認定

要區別濫用職權罪與玩忽職守罪：玩忽職守罪是指國家機關工作人員嚴重不負責任，不履行或者不正確履行職責，致使公共財產、國家和人民利益遭受重大損失，應受刑罰處罰的行為。濫用職權罪是對職權的「濫用」，主要表現為超越職權的濫用、違法行使職權的濫用。行為方式主要表現為作為；玩忽職守罪在客觀方面的本質屬性是對職守的「玩忽」，主要表現為不履行職責或不認真履行職責。行為方式的主要表現為不作為。

兩罪立案標準①不同：濫用職權造成死亡1人，或者重傷2人、輕傷5人以上即可立案，而玩忽職守除造成死亡1人以外，重傷要3人、輕傷10人以上才能立案；濫用職權造成直接經濟損失達20萬元即可立案，而玩忽職守則要30萬元才能立案。

（三）對濫用職權罪的處罰

中國刑法第三百九十七條規定：「國家機關工作人員濫用職權或者玩忽職守，致使公共財產、國家和人民利益遭受重大損失的，處3年以下有期徒刑或者拘役；情節特別嚴重的，處3年以上7年以下有期徒刑。」

二、故意洩露國家秘密罪

（一）故意洩露國家秘密罪的概念和特徵

故意洩露國家秘密罪，是指國家機關工作人員違反國家保密法的規定，故意洩露國家秘密，情節嚴重，依法應受刑罰處罰的行為。所謂「國家秘密」是指關係國家的安全和利益，依照法定程序確定，在一定時間內只限一定範圍的人員知情的事項。據刑法的規定，只有故意洩露國家秘密情節嚴重的，才構成犯罪。本罪具有如下構成特徵：

(1) 本罪侵犯的客體是國家的保密制度。

保守國家秘密是一切國家機關、武裝力量、政黨、社會團體、企事業單位和每個公民對國家應盡的義務。任何洩露國家機密的行為，都會給國家的安全和人民的利益造成嚴重危害。

本罪侵犯的對象是國家秘密。國家秘密主要包括②：國家事務的重大決策中的秘密事項；國防建設和武裝力量活動中的秘密事項；外交和外事活動中的秘密事項以及對外承擔保密義務的事項；國民經濟和社會發展中的秘密事項；科學技術中的秘密事項；維護國家安全活動和追查刑事犯罪中的秘密事項；其他經國家保密工作部門確定應當保守的國家秘密事項。

(2) 本罪在客觀方面，表現為行為人必須具有違反國家保密法的規定，故意洩露國家秘密，情節嚴重的行為［情節嚴重的具體規定可參考2006年7月26日最高人民檢察院公布的《關於瀆職侵權犯罪案件立案標準的規定》（高檢發釋字〔2006〕2號）］。

(3) 本罪的主體一般為特殊主體，即國家機關工作人員才能構成該罪。但同時《中華人民共和國刑法》第三百九十八條第二款對該罪主體範圍作了擴大解釋，包括「非國家機關工作人員」也可以作為犯罪主體，但應「酌情處罰」。

(4) 本罪在主觀方面表現為故意，過失不能構成該罪。

---

① 最高人民檢察院《關於人民檢察院直接受理立案偵查案件立案標準的規定（試行）》。
② 根據《中華人民共和國保守國家秘密法》第八條。

(二) 故意洩露國家秘密罪的認定

1. 本罪與侵犯商業秘密罪的區別

區別	故意洩露國家秘密罪	侵犯商業秘密罪
侵犯的客體	國家保密制度	權利人對商業秘密的專用權
侵犯的對象	國家秘密	商業秘密
客觀表現	違反國家保密法規，使不應該知悉某項國家秘密的人員知悉了該項國家秘密的行為，其行為特徵是洩露	以盜竊、利誘、脅迫或其他不正當手段獲取權利人的商業秘密的行為；披露、使用或者允許他人使用以前項手段獲取的權利人的商業秘密的行為；違反約定或者違反權利人有關保守商業秘密的要求，披露、使用或者允許他人使用其所掌握的商業秘密
犯罪主體	只能是自然人，且以國家機關工作人員為主	既可以是自然人，也可以是單位
主觀表現	只能是故意	既可以是故意，也可以是過失

2. 本罪與為境外竊取、刺探、收買、非法提供國家秘密或情報罪的區別

區別	故意洩露國家秘密罪	為境外竊取、刺探、收買、非法提供國家秘密或情報罪
侵犯的客體	國家的保密制度，屬於瀆職罪的範疇	國家安全和利益，屬於危害國家安全罪的範疇
侵犯的對象	涉及國家安全和利益的國家秘密	除了國家秘密以外，還包括影響國家安全的情報
客觀表現	違反國家保密法規，將自己瞭解和掌握的國家秘密洩露給他人的行為	為境外的機構、組織、人員竊取、刺探、收買、非法提供國家秘密的行為
犯罪主體	國家機關工作人員	一般主體
構成犯罪情節輕重	情節嚴重才能構成犯罪	沒有情節的要求

(三) 對故意洩露國家秘密罪的處罰

中國刑法第三百九十八條規定：「國家機關工作人員違反保守國家秘密法的規定，故意或者過失洩露國家秘密，情節嚴重的，處3年以下有期徒刑或者拘役；情節特別嚴重的，處3年以上7年以下有期徒刑。非國家機關工作人員犯前款罪的，依照前款的規定酌情處罰。」

行為人非法獲取國家秘密而又故意加以洩露的，不實行數罪並罰。對之應依照其中的一罪從重處罰。由於非法獲取國家秘密屬於行為犯，不以情節嚴重為必要，因此，應以非法獲取國家秘密罪從重論處。

三、徇私枉法罪

(一) 徇私枉法罪的概念和特徵

徇私枉法罪，是指司法工作人員徇私枉法、徇情枉法，對明知是無罪的人而使他受追訴、對明知是有罪的人而故意包庇不使他受追訴，或者在刑事審判活動中故意違背事實和法律作枉法裁判，依法應受刑罰處罰的行為。本罪具有如下構成特徵：

(1) 本罪侵犯的客體是國家司法機關的正常活動。

(2) 本罪在客觀方面表現為在刑事訴訟中徇私、徇情枉法的行為。所謂徇私、徇情枉法，是指出於個人目的，為了私利私情而故意歪曲事實，違背法律，作錯誤裁判。

(3) 本罪的主體是特殊主體，即司法工作人員，主要是司法工作人員中從事偵查、檢察、審判工作的人員，包括公安、國安、監獄、軍隊保衛部門、人民檢察院中的偵查人員（包括鐵路運輸檢察院、林業檢察院等專門檢察院的檢察人員）、人民法院的審判人員。非上述機關人員或者雖為上述機關中的工作人員但不負有偵查、檢察、審判、監管職責的，一般不能成為該罪主體，構成該罪時必是共同犯罪。

(4) 本罪在主觀方面表現為故意，過失不構成該罪。

(二) 徇私枉法罪的認定

1. 本罪與誣告陷害罪的區別

區別	徇私枉法罪	誣告陷害罪
主體	只能是司法工作人員	一般主體
客體	司法機關的正常活動	主要侵犯的是他人的人身權利
客觀方面	利用職權使無罪的人受到追訴或者使有罪的人不受到追訴，其行為一定與職務活動有關	捏造他人犯罪的事實加以告發。它與行為人是否擔任職務或擔任何種職務無關

2. 本罪與偽證罪的區別

區別	徇私枉法罪	偽證罪
主體	只能是司法工作人員	在偵查、審判過程中出現的訴訟參與人，即證人、鑒定人、記錄人和翻譯人
客體	司法機關的正常活動	主要侵犯的是他人的人身權利
客觀方面	利用職權使無罪的人受到追訴或者使有罪的人不受到追訴，其行為一定與職務活動有關	除鑒定人、翻譯人、記錄人具有一定的身分，並有可能利用職務之便作偽證外，證人只是具有證人的身分，瞭解案件情況的人，不要求身分條件和具有利用職務之便的行為
犯罪手段	除在製造偽證、隱匿、銷毀證明材料上與後者相同外，還可以在起訴、審判過程中曲解或濫用法律條文，玩弄或違反訴訟程序，使無罪的人受追訴、使有罪的人不受追訴	只能在偵查、審判過程中作虛假證明、作不符合事實的記錄、作違背事實的鑒定、作不符合原意的翻譯

(三) 對徇私枉法罪的處罰

中國刑法第三百九十九條規定：「司法工作人員徇私枉法、徇情枉法，或者在刑事審判活動中故意違背事實和法律作枉法裁判的，處 5 年以下有期徒刑或者拘役；情節嚴重的，處 5 年以上 10 年以下有期徒刑；情節特別嚴重的，處 10 年以上有期徒刑。」

四、國家機關工作人員簽訂、履行合同失職被騙罪

(一) 國家機關工作人員簽訂、履行合同失職被騙罪的概念和特徵

國家機關工作人員簽訂、履行合同失職被騙罪是指國家機關工作人員在簽訂、履行合同過程中，因嚴重不負責任被詐騙，致使國家利益遭受重大損失，依法應受刑罰處罰的行為。本罪具有如下構成特徵：

（1）本罪侵犯的客體是國家機關的正常活動。

由於國家工作人員對本職工作嚴重不負責，不遵紀守法，違反規章制度，不履行應盡的職責義務，致使國家經濟利益受到重大損失，給國家、集體和人民利益造成嚴重損害，從而危害了國家機關的正常活動。

（2）本罪在客觀方面表現為國家機關工作人員在簽訂、履行合同過程中，因嚴重不負責任被詐騙，致使國家利益遭受重大損失。

（3）本罪主體為特殊主體，即是國家機關工作人員，根據中國刑法的規定，國家機關工作人員是指在國家各級人大及其常委會、國家各級人民政府及各級人民法院、人民檢察院中從事公務的人員。

（4）本罪在主觀方面只能由過失構成，故意不構成本罪。如果行為人在主觀上對於危害結果的發生不僅預見到，而且希望或者放任它的發生，那就不屬於本罪所定的犯罪行為，而構成其他的故意犯罪。

(二) 本罪與簽訂、履行合同失職被騙罪的區別

兩罪區別之關鍵在於主體不同：本罪主體僅限於國家機關工作人員；而簽訂、履行合同失職被騙罪主體則為國有公司、企業、事業單位中的直接負責的主管人員。

(三) 對國家機關工作人員簽訂、履行合同失職被騙罪的處罰

中國刑法第四百零六條規定：「國家機關工作人員在簽訂、履行合同過程中，因嚴重不負責任被詐騙，致使國家利益遭受重大損失的，處 3 年以下有期徒刑或者拘役；致使國家利益遭受特別重大損失的，處 3 年以上 7 年以下有期徒刑。」

五、環境監管失職罪

(一) 環境監管失職罪的概念和特徵

環境監管失職罪，是指負有環境保護監督管理職責的國家機關工作人員嚴重不負責任，導致發生重大環境污染事故，致使公私財產遭受重大損失或者造成人身傷亡的嚴重後果，依法應受刑罰處罰的行為。本罪具有如下構成特徵：

（1）本罪侵犯的客體是國家環境保護機關的監督管理活動和國家對保護環境防治

污染的管理制度。

（2）本罪在客觀方面表現為嚴重不負責任，導致發生重大環境污染事故，致使公私財產遭受重大損失或者造成人身傷亡的嚴重后果的行為。具體體現在《中華人民共和國環境保護法》《中華人民共和國水污染防治法》《中華人民共和國大氣污染防治法》《中華人民共和國海洋環境保護法》《中華人民共和國固體廢物污染防治法》等法律及其他有關法規所規定的關於環境保護部門監管工作人員不履行職責、工作極不負責的行為。

（3）本罪主體為特殊主體，即負有環境保護監督管理職責的國家機關工作人員，具體是指各級環境行政主管部門的工作人員、依照法律規定對環境污染防治實施監督管理的協管部門的工作人員、代表國家機關行使環境監管職責的國家機關中從事公務的人員。

（4）本罪的主觀一般是過失，但也可能是放任的間接故意（如明知行為違反環境保護法，可能造成重大環境污染事故、危及公私財產或人身安全，但不採取任何措施予以制止，而是採取放任的態度，以致產生嚴重后果）。

（二）本罪與重大責任事故罪的區別

區別	環境監管失職罪	重大責任事故罪
主體	只能為國家機關工作人員、及代表國家機關行使環境監管職責的國家機關中從事公務的人員	工廠、礦山、林場、建築或者其他企業、事業單位的人員
客觀方面	行為人嚴重不負責任，不履行或者不認真、不正確履行法律所賦予的環境監管職責	行為人不服從管理、違反規章制度，或者強令工人違章冒險作業
客體	國家機關的正常管理活動	社會公共安全
發生的場合	只能發生在國家機關的環境監管活動過程中	發生在生產作業過程中

（三）對環境監管失職罪的處罰

中國刑法第四百零八條規定：「負有環境保護監督管理職責的國家機關工作人員嚴重不負責任，導致發生重大環境污染事故，致使公私財產遭受重大損失或者造成人身傷亡的嚴重后果的，處 3 年以下有期徒刑或者拘役。」

第二十八章　軍人違反職責罪

第一節　軍人違反職責罪概述

一、軍人違反職責罪的概念與特徵

(一) 軍人違反職責罪的概念

中國刑法第四百二十條規定：「軍人違反職責，危害國家軍事利益，依照法律應當受刑罰處罰的行為，是軍人違反職責罪。」據此，軍人違反職責罪，是指中國人民解放軍的現役軍人、執行軍事任務的預備役人員以及執行軍事任務的其他人員違反職責，危害國家軍事利益，依法應受刑罰處罰的行為。

(二) 軍人違反職責罪的構成特徵

(1) 本類犯罪侵害的客體，是國家的軍事利益，包括一切關係國家軍事設施、軍事裝備、國防建設、武裝鬥爭、軍事后勤供給等方面的利益。

(2) 本類犯罪在客觀方面表現為違反軍人職責，危害國家軍事利益的行為。所謂「違反軍人職責」是指行為人不遵守國家有關軍事法規、命令、條例等所確定的具體職責。軍人違反職責的行為既包括作為，也包括不作為，其中可以由不作為構成的犯罪較多，這也是軍法從嚴的體現。需要注意的是，行為的時間、地點，對軍人違反職責罪的定罪與量刑具有重要意義。一方面，許多犯罪行為要求在「戰時」「臨陣」「在戰場上」「在軍事行為地區」等時間與地點實施；另一方面，「戰時」等特定時間往往是法定刑升格的條件或從重處罰的法定情節。

(3) 本類犯罪的主體是特殊主體。只有具有軍人身分的人才具有軍人職責，才可能違反軍人職責。具體地說，違反軍人職責罪的主體分為兩類：一類是現役軍人，包括中國人民解放軍的現役軍官、文職幹部、士兵及具有軍籍的學員，中國人民武裝警察部隊的現役警官、文職幹部、士兵及具有軍籍的學員；一類是執行軍事任務的預備役人員和其他人員。根據共同犯罪的原理，其他公民只能與軍人構成違反軍人職責罪的共犯，而不可能單獨實施軍人違反職責罪。

(4) 本類犯罪主觀方面多數出於故意，少數出於過失。故意、過失的內容得根據刑法總則的規定以及各種犯罪的具體行為予以確定。

二、軍人違反職責罪的種類

中國刑法分則第十章規定了 30 多種罪名，根據各種具體犯罪的直接客體，可將軍

191

人違反職責罪劃分為如下幾類：

(1) 危害作戰利益的犯罪；
(2) 違反部隊管理制度的犯罪；
(3) 危害軍事秘密的犯罪；
(4) 危害部隊物資保障的犯罪；
(5) 侵犯部屬、傷病軍人、平民、戰俘利益的犯罪。

第二節　重點罪名論述

一、危害作戰利益的犯罪

(一) 戰時違抗命令罪

戰時違抗命令罪，是指部屬人員在戰時故意違抗上級命令，對作戰造成危害，依法應受刑罰處罰的行為。本罪具有如下構成特徵：

(1) 本罪客觀方面表現為在戰時違抗作戰命令，對作戰造成危害的行為。首先，行為必須發生在戰時，平時違抗上級命令的行為不構成本罪。其次，必須有違抗作戰命令的行為，主要表現為三種情況：一是拒不執行作戰命令，二是拖延或遲緩執行作戰命令，三是實施不符合作戰命令的行為。最後，必須對作戰造成危害，即由於行為人違抗作戰命令而擾亂了作戰部署，貽誤了戰機，使部隊遭受較大損失。

(2) 本罪主觀方面只能出於故意，即明知是上級的作戰命令而故意違抗，過失行為不成立本罪。

根據中國刑法第四百二十一條的規定，犯戰時違抗命令罪的，處3年以上10年以下有期徒刑；致使戰鬥、戰役遭受重大損失的，處10年以上有期徒刑、無期徒刑或者死刑。

(二) 隱瞞、謊報軍情罪

隱瞞、謊報軍情罪，是指故意隱瞞、謊報軍情，對作戰造成危害，依法應受刑罰處罰的行為。本罪具有如下構成特徵：

(1) 本罪在客觀方面表現為隱瞞軍情，或者報告捏造的、虛構的或其他不真實的軍情，對作戰造成危害的行為。

(2) 本罪主體是參加作戰的軍職人員。

(3) 本罪主觀方面必須出於故意，即明知是軍情而故意隱瞞，或者明知是不真實的軍情而報告。由於疏忽大意或者過於自信而報告不真實軍情的，不構成本罪。

根據中國刑法第四百二十二條的規定，犯本罪的，處3年以上10年以下有期徒刑；致使戰鬥、戰役遭受重大損失的，處10年以上有期徒刑、無期徒刑或者死刑。

(三) 投降罪

投降罪，是指在戰場上貪生怕死，自動放下武器投降敵人，依法應受刑罰處罰的

行為。本罪具有如下構成特徵：

（1）本罪客觀方面表現為在戰場上貪生怕死，自動放下武器投降敵人的行為。所謂「貪生怕死」，是指為了活命而放棄戰鬥；所謂「自動放下武器」，是指有能力作戰而不作戰，並非僅指放下手中武器。

（2）主體必須是參加作戰的軍職人員。

（3）主觀方面表現為故意，出於貪生怕死的動機。

根據中國刑法第四百二十三條的規定，犯本罪的，處3年以上10年以下有期徒刑；情節嚴重的，處10年以上有期徒刑或者無期徒刑；投降後為敵人效勞的，處10年以上有期徒刑、無期徒刑或者死刑。

（四）戰時自傷罪

戰時自傷罪，是指在戰時自傷身體，逃避軍事義務，依法應受刑罰處罰的行為。本罪具有如下構成特徵：

（1）本罪在客觀方面表現為在戰時自傷身體，逃避軍事義務的行為，在平時自傷身體的不成立本罪。

（2）主體是參加作戰或者擔負作戰任務的軍職人員，其他公民自傷的不成立本罪。

（3）主觀方面表現為故意，目的是為了逃避作戰義務，過失致自己身體受傷的不成立本罪。

根據中國刑法第四百三十四條規定，犯戰時自傷罪的，處3年以下有期徒刑；情節嚴重的，處3年以上7年以下有期徒刑。

二、違反部隊管理制度的犯罪

（一）擅離、玩忽軍事職守罪

擅離、玩忽軍事職守罪，是指指揮人員和值班、值勤人員擅自離開自己的指揮或者值班、值勤崗位，或者在履行職責時玩忽職守，因而造成嚴重後果，依法應受刑罰處罰的行為。本罪的主體是軍人中的特殊主體，即軍隊中具有指揮職務和值班、值勤職務的指員；主觀上是過失。

根據中國刑法第四百二十五條的規定，平時犯擅離、玩忽軍事職守罪的，處3年以下有期徒刑或者拘役；造成特別嚴重後果的，處3年以上7年以下有期徒刑；戰時犯本罪的，處5年以上有期徒刑。

（二）軍人叛逃罪

軍人叛逃罪，是指在履行公務期間，擅離崗位，叛逃境外或者在境外叛逃，危害國家軍事利益，依法應受刑罰處罰的行為。本罪與刑法第一百零九條的叛逃罪的主客觀方面相同，只是主體不同：本罪主體必須是軍職人員，叛逃罪的主體是軍職人員以外的國家機關工作人員以及掌握國家秘密的國家工作人員。

根據中國刑法第四百三十條規定，犯本罪的，處5年以下有期徒刑或者拘役；情節嚴重的，處5年以上有期徒刑；駕駛航空器、艦船叛逃的，或者有其他特別嚴重情節的，處10年以上有期徒刑、無期徒刑或者死刑。

三、危害軍事秘密的犯罪

(一) 非法獲取軍事秘密罪

非法獲取軍事秘密罪,是指以竊取、刺探、收買方法,非法獲取軍事秘密,依法應受刑罰處罰的行為。本罪在主觀上只能出於故意,犯罪的目的與動機一般不影響本罪的成立,但如果為了境外的機構、組織、人員實施上述行為,則構成其他犯罪。

根據中國刑法第四百三十一條第一款的規定,犯本罪的,處5年以下有期徒刑;情節嚴重的,處5年以上10年以下有期徒刑;情節特別嚴重的,處10年以上有期徒刑。

(二) 為境外竊取、刺探、收買、非法提供軍事秘密罪

為境外竊取、刺探、收買、非法提供軍事秘密罪,是指為境外的機構、組織、人員竊取、刺探、收買、非法提供軍事秘密,依法應受刑罰處罰的行為。竊取、刺探、收買、非法提供是行為的四種表現形式,只要實施其中之一便構成犯罪;本罪的主觀上只能出於故意,犯罪主體是軍職人員。

根據中國刑法第四百三十一條第二款的規定,犯為境外竊取、刺探、收買、非法提供軍事秘密罪的,處10年以上有期徒刑,無期徒刑或者死刑。

(三) 故意洩露軍事秘密罪和過失洩露軍事秘密罪

故意洩露軍事秘密罪,是指違反保守國家秘密法規,故意洩露軍事秘密,情節嚴重,依法應受刑罰處罰的行為。過失洩露軍事秘密罪,是指違反保守國家秘密法規,過失洩露軍事秘密,情節嚴重的行為。兩罪的客觀方面表現為違反保守國家秘密法規,洩露國家軍事秘密,情節嚴重的行為。

洩露軍事秘密,是指違反保守國家秘密法的規定,使軍事秘密被不應當知悉者知悉,以及使軍事秘密超出了限定的接觸範圍,而不能證明未被不應知悉者知悉,依法應受刑罰處罰的行為。兩罪主體必須是軍職人員。故意洩露軍事秘密罪的主觀方面為故意;過失洩露軍事秘密罪的主觀方面為過失。

根據中國刑法第四百三十二條的規定,平時犯故意洩露軍事秘密罪、過失洩露軍事秘密罪的,處5年以下有期徒刑或者拘役;情節特別嚴重的,處5年以上10年以下有期徒刑;戰時犯本罪的,處5年以上10年以下有期徒刑,情節特別嚴重的,處10年以上有期徒刑或者無期徒刑。

四、危害部隊物資保障的犯罪

(一) 武器裝備肇事罪

武器裝備肇事罪,是指違反武器裝備使用規定,情節嚴重,因而發生重大責任事故,致人重傷、死亡或者造成其他嚴重後果,依法應受刑罰處罰的行為。本罪具有如下構成特徵:

(1) 犯罪客體為國家關於武器裝備的管理制度。

(2) 客觀方面表現為違反武器裝備使用規定,情節嚴重,因而發生重大責任事故,

致人重傷、死亡或者造成其他嚴重后果的行為。

(3) 犯罪主體為特殊主體，即現役軍人。

(4) 主觀方面只能是過失，包括疏忽大意的過失與過於自信的過失。這裡的過失是指行為人對自己行為引起的責任事故而言，對於違反武器裝備使用規定也可能是明知故犯。

根據中國刑法第四百三十六條的規定，犯武器裝備肇事罪的，處 3 年以下有期徒刑或者拘役；后果特別嚴重的，處 3 年以上 7 年以下有期徒刑。

(二) 盜竊、搶奪武器裝備、軍用物資罪

盜竊、搶奪武器裝備、軍用物資罪，是指軍職人員以非法佔有為目的，竊取或者公然奪取部隊的武器裝備或者軍用物資，依法應受刑罰處罰的行為。本罪在客觀上表現為竊取或者公然奪取部隊除槍支、彈藥、爆炸物以外的武器裝備或者軍用物資的行為。如果行為人竊取、搶奪其他財物，則不構成本罪，而構成盜竊罪、搶奪罪；如果行為人竊取、搶奪槍支、彈藥、爆炸物，也不構成本罪，而構成刑法第一百二十七條的盜竊、搶奪槍支、彈藥、爆炸物罪。本罪的主體必須是軍職人員，本罪主觀方面只能出於故意。

根據中國刑法第四百三十八條的規定，犯盜竊、搶奪武器裝備、軍用物資罪的，處 5 年以下有期徒刑或者拘役；情節嚴重的，處 5 年以上 10 年以下有期徒刑；情節特別嚴重的，處 10 年以上有期徒刑、無期徒刑或者死刑。

五、侵犯部屬、傷病軍人、平民、俘虜利益的犯罪

(一) 虐待部屬罪

虐待部屬罪，是指處於領導崗位的軍職人員，濫用職權，虐待部屬，情節惡劣，致人重傷或者造成其他嚴重后果，依法應受刑罰處罰的行為。「濫用職權」，是指不法行使職務上的權限的行為。「虐待部屬」是指對部屬進行肉體上的摧殘、精神上的折磨、生活上的非人道待遇。「情節惡劣」是指虐待部屬的行為造成了重傷、死亡或其他嚴重后果；犯罪主體必須是處於領導崗位的軍職人員，一般士兵不能單獨成為本罪主體，但可以成為本罪的共犯；主觀方面必須出於故意。

根據中國刑法第四百四十三條的規定，犯虐待部屬罪的，處 5 年以下有期徒刑或者拘役；致人死亡的，處 5 年以上有期徒刑。

(二) 遺棄傷病軍人罪

遺棄傷病軍人罪，是指在戰場上故意遺棄傷病軍人，情節惡劣，依法應受刑罰處罰的行為。本罪在客觀上表現為將傷病軍人遺棄在戰場上的行為，行為必須在戰場發生，必須是有能力救助而不救助。主體是直接責任人員，包括對傷員負有救護任務的救護人員和指揮人員。主觀方面只能是故意，犯罪的動機不影響本罪的成立。情節惡劣是本罪的構成特徵，如被遺棄傷病軍人被敵人俘虜或死亡等。

根據中國刑法第四百四十四條的規定，犯遺棄傷病軍人罪的，對直接責任人員，處 5 年以下有期徒刑。

(三）虐待俘虜罪

虐待俘虜罪，是指虐待俘虜，情節惡劣，依法應受刑罰處罰的行為。本罪在客觀方面表現為虐待俘虜的行為。「虐待」是指肉體上的摧殘、精神上的折磨、生活上的非人道待遇的行為。主觀方面必須出於故意。成立本罪還要求情節惡劣，如採用殘忍手段進行虐待的，虐待行為造成嚴重後果的，多次或一貫虐待俘虜的等。

根據中國刑法第四百四十八條的規定，犯虐待俘虜罪的，處3年以下有期徒刑。

國家圖書館出版品預行編目(CIP)資料

中國刑法學 / 肖紅超、尹亞萍 主編. -- 第一版.
-- 臺北市：崧燁文化，2018.08

　面；　公分

ISBN 978-957-681-448-8(平裝)

1.刑法 2.犯罪

585.1　　　S107012455

書　　名：中國刑法學
作　　者：肖紅超、尹亞萍 主編
發 行 人：黃振庭
出 版 者：崧燁文化事業有限公司
發 行 者：崧燁文化事業有限公司
E-mail：sonbookservice@gmail.com
粉絲頁　　　　　　網　址：
地　　址：台北市中正區重慶南路一段六十一號八樓 815 室
8F.-815, No.61, Sec. 1, Chongqing S. Rd., Zhongzheng Dist., Taipei City 100, Taiwan (R.O.C.)
電　　話：(02)2370-3310　傳　真：(02) 2370-3210
總 經 銷：紅螞蟻圖書有限公司
地　　址：台北市內湖區舊宗路二段 121 巷 19 號
電　　話：02-2795-3656　傳真：02-2795-4100　網址：
印　　刷：京峯彩色印刷有限公司（京峰數位）

　　本書版權為西南財經大學出版社所有授權崧博出版事業股份有限公司獨家發行電子書繁體字版。若有其他相關權利需授權請與西南財經大學出版社聯繫，經本公司授權後方得行使相關權利。

定價：350 元
發行日期：2018 年 8 月第一版

◎ 本書以POD印製發行